Gerd Pechstein

Drei Namen
Schab – Schap - Schaab
Eine Familie

Ein Beitrag zur Thüringer Geschichte und zur Auswanderung im 19. Jahrhundert.

Für meine Frau
Ilona, geb. Schaab

**Wohl dem, der seiner Väter gern gedenkt,
der froh von ihren Taten, ihrer Größe,
den Hörer unterhält und, still sich freuend,
ans Ende dieser schönen Reihe sich
geschlossen sieht.**

J. W. v. Goethe, Iphigenie

Gerd Pechstein

Drei Namen
Schab – Schap – Schaab
Eine Familie

Ein Beitrag zur Thüringer Geschichte und zur Auswanderung im 19. Jahrhundert.

Impressum
Alle Rechte liegen bei dem Autor:
© 07/2024, Gerd Pechstein
https://pechsteins-buecher.jimdofree.com
Nachdruck oder Vervielfältigung nur mit Genehmigung des Verfassers gestattet. Verwendung oder Verbreitung durch unautorisierte Dritte in allen gedruckten, audiovisuellen und akustischen Medien ist untersagt.
Satz: Gerd Pechstein
Umschlag/Cover: Siegfried Dierker, www.digibuchservice.de/
Foto vom Cover: Erika Fischer, Jena
Korrektur: Dr.Anke Geier, Suhl
Herstellung und Verlag: BoD – Books on Demand, Norderstedt
ISBN: 978-3-7597-5010-5

INHALTSVERZEICHNIS

Prolog
7

Buch I

Über den Namen und die Urheimat der Familie
Schab/Schaab in Haina im Grabfeld
11

Buch II

Die Vertreter unserer Familie Schaab bzw. Schab
vor dem 18. Jahrhundert in Haina im Grabfeld
28

Buch III

Die Familie Schaab/Schab
in Unter- und Oberneubrunn
51

IV. Buch

Die Müllerfamilie Schab/Schaab und
ihre Kinder aus Gießübel
75

V. Buch

Auswanderungen im 19. Jahrhundert aus den Dörfern
der heutigen Gemeinde Schleusegrund
186

Anlagen

Lebensbeschreibungen und Nachrufe zu den
Familien Schap
250

Ahnenübersichten
263

Literatur- und Quellennachweise
279

Prolog

In der Ahnen- und Familienforschung gibt es keinen Abschluss. Man muss sich zu einem passenden Zeitpunkt dazu entscheiden, die sehr umfangreichen Rechercheergebnisse, die sich in Jahrzehnten intensiver Arbeit angesammelt haben, zielgerichtet auszuwerten.

Nur so kann man absichern, dass nachfolgende Generationen oder andere Forscher diese Arbeitsergebnisse aus jahrelanger, zeitintensiver und akribischer Forschung für weitere Arbeiten nutzen können.

Goethe formulierte in seiner „Italienischen Reise" eine solche Situation so: *„So eine Arbeit wird eigentlich nie fertig, man muss sie für fertig erklären, wenn man nach Zeit und Umständen das Möglichste getan hat"*.

Danach will ich nun altersbedingt handeln und vieles von dem, was mir an Ergebnissen aus über fünf Jahrhunderten über die Familie Schab, Schaab oder Schap und ihren Namen vorliegt, in dieser Familienchronik niederschreiben.

Es ist klar, jede Familiengeneration lebt in einem gesellschaftlichen und sozialen Umfeld, ist Teil der Geschichte einer Region, eines Landes. Jeder Mensch schreibt andererseits durch sein Leben und seine Taten mit am „großen Buch der Landesgeschichte".

Deshalb wird man in dem Buch viel über die Familie im Kontext der historischen Ereignisse der letzten sechs Jahrhunderte in Thüringen und den USA erfahren.

Lassen Sie sich in Zeiten mitnehmen, die längst Geschichte sind. Erzählungen und Fotos von Familienangehörigen aus den letzten 160 Jahren nehmen uns in diese Zeiten mit. Sie vermitteln viel über die Lebensweise, Mode, Arbeitsverhältnisse, Kriegsteilnahme u. a. unserer Vorfahren.

Es kann nicht anders sein, aber allein hätte ich dies niemals geschafft. Viele Ahnenforscher und Hobbyhistoriker in den Internetforen und auch im persönlichen Kontakt unterstützten mich selbstlos mit zahlreichen Daten und Hinweisen in meiner Arbeit. Ihnen allen gilt mein herzlicher Dank.

Besonders danke ich u. a. dem Ortschronisten von Haina im Grabfeld, Horst Thein, dessen Hainaer Chronik die Basis für die kurzen historischen Erläuterungen der jeweiligen Zeit bildete, Frau Ilse Bell aus den USA, die mich bei der Recherche der Auswanderer intensiv unterstützte und Wolfgang Lösch, dem Heimatforscher im Schleusegrund.

Danke auch der Enkelin von Thekla Schaab, Birgit Reder, für viele interessante Informationen zur Familie, Manfred Hofmeister, der viele Kontakte zu Nachfahren herstellte, und dem Gießübler Heimathistoriker und Fotograf Gunter Hess für die Überlassung historischer Fotos von Gießübel und Informationen zur Heimatgeschichte.

Mein Dank gilt aber auch den vielen Nachfahren der Familien Schaab, Schab und Schap, die mir die historischen Fotos und andere Informationen zur Verfügung stellten.

Die Memoiren und Fotos des Opas von Waltraud Polkowski lassen einen intensiven Blick in das Leben der Familie um 1900, einschließlich des Ersten Weltkrieges, zu.

Eine große Hilfe bedeuteten für mich die interessanten Schriftsätze von Rolf Hörnlein über die Mühlen in Gießübel und Oberneubrunn.

Mein herzlicher Dank gilt Frau Dr. Anke Geier aus Suhl, die uneigennützig die aufwendige Korrektur des Manuskriptes durchführte und mir manchen Hinweis gab.

Kommen Sie mit, liebe Verwandte und historisch interessierte Leser, auf eine Zeitreise in die Geschichte einer Familie, deren Ursprung um 1550 in Haina bei Römhild in den Kirchenbüchern zu finden ist. Zweige dieser Familie haben noch heute dort ihre Heimat.

Andere Zweige findet man in vielen Teilen Deutschlands. Aber auch in den USA, denn um Mitte des 19. Jahrhunderts entschlossen sich vier Enkel des Johann Georg Schab, zwei Brüder und zwei Schwestern, auszuwandern, fanden dort eine neue Heimat und kreierten den Nachnamen Schap.

Weitere drei folgten aus Eisfeld den Verwandten in die Neue Welt. Sie wollten, wie viele Menschen ihrer Zeit, das Glück fern der Heimat suchen, folgten den Versprechungen der Werber auf ein besseres Leben in Übersee. Es scheint ihnen gut gelungen zu sein. Sie wurden zu anerkannten amerikanischen Staatsbürgern.

Doch es ist wie überall heute in vielen Familien – man hat oft keine Kenntnis voneinander; die Übersicht über familiäre Verbindungen in früheren Generationen ging verloren.

Diese Chronik soll dazu beitragen, wieder das Interesse an geschichtlichen und familiären Zusammenhängen zu wecken, den Spuren zu den Wurzeln der Familie zu folgen, Verwandte neu zu entdecken.

Anfang des 18. Jahrhunderts reiste oder wanderte ein junger Mann der Familie Schab aus Haina Richtung Schleusingen. Es ist anzunehmen, dass er als Zimmermannsgeselle auf die Walz ging.

Früher war es üblich, auf diesen Reisen bei anderen Handwerksmeistern die beruflichen Fertigkeiten zu verbessern, neue Arbeitstechniken sich anzueignen, die „Welt" kennenzulernen. Die „Walz" war eine Voraussetzung, um Handwerksmeister zu werden, eine Pflicht für die Gesellen.

Unseren Georg führten die Stationen seines Weges wohl über Hildburghausen in das etwa 35 km entfernte Schleusetal nach Unterneubrunn.

Es sollte entfernungsmäßig eine kurze Wanderung werden. Für ihn wurde es, wie bei vielen Gesellen, eine Reise, die nicht wieder zurück in seinen Heimatort führte.

Im Ergebnis führte diese zur Gründung eines immer noch bestehenden Familienzweigs, dessen Ursprung im früheren Schönbrunn liegt.

Die Familie erlebte im Laufe der Zeit viele überraschende Ereignisse und eine wechselvolle Geschichte.

Jetzt begeben wir uns auf die Suche nach ihren Spuren.

Während der Recherche für die Chronik stieß ich auf eine starke Auswanderung im 19. Jahrhundert in der heutigen Region Schleusegrund.

Armut und Zukunftsangst, manchmal auch Abenteuerlust, trieben die Menschen aus den Tälern des Thüringer Waldes in die weite Welt. Man folgte den Erzählungen derjenigen, die z. B. bereits in Amerika Fuß gefasst, sich in die dortige Gesellschaft gut eingegliedert hatten und ein lebenswertes soziales Umfeld fanden. Da dieses Thema bestimmt für manche von Interesse ist, habe ich mich entschlossen, in einem separaten Teil darauf einzugehen.

Ich werde einige Familienzweige, deren Nachfahren heute ein fester Bestandteil der Gesellschaft in den USA sind, beschreiben. Es sind Beispiele von guter Integration.

Ich bitte um Nachsicht, falls sich Tipp- oder andere Fehler eingeschlichen haben. Insbesondere bei den Daten aus Kirchenbüchern, Urkunden und anderen historischen Unterlagen können sich schnell Lese- oder Deutungsfehler ergeben. Auch sind manche Einträge so spärlich, dass eine zweifelsfreie Zuordnung zu den Familienzweigen nicht sicher ist.

Die Schriften sind oft unleserlich, teils Seiten zerrissen, Tintenkleckse verdecken die Eintragungen und machen sie unvollständig.

Bei Übernahmen aus anderen Quellen ist man nicht sicher, wie gut diese Autoren recherchierten.

Trotz allem kann ich versichern, dass ich immer versucht habe, korrekte Ergebnisse zu erzielen und niederzuschreiben. Doch als älterer Mensch ist man auch nicht so vertraut mit dem PC, die Finger nicht mehr so flink und treffsicher.

Ich wünsche Ihnen, liebe Verwandte und Leser, viel Spaß auf dieser Zeitreise zu den Wurzeln der Familie Schab, Schaab oder Schap!

Hinweis: Alle im Buch genannten Geburtstermine der ersten Jahrhunderte sind oft auch die Tage der Taufe. Die Taufe erfolgte meist am Tag der Geburt oder dem Tag danach.

Ähnlich beim Tod. In den ersten Jahrhunderten (16.-18.) stehen im KB (Kirchenbuch) oft die Bestattungen. Diese erfolgten meist ein bis zwei Tage nach dem Ableben. In der Pestzeit oft am gleichen Tag. Einfachheitshalber verwende ich nur das Zeichen +. Weitere Zeichen: Geboren *, getauft ~, geheiratet oo I (1. Ehe), oo II (2. Ehe usw.). Die Quellen sind in eckigen Klammern [ ] mit den Nummern im Quellenverzeichnis angegeben.

Buch 1

Über den Namen und die Urheimat der Familie Schab/Schaab in Haina im Grabfeld

Abb.1: Die Kirche St. Johannes des Täufers in Haina im Grabfeld. [47]

1. Haina im Grabfeld, die Urheimat der Gießübler und amerikanischen Familienzweige Schab, Schaab und Schap

Haina, unweit der Stadt Römhild und der Gleichberge in der Rhön gelegen, wird der Grabfeld-Region zugerechnet und wurde schon sehr zeitig besiedelt. Es ist ein Haufendorf.

Abb. 2: Haina im Grabfeld, heute zu Römhild gehörig. Alte Ansichtskarte. [47]

Das Dorf gehörte vor dem frühen 6. Jahrhundert zum Thüringer- und danach zum Frankenreich. Es ist aber auch nachgewiesen, dass das Römhilder Umland bereits 2500 v. Chr. besiedelt war. Römhild selbst soll die älteste Stadt Thüringens sein.

Der Ortschronist von Haina, Horst Thein, datiert die Gründung von Haina gemäß einer Erwähnung in einer Urkunde des fränkischen Königs Ludwig des Frommen auf den 27. Februar 839.

Um 920 war der Ortsname u. a. Hagenowa und findet sich in einer Urkunde. In dem Buch „Die Ortsnamen des Herzogthums Meiningen" von Dr. Georg Jacob (1894) führt dieser den Ortsnamen auf den Begriff einer Umzäunung, Einfriedung u. ä. zurück. Hagenowe besteht aus den Worten Hagen und Owe, wobei Hagen einen umzäunten Weiderasen auf einem Hügel bezeichnete und das Wort owe Aue bedeutete.

Somit kann man Hagenowe der Wortbedeutung nach als „Umzäunten Weiderasen in der Aue" bezeichnen.

Der jetzige Name Haina entwickelte sich über Heyne und Hayn und etabliert sich erst nach 1315 in dieser Form im Sprachgebrauch der Bewohner.

In die Zeit des 12. und dem Beginn des 13. Jahrhunderts ist auch der Beginn der Verwendung von Familiennamen in der Verwaltung und dem öffentlichen Leben in der Region Römhild und Grabfeld einzuordnen.

Eine Urkunde aus dem Jahr 1206 mit Familiennamen belegt diese Annahme.

In den Regesten der Herrschaft Graf von Henneberg fand der Ortschronist diese Urkunde. Sie dokumentiert den Verkauf von Grundstücken, bei dem 18 Zeugen namentlich aufgeführt sind.

Auch in Haina fand er in Archivunterlagen u. a. den Hinweis, dass auf einem Gut 1317 ein Heinrich Weber als Verwalter oder Pächter „saß". Auch das ist ein bürgerlicher Name.

In Dokumenten, die man in der Kirchturmkugel von Haina bei Bauarbeiten fand, waren in einem Wachszinsbüchlein aus der Zeit um 1300 namentlich steuerpflichtige Bürger aufgeführt. Ein Schab war leider nicht dabei.

Laut der Website [de-academic.com] waren *„Wachszinspflichtige, hörige Hofesleute, die als Gegenleistung für Schutz als Abgabe alljährlich nur einen Zins in Form von Wachs oder Wachskerzen zu liefern hatten, den sogenannten Wachszins"*. Diese Form des Zinses resultiert aus der hohen Wertigkeit des Wachses im Mittelalter.

Um 1311 gründeten die Herren von Herbilstadt, ein fränkisches Rittergeschlecht, die Kirche von Haina. Diese wurde

Abb. 3: Schnitzrelief „Heiliger Georg". Altarteil aus der Kirche Haina um 1500 in der Ausstellung mittelalterlicher Kunst im Museum im Schloss Meiningen. [73]

mehrfach umgebaut. Sie besaß vor der Reformation fünf Altäre. Der dem Heiligen Georg gewidmete Altar befindet sich im Museum Schloss Elisabethenburg Meiningen. Der Chor der Kirche wurde Ende des 15. Jahrhunderts errichtet (Abb. 3).

Sein heutiges Aussehen verdankt die Kirche einem Umbau im Jahre 1838.

Die Herrschaft von Herbilstadt besaß auch ein Schloss im Ort. Das Stammhaus des Feudalgeschlechtes befand sich jedoch in Herbstadt, etwa 13 km von Haina.

Der Stammherr des Geschlechtes war Walther von Herbilstadt, der um 1170 lebte.

Aus Aufzeichnungen von 1303 geht hervor, dass Wilhelm von Herbilstadt zwei Huben zu Haina besaß (Hinweis: Der halbe Hof wurde eine Hube, auch Hufe, genannt).

Er verfügte über ca. 30 Joch (ein Joch etwa 0,57 Hektar) Ackerflächen und Wiesen, sowie im Winterfutterstand zählte man über rund 15 Kühe.

Dieses Flächenmaß ist unterschiedlich je nach Gegend, aber bei der Ackerfläche geht man in Franken von 24 Hektar aus.

Des Weiteren steht im Lehnsbuch des Würzburger Fürstbischofs Andreas von Gundelfingen aus der Zeit von 1303 bis 1313, dass in der Flur Haina Weinbau auf zehn Joch (Hinweis: Ein Joch in Bayern um 35 Ar) betrieben wurde.

1443 stiften Dietrich und sein Sohn Endres von Herbilstadt der Kirche in Haina die Ewige Messe und Vicarien, die den Vierzehn Heiligen geweihten Altar gewidmet sind.

Auch erhielt die Kirche ansehnliche Güter wie Acker,

Wiesen, Weingärten u. a. sowie ihr damaliger Pfarrer Zimmermann eine neue „Hofstatt und Behausung bei dem oberen Thor".

Im Jahre 1475 erhält Haina eine Ortssatzung, die auch die Einsetzung von zwölf geschworenen Schöffen, die sogenannten Zwölfer, enthält. Diese hatten großen Einfluss in der Verwaltung des Ortes und genossen ein sehr hohes Ansehen. Wir werden diese Funktion auch bei den Schabs mehrfach finden.

Ein bedeutender Bürger des Ortes in dieser Zeit war u. a. Adam Steinschaber (auch Steinschawer), der von 1470 bis 1473 an der Universität Erfurt studierte. Nachdem er das Grundstudium mit dem Bakkalaureat (entspricht etwa dem heutigen Abitur) abgeschlossen hatte, führte ihn sein Weg nach Schweinfurt.

Hier, und wahrscheinlich auf einer Italienreise, hat Steinschaber wohl das Druckereihandwerk erlernt. Ab 1478 wird er in Genf erwähnt, wo er die Gutenbergsche Buchdruckerkunst, das Drucken mit beweglichen Lettern, einführt.

Aus Haina stammt der um 1490 geborene bekannte Vertreter der Täufer- und Reformationsbewegung Hans Hut. Er wurde ein Schüler Thomas Müntzers und nahm an dessen Seite an der entscheidenden Bauernkriegsschlacht des 15. Mai 1525 in Frankenhausen teil.

In den Meininger Schriften von 1892 heißt es dazu:

„1524 war in Bibra Hans Hutt Kirchner aus Haina, bei welchem Thomas Münzer nach seiner Vertreibung aus Allstädt, Unterschlupf gefunden, und der, da er sein Kind nicht taufen lassen wollte, Bibra verlassen musste, dann eine Rolle im Bauernkrieg spielte, und schließlich 1527 sein Leben in Augsburg bei einem Versuche sich aus dem Gefängnisse zu befreien, einbüßte." Er soll im Kerker am 6. Dezember 1527 in Augsburg gestorben sein.

Während der Aufstände wurde 1525 das Schloss derer von Herbilstadt in Haina zerstört.

Nun noch einige Worte zum Weinanbau, der etwa bis ins

18. Jahrhundert in größerem Umfang in Haina und der Umgebung betrieben wurde. Um 1500 gab es in der Flur Haina 79 Acker Weingärten (Hinweis: Ein Acker entspricht einem Morgen). Durch das wechselhafte Klima am Rande des Thüringer Waldes waren die Ernten schwer kalkulierbar und die Weingärtner mussten mit sehr schwankenden Erträgen leben.

Man kann also davon sprechen, dass die Urheimat der Familie Schab/Schaab ein Bauern- und Winzerdorf war.

Das besagt aber auch, dass unsere Ahnen möglicherweise neben einer bäuerlichen Tätigkeit und einem holzverarbeitenden Handwerk auch Weingärtner waren.

Es ist durch Funde bei Ausgrabungen nachgewiesen, dass die z. B. in der Steinsburg auf dem kleinen Gleichberg von etwa 6. bis 1. Jahrhundert v. Chr. lebenden Kelten bereits Weinanbau betrieben.

Beenden wir hier die kleine historische Exkursion mit einer Überlieferung, die mit dem Ort Haina verbunden ist. Es handelt sich um eine Sage und nennt sich:

„Natternkönig von Haina.

In Haina lebte ein armes Waisenmädchen bei einer reichen Verwandten. Obwohl es fleißig und freundlich war, ließen sie alle es im Hause spüren, dass sie ihnen nur eine Last sei. Besonders die Bäuerin nörgelte an ihr herum. Nie konnte sie es ihr recht machen.

Eines Abends saß es wieder im Stall und ließ den Tränen freien Lauf. Da hörte es ein Rascheln und erschrak, als sich eine große Natter auf das Mädchen zu schlängelte.

Begehrlich blickte diese auf die Milch in der Butte. Das Kind empfand Mitleid, füllte rasch eine Schale mit frischer Kuhmilch. Die Natter trank sie dankbar aus.

Nun entdeckte das Mädchen, dass die Natter auf dem Kopf ein Krönchen aus purem Gold trug. Voller Angst brachte sie den Melkkübel der Bäuerin, denn diese verdächtigte sie immer, heimlich von der Milch zu trinken.

Doch an diesem Abend war sie erstaunt: Sie konnte ein

ganzes Maß mehr in die Rahmtöpfe gießen. So ging es nun Tag für Tag.

Das Mädchen wuchs heran und wurde bald die schönste Jungfrau im ganzen Dorf. Doch so sehr sie auch die reichen Bauernburschen umwarben, ihr Herz gehörte einem rechtschaffenen Jäger, der mit seinen Eltern am Dorfende wohnte. Bald wurde Hochzeit gehalten.

Um Mitternacht kroch eine große Natter zur Tür herein. Auf ihrem Kopfe glänzte eine goldene Krone, reich verziert mit Edelsteinen. Diese schüttelte der Natternkönig vor der Braut auf das Tischtuch und verschwand für immer.

Seitdem konnte die Frau von Leinen oder Garn, aber auch von ihrem Geld nehmen, so viel sie wollte, es nahm niemals ab." [03]

2. Zum Ursprung, der Ersterwähnung und der Bedeutung des Nachnamens Schab, Schaab oder Schap

Seit etwa 1550 werden Kirchenbücher (KB) geführt, in denen Geburt, Heirat und Tod akribisch eingetragen werden. Nur zu Zeiten der Pest und von Kriegen kann es zu Lücken gekommen sein.

Durch widrige Umstände wie Krieg, Diebstahl, Brände u. a. kam es jedoch zu Verlusten in den Kirchämtern, die die Ahnenforschung erschweren.

Seit etwa 1874 erfolgen diese Registrierungen auch in Standesamtsbüchern der Behörden.

Mit diesen Eintragungen wird das Geburtsdatum, früher oft der Tag der Taufe, beglaubigt, erhält das Kind seine Nach- und Vornamen und wurde damit in die Gesellschaft aufgenommen.

Erst später wird dem neuen Erdenbürger bewusst, dass der Name nicht nur Würde ist, sondern auch Bürde sein kann.

Dies vor allem dann, wenn der Name nach Meinung der Mitschüler ulkig und/oder aus irgendeinem Grund Anlass zum Hänseln ist.

Erst im fortgeschrittenen Alter, oft auf dem Bildungsweg, fragt sich der eine oder andere, woher kommt mein Nachname, wann ist er entstanden und welche Bedeutung hat er. Diesen Wissensdurst versucht der Wissenschaftszweig Onomastik zu befriedigen.

Auch zu dem Namen Schab/Schaab gibt es zur Herkunft und zur Bedeutung unterschiedliche Erklärungsversuche. Ich werde später darauf eingehen.

Hinsichtlich der Herkunft des Namens kann man Schlüsse aus der heutigen territorialen Verteilung des Namens ziehen, die meist auf Eintragungen in Telefon- oder Adressverzeichnissen basieren.

Nach Christoph Stöpel [geogen.stoepel.net] ist die Verbreitung der Nachnamen in Deutschland wie folgt:

Für Schaab
Hessen   24,2 %
Rheinland-Pfalz   23,2 %
Bayern   17,8 %
Baden-Württemberg   16,0 %
Nordrhein-Westfalen   7,7 %
Thüringen   3,2 %
Namensträger insgesamt: 1768

Für Schab:
Sachsen   20,4 %
Bayern   19,7 %
Baden-Württemberg   17,8 %
Nordrhein-Westfalen   11,8 %
Niedersachsen   8,6 %
Rheinland-Pfalz   5,3 %
Thüringen   4,6 %
Namensträger insgesamt: 406

Es zeigt sich, dass der Nachname Schaab viermal so häufig auftritt wie Schab. In Thüringen, wo die Herkunft unserer Familie vor etwa sechs Jahrhunderten ermittelt wurde, ist der Anteil der Schreibweise in etwa gleich.

Dabei ist zu erwähnen, dass die Schreibweise des Namens oft Zufall ist, ja oft willkürlich zu Papier gebracht. Der Name gibt meist die Meinung des Pfarrers oder des Schreibenden im Standesamt wieder.

Man schrieb damals oft nach Gehör und Widerspruch war schon deshalb nicht möglich, weil nicht jeder lesekundig war. Deshalb kommen Schab und Schaab als Nachnamen auch gleichzeitig in einer Familie vor.

Nimmt man beide Schreibformen zusammen, ist das Vorkommen des Namens in Deutschland mit etwa 2168 Namensträgern sehr gering.

Als Orientierung – vom Namen Müller gibt es etwa 739904 Namensträger [Quelle: Christoph Stöpel, Geogen online-dienst]. Weltweit gesehen kommt der Name Schab am häufigsten in Polen (2161), den USA (883), Argentinien (585) und

Deutschland (250) vor. Bei Schaab ist die Reihenfolge: Argentinien (1629), Deutschland (1599), USA (1082), Brasilien (418).

Unterschiedliche Zahlen resultieren oft aus unterschiedlichen Jahren der Erfassung.

Ich erinnere daran, dass die Erfassung meist über Telefonbücher geschah. Die Ergebnisse werden jedoch durch die Einführung des Mobiltelefons und durch fehlende Eintragungen aufgrund des Datenschutzes immer ungenauer.

Der Nachname Schap in unserer Familie, der teils durch Auswanderer aus Oberneubrunn und den ihn aufnehmenden Einwandererbeamten geprägt wurde, ist nur in größeren Zahlen in den USA, Argentinien und Deutschland vertreten.

Diese Personen haben jedoch meist keine Verbindung zu unseren Auswanderern in Illinois, Iowa und anderen Staaten. Die letzten drei Datenauswertungen stammen aus dem online Genealogieportal „forebears".

Ergänzend muss gesagt werden, dass es noch weitere Varianten des Nachnamens gibt, wozu auch „Schaub" zu rechnen ist.

Kommen wir nun zu den Ersterwähnungen. Als früheste Erwähnung fand ich den Namen Schab in einer am 12. Dezember 1319 in Bozen ausgestellten Urkunde. Es geht um die Übertragung eines Grundstücks des verstorbenen Ruolands v. d. Schab (Abb. 4).

Es heißt darin: *„Wilhelm Lichtensteiner (Lichtensteinarius) und Paul Maretscher (Moretscharius), Erben Ruolands v. d. Schab, verzichten zu Händen des Deutschordensbruders Friedrich v. Speyer im Namen und in Stellvertretung des Bozener Landkomturs Dietrich v. Trier auf die Hälfte einer Hube, genannt Huba, in der Pfarre Chelre oberhalb Gries"*. Übersetzung aus Regest: Udo Arnold/Marian Tumler. [08]

Da die Stiftung des Grundstückes an den Deutschritterorden ging, ist anzunehmen, dass der Ruolands ein Kleinadliger war und das v. d. Schab - von der Schab bedeutete.

Es kann aber auch z. B. ein Grundbesitzer gewesen sein mit Namen Ruolands (= Roland), der an der Schab, ein Flur-

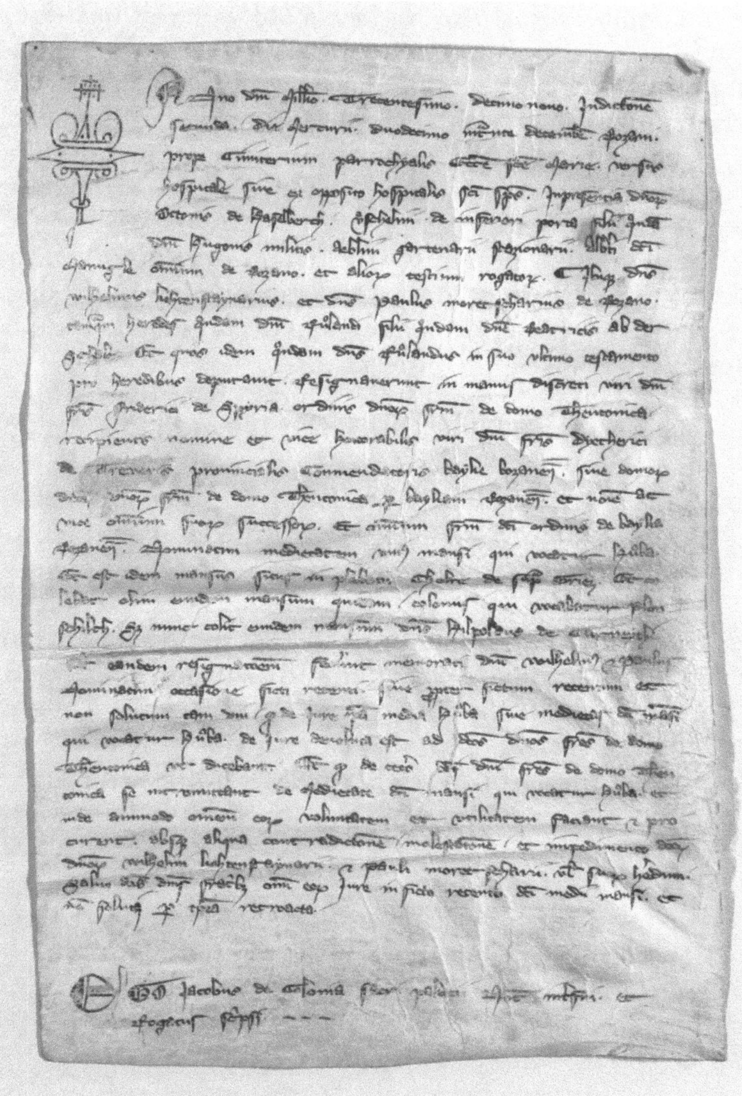

Abb. 4: Quelle Monasterium.net, Urkunde Nr. 1436. [09]
Erklärung zu Abb. 4: Grundstücksübertragung Ruolands v. d. Schab an den Deutsch-Ordensbruder Friedrich von Speyer vom 12. November 1319, Bozen.
Weitere Hinweise zur Urkunde – oben links: Notariatszeichen des Notars Jacob von Köln. Des Weiteren: Das erste Wort in der 4. Zeile unter der Zeichnung heißt Schab.

name, seinen Wohnsitz hatte. Diese Möglichkeit besteht deshalb, weil in Südtirol (Gries liegt bei Brixen) es solche Flurnamen gibt. Es war die Zeit der Entstehung der Nachnamen und dieser Prozess verlief regional sehr unterschiedlich.

Des Weiteren ist unklar, weshalb die Namen der Erben nicht einen Bezug zum Namen Schab zulassen. Vielleicht hatte er nur Töchter?

Die Namen Lichtenstein (Ort Karneid bei Bozen) und Maretscher (Ort Naturns) findet man zumindest Ende des 14. bzw. Anfang des 15. Jahrhunderts in den Adelsmatrikeln mit eigenem Wappen.

Bei Gries liegt auch das Dorf „Schabs". Der frühe Name ist „Scouves", der eventuell auf die Nordgrenze des Tiroler Weinbaugebietes hinweisen könnte und stammt aus prähistorischer Zeit. Die urkundliche Ersterwähnung erfolgte 827.

In Wikipedia heißt es, dass es nie „in Schabs" hieß, sondern man immer „am, auf dem oder ab dem Schabs" verwendete.

Dies könnte ein Hinweis darauf sein, dass der Ruolands an der Schab in der Urkunde benannt wurde, weil er „an der Schab" seinen Hof besaß.

Eine solche Verfahrensweise war in der Zeit der Einführung von Nachnamen üblich. Seine Kinder hießen dann vielleicht schon Schab – wer weiß es. Ich fand keinen Hinweis dazu.

Eine weitere frühe Erwähnung fand ich 1405 in Hessen, das schon näher am Grabfeld liegt. Es heißt im Buch des Archivs Unterfranken:

„Johann Schab, Canonikus im Liebfrauenstift zu Wezlar und Pastor zu Kirchberg, Canonikus 19. Okt. 1405". [12]

In dieser Urkunde wird als Bürge auch ein Volpracht Schab der Älteste genannt.

1404 wird Johann Schab in einer Urkunde vom 21. Juni als Deutsch-Ordensvogt bezeichnet.

Es heißt dort: *„Henne Ringeler u. seine Schwester Metze versetzen dem Johann Schab, Deutsch-Ordens Vogt, ihr Erbteil, das zu Selheim gelegen ist."* [13]

Johann Schab scheint 1409 verstorben zu sein, da sein Canonikat ein anderer erhielt und „zwei Kerzen auf dessen Grab dieser gab."

Wie wird nun die Herkunft des Nachnamens in der Onomastik gedeutet?

Wie viele andere Namen auch werden die Namen Schab und Schaab einerseits von Flurnamen (z. B. Tirol) oder aus Berufstätigkeiten abgeleitet.

Nachfolgend zitiere ich einige Definitionen aus Namenbüchern u. a. Literatur:

- Duden, „Lexikon der Familiennamen":
SCHA(A)B
  1. Berufsübername zu mhd. * schabe * = „Schabeisen, Hobel", für jemanden, der damit arbeitete.
  2. Übername zu mhd. * schabe * = „Schababfall, Spreu; Motte, Schabe".
  3. Herkunftsname zu dem Ortsnamen SCHAAB (Böhmen).

– Gottschald, „Deutsche Namenskunde":
Schaab: siehe schaben > (schaben): Schaber (Abdecker, Barbier); auch mhd. schabe „Schabeisen, Hobel".

– Deutsches Namenbuch, Hans Bahlow:
Er meint, Schaab käme von Schabeisen, Hobel, auch Abfall (also Abgeschabtes), erwähnt den Ort Schaab in Böhmen.

– Dr. phil. Selmar Kleemann, „Die Familiennamen Quedlinburgs und Umgegend", Quedlinburg 1891.
Schabe 1540 (mhd. schabbe "Lump, schäbiger, armseliger Kerl").

Für jeden Thüringer ist „Schab" bekannt als wichtiger Bestandteil des traditionsreichen Nationalgerichtes „Thüringer Klöße". Die geschälten, danach geriebenen rohen Kartoffeln nennt man Schab.

Früher war es quasi Pflicht, dass am Sonntag im Haushalt Thüringer Klöße auf dem Tisch standen. Das war auch oft

der eine Tag der Woche, an dem es ein Stück Fleisch mit viel
Soße gab.

Wie bei den Klößen schon aufgezeigt, tritt der Name
Schab/Schaab nicht nur als Nachname auf, sondern hat im
täglichen Leben auch heute noch weitere Bedeutungen, wobei diese regional sehr unterschiedlich sein können. Dazu
einige weitere Beispiele:
- „Pfälzisches Wörterbuch" (Kompetenzzentrum Trier).
  Schab m.: Gerüst, auf das das geschlachtete Schwein gelegt wird.

- „Schweizerisches Idiotikon" (Schweizerdeutsches Wörterbuch), Zürich. Schab (bzw. -ä-):
    1. Räude, Krätze (u. a. bei Schafen),
    2. Geizhals,
    3. Werkzeug zum Schaben (auch Schabi, Schäbli),
    4. Insekten wie Schabe, Motte, Assel.

- Aus https://de.wiktionary.org/wiki/Schaab:
  Schaab: Strohlager für Tote, Totenbett.

– „Digitales Familienwörterbuch", Akademie d. Wiss. u. Literatur Mainz, Universität Mainz.
  Hier wird Schab/Schaab in die Nähe des Namens „Schaub"
  gesetzt.

– https://ostarrichi.org/wort/28161/ :
  Schab: Schaub; Garbe; Strohbündel; Getreidebündel. Vorwiegend in Ostösterreich, Steiermark.

– „Wein-Lexikon", (https://glossar.wein.plus/schab):
  In Südtirol gebräuchliche Bezeichnung (Büschel, Buschen)
  für den Abfall beim Rebschnitt. Gebündeltes Schab wird
  zum Heizen verwendet.

– „Bayrisches Wörterbuch" von J. A. Schmeller.
  In diesem werden die verschiedensten Bedeutungen dem
  Wort oder Wörterkombinationen zugeschrieben. Hier einige

Beispiele dazu: „Der Schab als Antheil von Etwas", „der Schaber
 a. Geizhals, (Schabhals im Simplicissimus), (Grabfeld) Schinder;
 b. Werkzeug zum Schaben; das Schaberle - das letzte Kind einer Ehe." [38]

Schab ab – eine Wortkombination, die auch in alten Liedern und Gedichten vorkommt, bedeutet meist sinngemäß beenden, aufhören, zu Ende gehen.

So wie „Ihr liegt im Grab, und seyd schab ab". Die Wortkombination wird auch „schabab" geschrieben.

„Schab" in dieser Bedeutung ist auch im Titel eines Märchens in „Neues deutsches Märchenbuch" von Ludwig Bechstein, und zwar „Schab' den Rüssel" enthalten.

Der Nachname kommt, wie oben erwähnt, häufig in Polen vor. Das Wort „Schab" wird dort aber auch als Bezeichnung in den dortigen Restaurants auf der Speisekarte oder in Kochrezepten verwendet.

Man findet Schab bei den Gerichten z.B. als Fleischvariante vom Schwein, wie Lende, Filet, Kotelett, Rücken usw. [https://www.kwestiasmaku.com/].

In der Weststeiermark ist der Schabbock, kurz Schab genannt, eine bekannte Sagenfigur, ein Nachtgeist.

Aber auch in der Handwerkskunst des Buchdrucks findet sich in der Bezeichnung „Schabkunstblatt" das Wortteil Schab. Die Schabtechnik (auch Mezzotinto oder Schwarzkunst) ist ein Tiefdruckverfahren, das von dem Deutschen Ludwig von Siegen 1642 in Holland entwickelt wurde. [https://de.wikipedia.org/wiki/Schabkunst]

Bei diesen Beispielen wollen wir es bewenden lassen; viele weitere würde man, insbesondere in regionalen Dialekten, noch finden. Schab ist zumindest in den deutschsprachigen Ländern sowie in Polen und der Tschechischen Republik kein Fremdwort.

3. Bedeutende Personen mit dem Namen Schaab oder Schab

Trotz intensiver Suche fand ich nur wenige Beispiele, obwohl ich Google alles abverlangte.

Ein bekannter Vertreter ist Dr. Carl Anton Schaab (1761–1855). Er war in Mainz großherzoglich hessischer Kreisrichter und betätigte sich als Geschichtsforscher.

In diesem Zusammenhang verfasste er drei Bände über den bekannten Sohn der Stadt Mainz, Johann Gutenberg, mit dem Titel „Die Geschichte der Erfindung der Buchdruckerkunst durch Johann Gensfleisch, genannt Gutenberg, zu Mainz".

Weitere Werke befassten sich u. a. mit der Mainzer Stadtgeschichte und dem Rheinischen Städtebund.

Joseph Schaab (1843–1925) besaß in Trier an der Mosel eine Blaudruckfabrik und einen Weinhandel. Er ist der Nachfahre einer traditionsreichen Bürger-, Gilden- und Ratsfamilie in Trier, die diesen Namen trug.

Eine Besonderheit ist hier beim Namen, dass Schaab sich aus Schaep entwickelte. Sein Vater war Ende des 18. Jahrhunderts Bürgermeister von Trier.

Robert Schaab (1817–1887), gebürtig in Rötha bei Leipzig, ist als Organist und Musikwissenschaftler bekannt geworden. Er war ein Schüler von Felix Mendelssohn-Bartholdi und Organist der Leipziger Johanniskirche. Er verfasste auch selbst Musikkompositionen.

In Starnberg am See gab es Ende des 19. Jahrhunderts einen königlichen Oberamtsrichter von Schab. Die adlige Familie von Schab scheint über Jahrhunderte in Bayern u. a. eine Familie von Juristen gewesen zu sein.

Zumindest seit dem 18. Jahrhundert begegneten mir die von Schab in Bayreuth, Nürnberg, Regensburg und München.

Es gibt auch ein Wappen derer „von Schab auf Nebel und

Holzkirchen". Nebel und Holzkirchen sind Orte bei Fürsten-feldbruck. Die von Schab besaßen von 1788 bis 1854 das Schloss in Holzkirchen.

Doch vergessen wir nicht unseren Auswanderer aus Ober-neubrunn, Johann Anton Christian Schab, der sich in den USA den Nachnamen Schap gab. Er wird in seiner Biografie als Familienmensch und glühender Republikaner gefeiert.
Was ihn aber so besonders macht, ist die Gründung eines kleinen Ortes in Illinois, der seinen Namen trägt: Schapville.

Über ihn und die anderen „Amerikaner aus dem heutigen Ort Schleusegrund", werden wir in dem Kapitel 16 berichten.

Der Ort Schapville gehört zur Gemeinde „Township of Thompson, Jo Daviess County, Illinois, United States".

Abb. 5: Straßenschild in Galena, Illinois/USA. [70]

Buch II

Die Vertreter unserer Familie Schaab bzw. Schab vor dem 18. Jahrhundert in Haina im Grabfeld

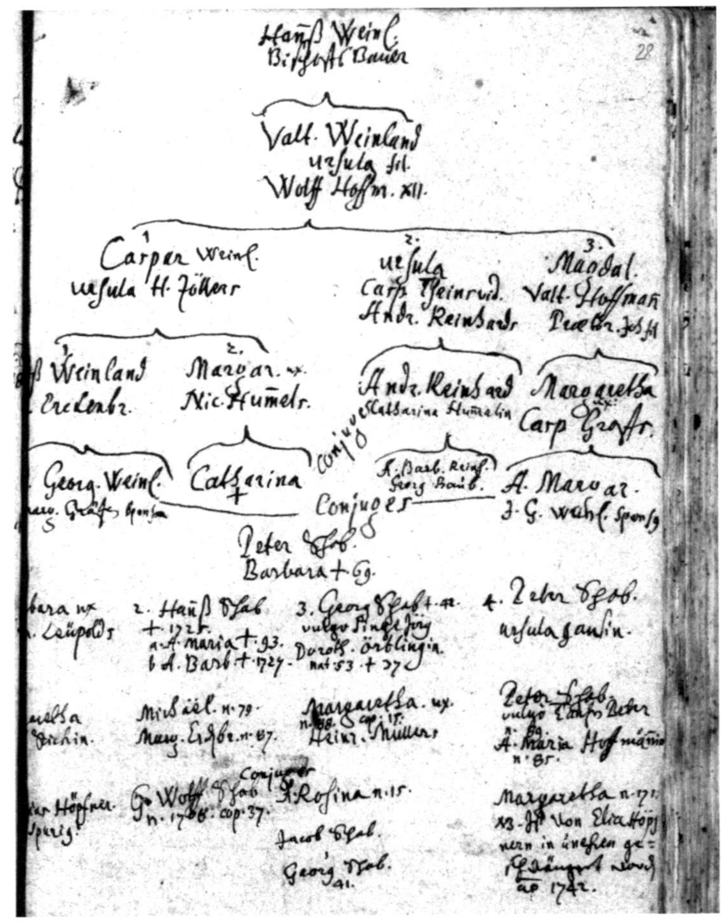

Abb. 6: Kleiner Stammbaum des Pfarrers (18. Jahrhundert) zu den Familien Hans Weinland und Peter Schab. Schab beginnt hier jedoch erst mit Barbara Weinland und Peter Schab, die im Kapitel 6 behandelt werden. (Seelenregister 18./19. Jh., Haina, Grabfeld, Archion) [36]

4. Peter Schab (um 1555 bis 1608) und Barbara

Unser derzeit frühester Ahn lebte in einer Zeit, die von der großen Unzufriedenheit des Volkes mit den sie begleitenden Lebensumständen geprägt war. Es gab immer wieder Streitigkeiten mit der Obrigkeit – vor allem wegen der zu leistenden Frondienste, Abgaben und Steuern.

Ende des 15. Jahrhunderts begann die Zeit der Täuferbewegung; eine Bewegung, die in die Reformation mündete.

Im Jahr 1525 wurde mit dem Bauernkrieg ein Höhepunkt in dieser Auseinandersetzung erreicht, der auch in Haina und Umgebung sich mit Aufständen vollzog.

Das nahe Königshofen war ein Sammelpunkt der Bauernhaufen, aber auch ein Ort, wo fast die gesamte männliche Bevölkerung der Stadt von der Kaiserlichen Armee hingemetzelt wurde. Inwieweit auch die Familie des Peter Schab involviert war und Opfer zu beklagen hatte, ist nicht überliefert.

Konkrete Informationen zu der Familie Schab fand ich in den Kirchenbüchern von Haina, die man im Online-Archiv „Archion" gegen Gebühr einsehen kann.

Die KB wurden mit der Etablierung der evangelischen Religion in der Region Grabfeld nach 1546 eingeführt.

Die Einträge beginnen im KB Haina um 1570 und in Römhild bereits ab dem Jahr 1557. Es muss jedoch in der

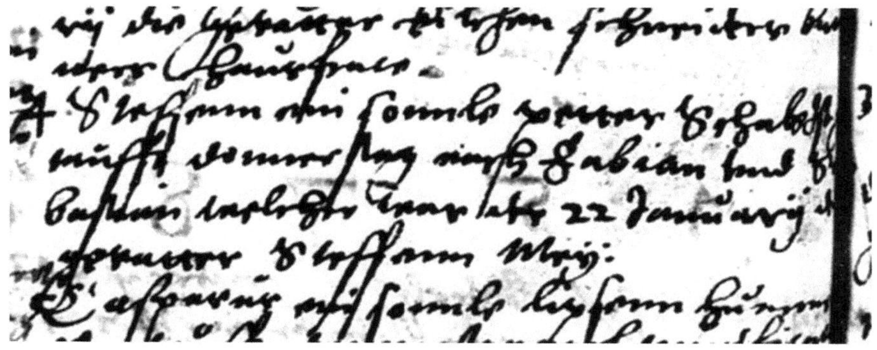

Abb. 7: Taufeintrag von Steffen Schab 1579, im KB Haina im Grabfeld, S. 12. [36]

Zeit vor 1600 an der Vollständigkeit der Einträge gezweifelt werden, zumal in Römhild Seiten fehlen und beschädigt sind.

Der erste Hinweis auf Peter Schab und seine Frau Barbara (Geburtsnachname wurde nicht genannt) findet sich im Eintrag zur Taufe des Sohnes (Abb. 7) und unseres Ahns Steffen (auch Stephan) vom 22.01.1579.

Dort heißt es: *„Steffen ein Sonnle petter Schabs ist getaufft Donnerstag nach fabian und sebastian welcher war der 22 January der gevatter Steffen Mey".* [36]

Die Hainaer Kirche zeigte sich zum Zeitpunkt von Steffens und seines Vaters Peter Taufe nicht in der heutigen Form. Teile der damaligen Gebäudesubstanz sind jedoch noch heute vorzufinden: der Chor, die Sakristei und der untere Teil des Kirchturmes.

Man findet somit heute noch Gebäudeteile, die den Rahmen der Taufen, Trauungen und Bestattungen der Familie von Barbara und Peter sowie ihrer Eltern vor über 600 Jahren bildeten.

Bei unserer Besichtigung der Johanniskirche in Haina und der Begehung des Dorfes begleiteten uns der Dorfchronist, Herr Thein, und ein Vertreter des Kirchenvorstandes, die viel zur Geschichte der Kirche und des Ortes erläuterten.

Wir waren auf Zeitreise zu den Ahnen meiner Frau Ilona, geborene Schaab, waren tief berührt von der Atmosphäre in den viele Jahrhunderte alten Mauern.

Wir fühlten uns überwältigt vom Geist der damaligen Zeit – atmeten Geschichte, wähnten uns der Familie des Peter und seiner Vor- und Nachfahren nahe.

Beim Rundgang durch das Dorf sah man manche Grundstücke oder alte Gebäude, die einem Ahnen gehört haben mögen oder diese wurden irgendwann einmal von dessen Familie bewirtschaftet.

Noch heute wohnen Familien mit Namen Schab in Haina, Nachkommen anderer Familienzweige – vielleicht auch von Andreas und Caspar, den anderen bekannten Söhnen aus Peters Ehe. In jedem Fall aber Nachfahren von Peters Zweig.

Widmen wir uns nun kurz den anderen Kindern des

Paares. Alle wurden in Haina geboren und getauft. Es muss jedoch dazu gesagt werden, dass die Zuordnung der Kinder zu den Familien aufgrund der Häufung einzelner Vornamen und dem Fehlen des Namens der Mutter sehr schwer ist und es zu Fehlern kommen kann. Die Einträge im Kirchenbuch sind meist sehr knapp.

Ein weiteres Hindernis ist die oft schlechte Lesbarkeit. Dazu gab es viele Familien namens Schab (Name in dieser Zeit auch Schabp geschrieben, bei Schreibweise Schaub ist oft die Zuordnung unklar) im Ort und in ähnlichem Alter.

Trotzdem habe ich eine Zuordnung versucht und gehe von folgenden Kindern der Familie aus:

1. Else: +12.12.1578 in Haina, gestorben als Kleinkind.
2. Steffen, 22.02.1579, unser Ahn.
3. Dorothea, ~10.12.1580 in Haina.
4. Caspar: ~18.12.1582, +10.07.1608, beides in Haina.
5. Andreas, ~30.10.1584, heiratete am 09.11.1614 Catharina Carl: *„Andreas Schab, Peter Schabs seligen weiland mitnachbar alhier nachgelassenen eheleiblichen Sohn und Catharina, Christoff Carls, mitnachbar alhier eheleibliche Tochter sind copuliert worden d. 9 Novembris".* [36]
6. Catharina, ~14.02.1587 in Haina.
7. Agnes, ~10.04.1589 in Haina, heiratete 1622 den Witwer Andres Brandt.
8. Martha, ~13.09.1593 in Haina.

Damit kann auf einen Heiratstermin des Peter Schab vor 1578 und seine Geburt um 1555 geschlossen werden.

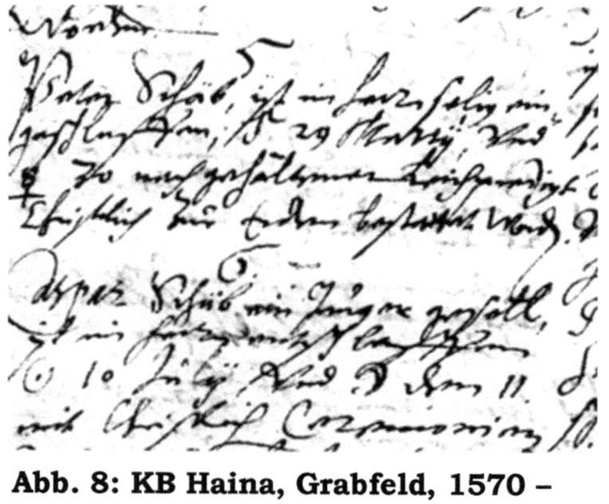

Auf der Abb. 8 sind die Sterbeeinträge von Peter (Nr. 5), und Caspar (Nr. 6) zu sehen. Peter starb am 29.03.1608 in Haina:

Abb. 8: KB Haina, Grabfeld, 1570 – 1641, Sterbereg. 1608, Nr. 5 u. 6. [36]

„Peter Schab ist im Hern selig eingeschlaffen, d. 29. Marty, und ... nach gehaltener Leichpredigt christlich zur Erden

bestattet worden." [36] Seine Frau Barbara überlebte ihren Mann 16 Jahre und starb am 12.12.1624 in Haina.

„Barbara, Peter Schabenßß nachgelassene Wittwe ist in Christo selig entschlaffen, 12. Decemb. und den 13. ejusdem nach gehaltener Leichpredigt mitt Christlichen ceremonien Zur erden bestattet wordten." [36]

Zum Beruf oder anderen Lebensumständen der Familie des ältesten bekannten Ahns Peter ist leider nichts bekannt. Vielleicht war er Bauer und Weingärtner, oder aber er führte schon handwerkliche Arbeiten aus wie seine Nachfahren, die die Berufe Böttcher und Zimmermann ausübten?

Es wird wohl von allen etwas gewesen sein. Vielleicht recherchiert jemand einmal die Gerichtsbücher u. ä. Akten, wo Erbangelegenheiten, Käufe, Verkäufe u. ä. vor 1600 enthalten sind. Dann werden bestimmt viele Fragen beantwortet.

In dieser Zeit gab es auch einen Hans Schab in Haina, der sein Sohn hätte sein können. Dieser war Büttner. Leider war es auch nicht möglich, zweifelsfrei andere Personen Schab dem Peter als mögliche Geschwister zuzuordnen.

In der Zeit, als Peter mit seiner Familie lebte, wurde das Dorf Haina u. a. wie folgt beschrieben:

„Das Dorf Haina bestehet übrigens aus 130 Feuerstellen und 610 Einwohnern, worunter verschiedene Professionisten (Anmerkung: u. a. Handwerker) anzutreffen sind. Es befindet sich hier ein gutes trinkbares Quellwasser, welches man für das reinste im ganzen Amte (Hinweis: Römhild) hält.

Durch den Ort fließet die Spring und treibet zwei, außer dem Dorfe, und zwei in demselben gelegene, Mahl- und Lohmühlen. ...

Zum Landgerichte stellen die Einwohner einen Schöppen und zum Landausschuss 12 Mann.

Die Gemeinde besitzet außer einigen Feldgütern, ein mit dem Braurecht privilegirtes Wirthshaus, ein Stück Waldung, das Tiesthal genannt ..." [18]

Aus dieser Darlegung kann man sich in etwa ein Bild des Dorfes zu damaliger Zeit machen.

5. Steffen Schab (1579-?) und Anna Wirthwein

Die Heirat von Steffen, auch Stephan genannt, ist jeweils in den KB von Haina und Römhild vermerkt. In Römhild war noch als Zusatz der Termin 31. Januar 1614 niedergeschrieben.

Da er nicht als Junggeselle oder Witwer bezeichnet wurde, ist anzunehmen, dass er seine erste Ehe im Alter von 36 Jahren mit Anna Wirthwein aus dem Haina benachbarten Römhild schloss.

Die Zeremonie und Predigt wird wohl der damalige Pfarrer und Superintendent M. Noah Otto, gebürtig in Auma im Vogtland, gehalten haben.

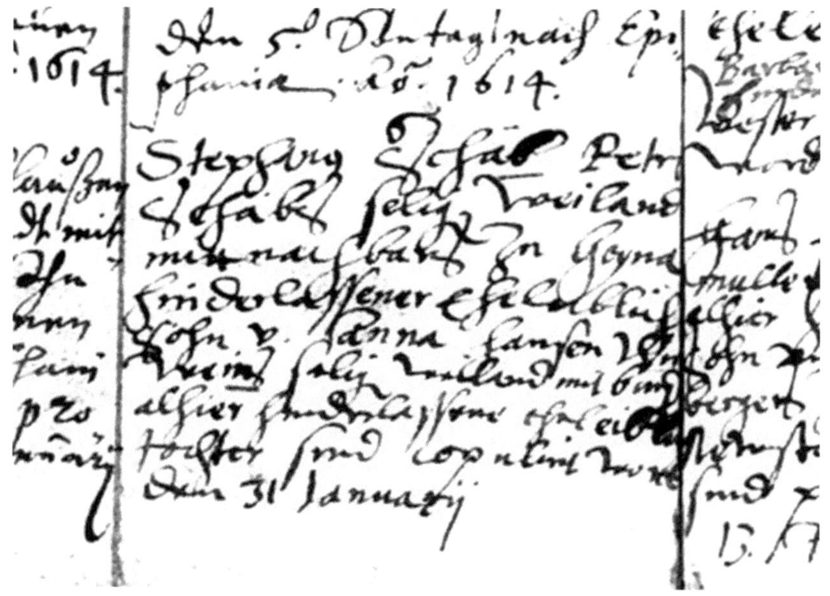

Abb. 9: Heiratseintrag des Stephan Schab mit Anna Wirthwein, Sohn des Peter Schab, vom 31.01.1614, KB Römhild, Traureg. 1614, S.15. [36]

Der Eintrag im KB Römhild lautete:

„Stephan Schab, Peter Schabs selig, weiland mittnachbars zu Hayna hinterlassener eheleiblicher Sohn u. Anna, Hansen Wirthweins selig weiland mitbürger alhier hinterlassene ehe-

leibliche Tochter sind copuliert worden den 31 January". [36]

Unter welchen Umständen die Trauung erfolgte, kann nur vermutet werden, wenn man weiß, dass 1609 Römhild von einem verheerenden Stadtbrand betroffen war.

Darüber schrieb Noah Otto mit Melchior Bischoff das Buch: „Kurtze Beschreibung Des erbärmlichen Brands/ dadurch gantz Römhild/ in der Ring-Mauer/ wenig außgenommen/ verzehrt worden/ An. 1609. den 7. Septembris". 1699 erschien dieses Buch in der Fürstlichen Druckerei.

Wetzel schildert die Situation für den 1605 nach Römhild gekommenen Pfarrer Otto im Brandjahr 1609 wie folgt:

„Vier Jahre nach seinem Anzuge, nemlich anno 1609, am 7. Sept. Donnerstag nach Dom. 12 Trinitat., erlebete er leider! Den grossen Brand der Stadt Römhild/ davon nur Superintentur und 4 Häusergen stehen blieben.

Melchior Bischoff/ General Superintendens zu Coburg, hielte allhie, hielte eine besondere Brandt- und Trostpredigt/ aus dem Hiob am Fünfften, zu welcher die Leuthe, aus Mangel der Glocke, durch die Trommel zusammen geruffen worden." [19]

Auch Steffens Braut war schon älter, 32 Jahre, beider Väter bereits verstorben. So wird er vor der Heirat das Erbe vom Vater angetreten, vielleicht das Haus mit dem Grundstück übernommen haben.

Die Mutter, vielleicht auch Geschwister, werden noch im Haus geblieben sein, falls letztere nicht durch Heirat bereits aus dem elterlichen Haus ausgezogen waren.

Im Taufeintrag von Steffens Frau Anna vom 28.07.1582 im KB Römhild heißt es:

„Anna, ein Töchterlein Hansen Wirthweins, Gevatter Anna Clausen Müllers Frau getaufft auf Sixti". [36]

Sixti scheint der Gedenktag des Schutzheiligen St. Sixti zu sein, benannt nach dem von 257 bis 258 herrschenden Papst Sixtus II.

Ihr Vater Hans Wirthwein heiratete am 10.01.1573 in Römhild Anna Seiffert aus Haina.

Anna war eine Tochter des Lorenz Seiffert aus erster Ehe.

Es gab also schon früher Kontakte oder verwandtschaftliche Beziehungen zwischen den Familien Schab und Wirthwein, denn auch in Römhild ist der Name Schab vertreten; vielleicht Verwandte von Steffen.

Neben Anna sind aus der Ehe des Hans Wirthwein eine weitere Tochter und fünf Söhne (zwei Söhne: Valentin und Nicolaus als Kleinkind 1581 bzw. 1588 verstorben) hervorgegangen.

Es ist doch erstaunlich, dass das erste Kind des Hans erst acht Jahre nach der Heirat geboren wurde. Zumindest findet sich im KB kein weiterer Geburtseintrag.

Ob seine Frau verstarb und er dann mit seiner zweiten Frau die Kinder zeugte – einen Traueintrag eines Witwers Hans Wirthwein fand sich nicht.

1621 ist in den Übersichten der zur Beichte erschienenen Gläubigen noch eine Anna Wirthwein erwähnt. Jedoch ist kein Hinweis vorhanden, dass sie Witwe ist.

Verweilen wir kurz weiter bei der Familie Wirthwein, die in Römhild im 16. Jahrhundert gut vertreten ist. Zur damaligen Zeit war Römhild anfangs noch Residenzstadt der Grafschaft Henneberg-Römhild und etwa drei Kilometer von Haina entfernt gelegen. Ab 1572 gehörte die Stadt zu Sachsen-Coburg.

Dies änderte aber nichts daran, dass enge Verbindungen zwischen den Bürgern und auf wirtschaftlicher Ebene, z. B. Teilnahme der Handwerker und Händler an den jeweiligen Märkten, bestanden.

Die Hobbygenealogin Frau Kipping hat sich mit der Familie Wirthwein intensiv aus dieser Zeit beschäftigt. Sie meint, dass es damals zwei Familienzweige in Römhild gab:

1. Zweig: Wahrscheinlich mit der Familie der Eltern von Anna, Handwerker und Bauern. Hans Wirthwein wohnte in der Vorstadt von Römhild. Dieser Stadtteil wurde in den Wirren des Dreißigjährigen Krieges völlig zerstört.

2. Zweig: Hierzu zählte nach dem KB-Heiratseintrag vom 13.01.1561 der Georg Wirthwein mit seiner Frau Kunigunde May.

Mehrere Familienangehörige waren Ratsmitglieder und ein Enkel besuchte in Schleusingen das Gymnasium, wurde zum Cantor in Römhild berufen und war auch Ratsherr.

Für diese Familien tauchte auch immer wieder der Nachname Weinich auf. Erschwert wird die Recherche dadurch, dass oft nur Vornamen genannt werden, Vor- und Nachnamen der Frauen fehlen ganz. Die Eltern von Anna Wirthwein sind leider nicht zweifelsfrei einem der o. g. Zweige zuzuordnen.

Die Einträge des Pfarrers in den ersten Jahren der KB-Führung, wie ich bereits andeutete, waren sehr sparsam abgefasst; Zuordnungen somit nur unter Vorbehalt.

Dies ist auch der Grund für die Unsicherheit bei der Zuordnung der Kinder der beiden Georg Wirthwein aus dieser Zeit, die auch noch im selben Jahr, also 1561 heirateten. Der zweite Georg heiratete am 08.12.1561 die Anna Schmidt.

Über Steffen und seine Frau Anna fand ich wenig. Steffen scheint schon vor der Ehe öfter in Römhild gewesen zu sein, denn man findet ihn in den Übersichten der Beichtenden in Römhild bereits um 1612, also schon vor der Ehe. Vielleicht wohnte und arbeitete er dort.

Wichtig für unsere Familie Schab ist die Geburt ihres Sohnes, unseres nächsten Ahns Peter, in Haina.

Dazu steht im KB Haina (Abb. 10): *„19. Petrus ein Söhnlein Steffen Schabs, (Pate) Peter Heller Springmüller, getaufft 22 Augusti".* [36]

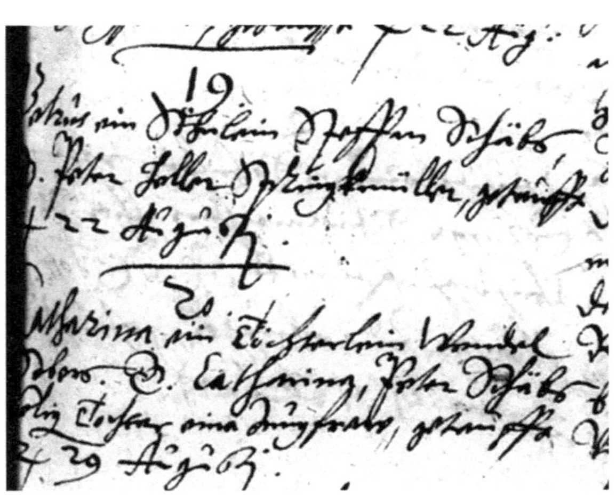

Abb. 10: Taufeintrag Peter Schab, KB Haina im Grabfeld 1616, S.71. [36]

Im Eintrag darunter (Nr. 20) ist zu lesen, dass Catharina, eine Tochter von Peter Schab, also die Schwester von Steffen, als Patin bei Wendel Schabs Tochter fungierte. Welche verwandtschaftlichen Beziehungen zwischen Wendel und Peter bestanden, vielleicht Brüder, war nicht nachzuvollziehen.

Weitere Kinder von Steffen und Anna, außer einer Totgeburt (07.04.1621), fand ich nicht. Auch die Sterbedaten der Eltern blieben im Dunkel. Nur der Eintrag in der Pestzeit vom 23.07.1637 könnte evtl. der Sterbetag von Anna sein.

Das Paar lebte mit ihrem Sohn in einer schwierigen Zeit. Die Hexenverfolgungen und die Inquisition verunsicherten die Bürger. In Haina fanden um 1616 zwei Frauen durch Verbrennen auf dem Scheiterhaufen den Tod.

Der Prager Fenstersturz, wo protestantische Adelige drei katholische Ratsherren bzw. Statthalter am 23. Mai 1618 aus dem Fenster der Prager Burg warfen, wurde zum Auslöser des Dreißigjährigen Krieges.

Die Beamten überlebten, doch der Krieg zwischen Katholiken und Protestanten, eine Auseinandersetzung um die Machtverteilung im Kaiserreich, dem Heiligen Römischen Reich, begann.

Es fanden ab Mitte des 15. Jahrhunderts schon in vielen Regionen Europas Kriege mit religiösem Hintergrund statt, deren Ursprung in der zunehmenden Verbreitung des Protestantismus lag.

Doch real betrachtet, ging es, wie auch heute, nur um die Ausweitung und Erhaltung der Macht und Mehrung des Reichtums, egal ob von „Kirchenfürsten“ oder weltlichen Herrschern.

Herr Thein schreibt in seiner Hainaer Chronik, dass die Region Grabfeld nach dem Beitritt (1629) des Herzogs Johann Casimir von Sachsen-Coburg in das kursächsisch-schwedische Lager zu einem Zentrum der Auseinandersetzungen in dieser Region wurde.

Auch unsere Familie Schab war damit unmittelbar von den Schlachten des Krieges, von Einquartierungen und der Willkür der plündernden und marodierenden Soldaten betroffen – verloren Teile ihres Hab und Gutes.

Dazu kam im Jahre 1626 zu den Eisheiligen ein strenger Frost, wodurch die Aussaat, die Baumblüte, der Hopfen und der Wein erfroren, was eine große Hungersnot auslöste.

Die Ernten brachten nur wenig Erträge. Vieles davon benötigte man, um den Hunger der oft großen Familien zu stillen. Das Angebot auf den Märkten an Nahrungsmitteln und Futter für das Vieh war gering.

Aber auch tödliche Krankheiten und Seuchen wie Fleckfieber, Pocken, die Pest und Ruhr peinigten die Menschen.

Dazu die Kriege, die die Lebensgrundlagen zerstörten und deren Krieger die Menschen wahllos niedermetzelten.

Es war eine außerordentlich schwierige Zeit zum Überleben. Ganze Familien wurden ausgelöscht.

Herr Thein schreibt, dass die Einwohnerzahl im Amt Römhild, wozu Haina gehörte, sich zwischen 1618 und 1632 halbierte.

Bestimmt mussten Familienmitglieder als Soldaten dienen, blieben auf dem Schlachtfeld.

Auch die KB-Kopien beinhalteten in dieser Zeit stark beschädigte Seiten, teils unleserliche Eintragungen.

In der Pestzeit (1634–1640) kam der Pfarrer meist mit dem Eintragen der Todesfälle nicht nach, wurde selbst Opfer der Pest. Andere versuchten zumindest Vornamen der Gestorbenen, wenn auch unvollständig, im KB festzuhalten.

Alles das kann Ursache für fehlende Daten sein, aber auch die Flucht oder der Umzug von Anna und Steffen mit ihren Kindern in benachbarte Dörfer ist mögliche Ursache für den fehlenden Nachweis weiterer Kinder und ihres Sterbetages.

Annas Eltern bzw. die Familien ihrer Geschwister wird es wohl auch hart getroffen haben, denn bei der Zerstörung der Vorstadt von Römhild durch Brandlegung und Plünderung werden sie all ihr Hab und Gut verloren haben, soweit sie dort wohnten.

Doch wenden wir uns nun dem nächsten Ahn zu: Peter.

6. Peter Schab (1616–1699) und Barbara Weinland

Unser Ahn Peter wuchs, wie schon in den Kapiteln zuvor berichtet, in einer sehr lebensbedrohlichen Zeit auf. Man kann schon sagen, dass er und seine Familie mit großem Glück gesegnet waren, um durch die Wirren und Gefahren dieser Zeit zu kommen.

Horst Thein beschreibt die Zustände in Haina Anfang der Dreißigerjahre im 17. Jahrhundert im Ergebnis seiner Recherche in der Ortschronik wie folgt:

„In Haina waren davon (aus den verbündeten Truppen unter Führung des Schwedenkönigs Gustav Adolf und seines Onkels Feldmarschall Horn) 4000 Mann einquartiert.

Es wird berichtet, dass über 200 Gulden für Wein, Bier und Most bezahlt werden mussten. Dem Gänsehirten wurden 116 Gänse weggenommen, dem Schafhirten 146 Nöser (Hinweis: Schafe, Lämmer) *requiriert und zum Tor hinausgetrieben, sowie 201 Hühner geschlachtet und Ziegen, Schweine und Kälber aus den Ställen geholt."* (Zitat betrifft das Jahr 1631) [01]

Es gehört nicht viel Fantasie dazu, dass bei der geringen Zahl an Einwohnern auch Peters Familie von den Einquartierungen und Plünderungen betroffen war.

Peter, gerade 15 Jahre alt, wird viel Grausames in dieser Zeit und später erlebt haben. Da der Krieg noch bis 1648 dauerte, ist nicht auszuschließen, dass auch er zum Kriegsdienst rekrutiert wurde.

Das Leben war ein täglicher Kampf ums Überleben. In einem Beitrag von Detlef Pleiss über diese Zeit heißt es:

„In Haina wurde der neue Gottesacker vor dem Oberen Tor am 17. Juli 1635 zum ersten Mal gebraucht. Hoffentlich war er großzügig bemessen, denn bis 1640 starben in Haina amtlich 390 Menschen, von 143 Toten anno 1635 absinkend auf 26 anno 1640. Danach stieg die Totenziffer in 20 Jahren nie mehr über 20. Im ersten Friedensjahr 1649 wurden nur noch zwei Hainaer in ihrem Heimatort zu Grabe getragen." [02]

Auch der nachfolgende überlieferte Bericht in der Hainaer

Chronik aus dem Jahre 1635 soll noch einmal zeigen, dass man in dieser Zeit nur überleben konnte, wenn man die Gefahren erkannte und möglichst sich nicht sehen ließ.

Deshalb versteckten sich auch viele Familien in den umliegenden Wäldern. In den Häusern lebte man mit dem Risiko, von Plünderern und mordgierigen Soldaten quasi hingerichtet zu werden.:

„Der Hainaer Schultheiß Endres Weinland wird in seiner Stube von einem Soldaten erschossen. Felix Rauschart, Amtmann in Römhild berichtet, dass von Michaelis (29. Sept.) 1634 bis Mai 1635 aus dem Amt Römhild 506 Untertanen ausm Amt kommen.

Viele vom Kriegsvolk niedergemacht, viele von der Pest, aus Hunger, Kummer und unmenschliches Tractieren der Soldaten gestorben.

Die übrigen in Ermangelung des lieben Brotes und der schweren Contributionen sich verlaufen und ohne Zweifel, dass sie noch bei Leben, am Bettelstab und Elend sich nehmen müssen. 405 sind itzo noch im Amt, aber mehrteils im Gehölz zu finden.“ [01]

Doch das Leben ging weiter. Peter lernte seine Frau Barbara Weinland (*09.10.1620 in Haina) kennen und man heiratete am 25.11.1639.

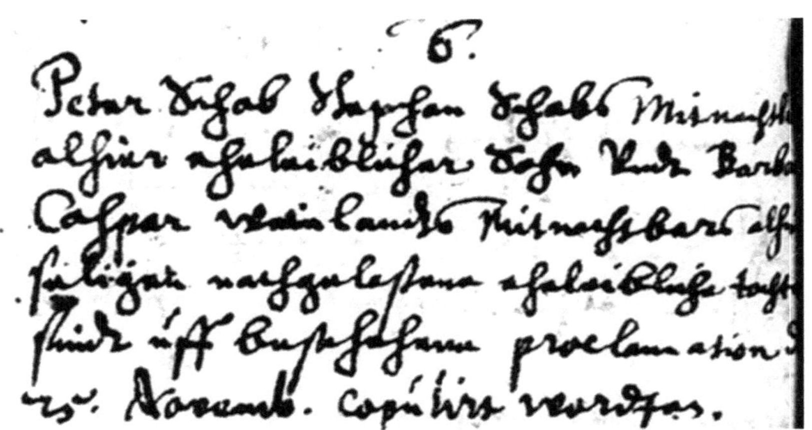

Abb. 11: Heirat Peter Schab und Barbara Weinland, KB Haina im Grabfeld, Traureg. 1639, S. 172. [36]

Der Eintrag im Trauregister des KB lautete: „*Peter Schab Stephan Schabs Mitnachbar alhier eheleiblicher Sohn Undt Barbara Caspar Weinlands Mitnachbar alhier seligen nachgelaßene eheleibliche tochter sindt uff beschehene proclamation d. 25. Novemb. copulirt wordten.*" [36]

Dem Ehepaar wurden sechs Kinder, drei Töchter und drei Söhne, geboren:

1. Margaretha (*19.01.1641, +24.04.1641) - sie starb als Säugling.
2. Johannes (*01.08.1643, +28.01.1725). Ihm wenden wir uns im nächsten Kapitel zu, denn er ist unser nächster Ahn.
3. Ursula (*10.09.1647, +29.04.1660), verstarb bereits im Alter von 13 Jahren.
4. Georgius (*25.11.1653, +22.04.1742). Er heiratete am 27.12.1677 in Exdorf/Grabfeld Dorothea Örtling (*08.04.1655 in Mühlfeld, +17.10.1737).
Sie hatten zwei Töchter und einen Sohn - Nicolaus, Barbara und Margarethe. Nicolaus und Barbara starben jung an Jahren. Margarethe heiratete am 27.02.1715 Heinrich Möller.
5. Petrus (Peter), (*16.11.1658, +10.03.1724). Er heiratete am 23.11.1680 in Haina Ursula Gans, Dienstmagd in Nordheim bei Hans Kahlens. Sie hatten drei Söhne – Michael, Peter und Hans sowie eine Tochter Ursula. Peter erblindete im Alter.
6. Barbara (*02.02.1662, +20.02.1746). Sie heiratete den Schäfer Hermann Leupold am 24.10.1682 in Haina. Zwei Töchter Margaretha und Ursula sind bekannt.

Als der Krieg beendet war, ordnete sich langsam das Leben wieder und es gab wichtige Entscheidungen im Dorf Haina.

Die Thurn- und Taxis'sche Posthalterei eröffnete eine Poststation, wo die Postreiter ihre Pferde wechseln konnten. Es handelte sich hier um eine Station an dem 1653 eröffneten

Postweg Nürnberg-Kassel. Die Reiter werden auf dem langen Ritt wohl auch Durst bekommen haben, deshalb ist die im selben Jahr erfolgte Erteilung des Brau- und Schankrechtes für Haina auch eine wichtige Entscheidung für die zukünftige Entwicklung des Ortes.

Bei der Instandsetzung des Kirchturmes wurde im Turmkopf eine Botschaft aus dem Jahre 1672 gefunden. Diese stammt von einer Reparatur. Pfarrer Lenzen schreibt, dass u. a. der Zimmerermeister Nicolaus Schab am Bau beteiligt gewesen ist. Des Weiteren nennt er die Namen der damaligen Zwölfer. Darunter war unser Peter Schab und ein Lorenz Schab.

Er teilte weiter mit, dass 1672 ein gutes Weinjahr gewesen ist, aber der Spring (ein Bach) zwei Jahre das Wasser ausgeblieben ist.

Weiter berichtet er, dass Haina 1672 101 Wohnhäuser hatte, wovon 9 nicht bewohnt waren. Man zählte 88 Nachbarn und 13 Witwer, die Einwohnerzahl in Haina gab er mit 445 (Erwachsene und Kinder) an.

Ich erinnere: Zu Beginn des Krieges 1618 zählte man in Haina 900 Einwohner. Es ist ein Wunder, dass unsere Familie Schab überlebte und nicht liquidiert wurde.

In Reimform übermittelte der Pfarrer, begründet aus seinen Lebenserfahrungen, auch einen Wunsch, vielleicht ist es auch eine Botschaft, an die Nachwelt:

„Hayna, den 4. July 1672

Gott allein die Ehre
Der aller Höchste Gott, der da heißt drey in Ein,
Bewahre Kirch und Schul und sämtlich Gemein
Vor Feuer, Wasser, Krieg, Sterbens und HungersNot,
Behütte klein und groß, gieb alln ein seelgen Tod.“ [01]

Übersetzt und aufgeschrieben hat es Horst Thein, der Hainaer Ortschronist.

Ich glaube zwar nicht, dass es sich in nachfolgender

Anekdote, die sich um 1696 zugetragen hat, bei dem Georg um ein nahes Familienmitglied handelt, aber nichts ist unmöglich.

In den „Schriften für Meiningische Geschichte" steht geschrieben:

„Die Forststrafen, von denen der Oberforstmeister (von Geismar, dann Utterodt) den dritten Teil erhielt, betrugen 1696/97 66 fl. 6 gr. 11 1/2 Pfg..

In demselben Jahr wurden auch zwei arme Bauern Georg Schab und Hans Erdenbrecher von Hayna wegen Wildfrevels (Schlingenstellens) zu 100 fl. ,Hasenstrafe' verurteilt, die sie, weil vermögenslos, mit Holzschlagen, Spalten und Setzerlohn zu 4 gr. für die Klafter abverdienen mußten.

Eine harte Strafe, wenn auch nicht mehr von der barbarischen Strenge des Mittelalters. V. Geismar erhielt 33 fl. 7 gr. Anzeigegebühren." [26]

Peters Frau starb am 14.03.1669 mit nur 48 Jahren. In dem Sterbeeintrag von Peter, der 30 Jahre später, am 18.01.1699 starb, heißt es:

„Peter Schab Sen. Mitnachb. und 12 fer, ein Mann von 82 Jahren starb am 18. Jan. und wurde am folgenden tag begraben mit einer Leichpredigt. Text. ad eius petitum erarex val. 71, Verlass mich nicht" (Latein bedeutet: text(us) ad eius petitum erat ... der Text war auf dessen Wunsch wahrscheinlich der Psalm 71, Vers 9.) [36]

7. Johannes Schab (1643–1725) und Maria Thein

Johannes, auch Hans genannt, erblickte am 01.08.1643 in Haina das Licht der Welt. Die Pestwelle war inzwischen Vergangenheit, doch der Dreißigjährige Krieg tobte mit all seinen Belastungen für die Menschen weiter.

Er war das älteste Kind und wird schon früh u. a. für seine Geschwister Verantwortung übernommen haben. Eine Schule gab es in Haina schon seit Mitte des 16. Jahrhunderts, wobei anfangs die Kirchner die Schulmeister waren.

In der Zeit, als Johannes und seine Geschwister die Schule besuchten, unterrichteten Michael Sahm und ab 1655 Johann Seitz, beide aus Milz, einem Ort südlich Römhild gelegen, die Hainaer Kinder.

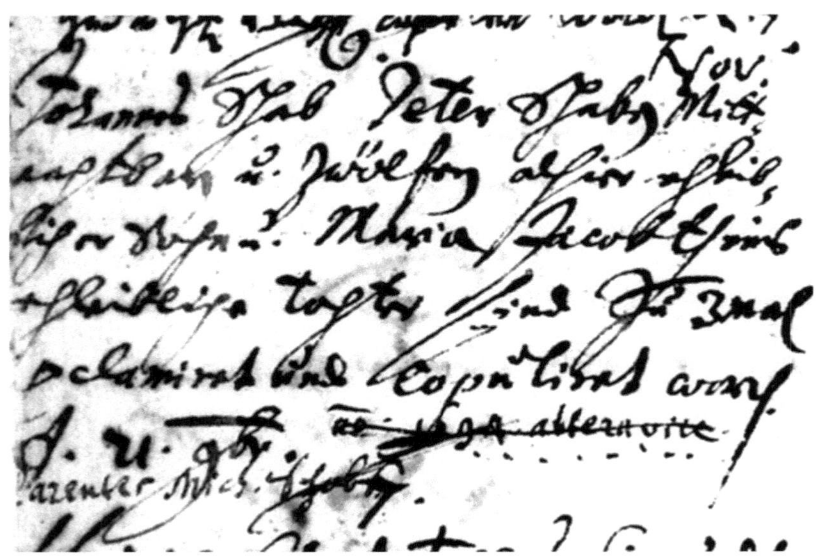

Abb. 12: Traueintrag des Johannes Schab mit Maria Thein, KB Haina im Grabfeld, Traureg. 1665, S. 18. [36]

Am 11.11.1665 heiratete Johannes die am 23.09.1644 geborene Barbara Thein aus Haina.

Der Eintrag lautet: *„Johannes Schab Peter Schabs Mittnachbar u. Zwölfer alhier ehleiblicher Sohn u. Maria Jacob theins ehleibliche tochter sind zu 3mal proclamieret und* *copuliret word. d. 21. 9br."* [36] Die Bemerkung am Ende des Eintrags ist unklar: 1694 kann evtl. die zweite Ehe betreffen; Michael Schab ist der Sohn von Johannes.

Die Ehe blieb zunächst kinderlos, was sogar den Pfarrer erstaunte. Er schrieb deshalb bei der Geburt der Tochter Susanna 1673 in das Taufregister des KBs:

„SUSANNA, Johann Schabs des Zehners erstgebohrnes Kind nachdem er acht Jahr im Ehestand gelebet, gevatter (Wort vermutet, nicht lesbar) *Susanna Michael schellenbergers jungere ledige Tochter ...den 11. Dezmber."* [36]

Ihr Name tauchte im KB Haina nicht wieder auf. Folgende Kinder sind dem Paar zuzuordnen:

1. Susanna (*11.12.1673, +?)
2. Maria (~26.03.1677, +29.05.1759). Sie heiratete am 13.09.1696 Valentin Zöllner.
3. Michael (*30.07.1679, +30.04.1743). Er ist unser nächster Ahn.
4. Catharina (*01.05.1685, +?). Die Zuordnung als Tochter und das Geburtsdatum ist nicht sicher, da Teil der KB-Seite abgerissen ist. Der Vater wird als Zimmerermeister bezeichnet, sonst Büttner.

Johannes ist Zwölfer und Zehner, also einer der zwölf Geschworenen Schöffen. Heute könnte man das Gremium mit dem Gemeinderat vergleichen.

Die Zwölfer standen dem Schultheiß zur Seite und hatten die Aufgabe, die Bestimmungen der seit 1475 in Haina geltenden Ortssatzung durchzusetzen. Der Zehner war quasi der Steuereintreiber.

Herr Thein erläutert die Aufgaben eines Zehners wie folgt: *„In der ‚Gemeinde Gebot und Verbot', der Ortssatzung von 1475, werden die Aufgaben eines Zehners beschrieben.*

Der Zehner hatte die Aufgabe, bei der Ernte der Feld- und Gartenfrüchte, die Menge aufzunehmen und davon den Zehnt einzutreiben. Die gleiche Aufgabe hatte er bei der Erfassung von Tieren, vom Geflügel bis zu den Großtieren, zu erfüllen.

Dabei wurde den Bauern genau vorgeschrieben, wie sie den Zehner anzusprechen hatten. In der oben genannten Verordnung ist die gesamte Vorgehensweise aufgeschrieben. Der Zehner war, wenn man so will, eine Amtsperson." [01]

Johannes war Zwölfer und Zehner, also eine hochgeachtete Respektperson im Dorf.

Wie oben bereits bei Catharina erwähnt, scheint Johannes der erste Büttnermeister in unserer Familie gewesen zu sein.

Es ist anzunehmen, dass neben der Landwirtschaft und dem Handwerk die Familie auch den Weinbau betrieb.

Man musste für ausreichende Einkünfte der Familie mit mehrere Erwerbszweigen sorgen.

Erstmalig wird die Berufsbezeichnung Büttner im Geburtseintrag seines Sohnes 1779 erwähnt: *„Michael, Johann Schabs Büttners Sohn".* [36]

So wird sein Vater Peter den Sohn Johannes bei einem der zahlreichen Büttnermeister in Haina in die Lehre geschickt haben.

Dies war ein sehr wichtiger Beruf auf dem Dorf, da, wie schon erwähnt, in Haina und Umgebung die Landwirtschaft und der Weinanbau eine dominante Rolle spielten.

Da ist es natürlich vorteilhaft, wenn ein Familienmitglied Büttner ist. Andererseits kann man ein zusätzliches Einkommen erzielen, ist unabhängiger von den Ernteergebnissen, die vom Wetter bestimmt wurden. Man konnte mit den Waren Märkte besuchen und Waren eintauschen.

Die Büttner, vergleichbar mit den Berufen Küfer und Böttcher, fertigten Behältnisse aus Holz, wie Melkeimer, Bottiche, Fässer, Zuber, Wannen und andere Holzgefäße an. Also zur damaligen Zeit ein gefragtes und anerkanntes Handwerk.

Die Frau des Johannes starb am 07.12.1693.

Johannes schloss am 11.09.1694 eine zweite Ehe mit der 1665 geborenen Anna Barbara Gans aus dem 16 Kilometer entfernten Schwickershausen.

Er starb am 28.01.1725 in Haina im Alter von 81 Jahren. Anna Barbara folgte ihm zwei Jahre später mit 55 Jahren.

8. Michael Schab (1679–1743) und Margaretha Erdenbrecher

Michael wurde im Gegensatz zu seinen Eltern und Großeltern in einer verhältnismäßig ruhigen Zeit geboren. Die großen Kriege waren beendet, doch deren Folgen noch nicht überwunden.

Der Pfarrer war sparsam mit seinem Taufeintrag, beschränkte sich auf das Notwendigste:

„MICHAEL, johan Schabs, bütners Sohnl. Gev. Michael Abeßer, d jüngere d. 30. Julii. +30. April 1743". [36]

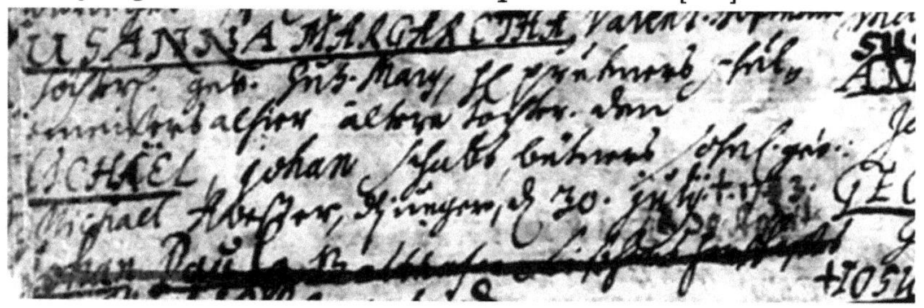

Abb. 13: Geburtseintrag von Michael Schab, KB Haina/Grabfeld, Taufreg. 1679, S. 172. [36]

1743 ist das später eingefügte Sterbedatum.

Michael nahm die Lehre als Zimmermann auf, was eine gute Ergänzung zum Büttner-Handwerk des Vaters war.

1695 heiratete er: *„Michael Schab Zimmer Gesell Mstr. Hans Schabens des ältern des Büttners und Nachbarn allhier Eheleibl. Sohn, und Margaretha Erdenbrecherin, Johann Erdenbrechers Mittnachbahrs alhier Eheleibl. jüngste Tochter wurden nach dreymahliger Chrl. proclamation copuliert den 7. November a(nn)o 1705. (Sterbedatum betr. Margaretha) +1734, d. 2. Febr."* [36]

Insgesamt sieben Kinder sind aus der Ehe bekannt:

1. Johann Georg, *27.03.1706, unser nächster Ahn.
2. Johann Wolffgang, *31.01.1708, +18.06.1785. Er heiratete zweimal in Haina und hatte insgesamt sieben Kinder, wovon vier im Kindesalter starben.
   Die Ehen: oo I. 26.11.1737 mit Anna Müller,
         oo II. 27.11.1764 mit Anna Scheller.

Als Tätigkeitsbezeichnung fand ich Pfarrbauer. Also bewirtschaftete Wolffgang ein der Kirche gehörendes Gut. Er blieb bis zu seinem Lebensende in Haina.

Noch heute findet sich in Haina ein Hinweis auf diese Familie, denn es gibt noch ein Haus, das wohl sehr lange im Familienbesitz geblieben ist.

In einem Fundamentstein des Hauses ist zu lesen: „18 R. Schab. '87".

Abb. 14: Inschrift im Haussockel des Hauses Nr. 5 in Haina im Grabfeld. [47]

Den Schriftzug wird wohl ein Nachfahre des Wolffgang, Reinhard Hieronymus (*1859, Enkel des Johann Adam) beim Umbau des Hauses 1887 angebracht und die Nachbesitzer werden diesen traditionsbewusst immer wieder erneuert haben.

Genaueres ist nur über das Grundbuch zu klären. Vielleicht ist den jetzigen Eigentümern auch aus alten Urkunden oder Kaufverträgen mehr dazu bekannt.

Herr Thein schreibt hierzu auf meine Anfrage, dass auf Seite 120 eines Berichtes von J. G. Kemling dazu Folgendes steht:

„Nr. 61; Nicol Weinlands alten Sölde, oder Peter Filbrichs-Sölde; 24te würzburgl. Sölde, hat 1. zu Dorf Eine Hofstätte, bebaut mit 2 Wohnhäusern, jede mit erforderlichen Wirtschaftsgebäuden versehen. Besitzer davon
a) Andreas Weinlands Wt. Nr.122,
b) Adam Schab Nr. 124.
An dem Haus Nr. 124, jetzt Nr. 5, ist im Sockel der Name ‚Schab' vorhanden."

Hier wird Adam Schab als Vorbesitzer bestätigt. Es ist aber auch möglich, dass es Nachfahren von Wolffgangs Bruder Johann Hermann gewesen sein können.

Auf unserem Rundgang in Haina 2022 konnten wir den

Schriftzug fotografieren und somit nach einigen Jahrhunderten vor dem Fundament eines Hauses stehen, dass von Ilonas frühen Vorfahren errichtet wurde.

Weitere Kinder des Michael sind:

3. Johann Hermann, *25.02.1712, +14.02.1791.
   Er heiratete dreimal in Haina:
   oo I. 16.02.1746 mit Anna Hummel, geb. Scheller.
   oo II. 13.01.1767 mit Anna Graf.
   oo III. 11.01.1769 mit Apollonia Amberg.
   Er hatte mindestens zwei Söhne – Georg Wolfgang
   (*07.05.1768) und Johann Adam (*16.11.1769).

4. Johannes Paulus (*13.10.1716).
   Im Gemeindebüchlein steht auf S. 129: *„Ein Johann Paul Schab hat sich 1739 gemeldet und mitgeteilt das er sich jetzt in Trostadt aufhalte und in Reurieth geheiratet habe. Er kündigte sein Nachbarrecht im Jahr 1741 auf."* [28]
   Er folgte wohl seinem großen Bruder Johann Georg, aber bereits in Reurieth bei Themar fand seine Reise ein Ende. Mit der Heirat begann eine neue Lebensphase. Vielleicht ist auch hier ein Familienzweig entstanden.

5. Caspar starb kurz nach der Geburt. (*17.11.1719).

6. Anna Elisabetha (*21.08.1722).

7. Margaretha (*13.12.1730, +27.12.1741).

Zum Schluss noch das Schicksal eines Johann Georg Schab, der 1818 dem Pfarrer einen nachdenklichen und aufrüttelnden Nachruf im Kirchenbuch (KB Haina, Beerdigungen, S. 24, Nr.4) wert war.
Bestimmt sollte es auch eine Mahnung an die Lebenden sein.
Garantiert hat der Pfarrer dieses Ereignis in einer Predigt für die Kirchengemeinde thematisiert, und an die Gläubigen

appeliert, sich nicht dem Alkohol hinzugeben.

Welchen Familienzweig dieser Johann Georg angehörte, habe ich nicht recherchiert.

Er war der älteste Sohn des Schreinermeisters Nicolaus Schab. Der Pfarrer schreibt:

„Joh. Georg Schab, Schreinermeister, wurde am 13 ten Maj im Zeuchhaus beym Spital todt gefunden. Die Leut von Römhild fand an seinem Körper keine gewaltsame Verletzung, wohl aber Spuren eines schon vor 3 Tagen erfolgten Todes, wo er auch zuletzt gesehen worden ist.

Dieser Schab war in seiner Profeßion nicht ungeschickt, lebte nach seiner Verheyrathung (d. 19 ten Mart 1792) ordentlich und trieb sein Handwerk fleißig.

Er ergab sich aber bald dem Trunk und dem damit verbundenen Müßiggang und trieb es so weit, das sich seine Frau seines liederlichen Lebens halber von ihm scheiden ließ.

Sich nun ganz allein überlaßen, brachte er sein weniges Vermögen völlig durch und wurde nun, um nicht als Bettler herumzugehen nach Maßfeld ins Zeuchhaus gebracht.

Er wurde aber wieder aus Mangel an Raum entlassen; allein gebeßert war er nicht.

Ein förmlicher Bettler strich er im Lande herum, bekam bald ein so ekelhaftes Ansehen, daß sein naher elender Tod vorauszusehen war.

Des vielen Ungeziefers wegen, das ihn verzehren zu wollen schien, ließ ihn Niemand mehr ins Haus. Es wurde ihm das Stückchen Brod vor der Thuer gereicht.

Er wurde durch die Gemeinde=Diener begraben. 53 Jahr alt, hinterläßt keine Kinder.“ [36]

Buch III

Die Familie Schaab/Schab in Unter- und Oberneubrunn

Abb. 15: St. Jacobus-Kirche Schönbrunn. [47]

9. Neue Heimat im Tal der Neubrunn und Schleuse unterhalb des Rennsteigs

Dieses lange Tal, beginnend in Gießübel, hier eng zwischen steil ansteigenden Bergen an der Neubrunn gelegen, folgt ab Unterneubrunn breiter werdend dem Flusslauf der Schleuse in Richtung der Stadt Schleusingen. Gießübel ist umgeben von hohen Bergen, auf dessen Höhen der Rennsteig zwischen Masserberg und Neustadt verläuft.

Die Häuser sind am Rand der Bäche gebaut. Die Hänge bieten nur wenig Platz für kleine Gärten, Wiesen und Felder zur Eigenversorgung oder Tierhaltung.

Doch diese Eigenversorgung war nicht nur vor Jahrhunderten überlebenswichtig, nein, auch noch lange Jahre nach dem Zweiten Weltkrieg für viele der im Tal wohnenden Familien.

Lassen wir einmal einen Zeitzeugen aus Mitte des 19. Jahrhunderts, Georg Brückner, aus dem Nachbardorf Oberneubrunn, aus seiner Sicht das unterhalb des Rennsteiges gelegene Dorf Gießübel beschreiben:

Abb. 16: Ansichtskarte Gießübel um 1930, Fliegeraufnahme. [47]

„Gießübel, … ein Kirchdorf, im oberen engen Grunde der Neubrunn und am Einflusse des Rehbachs und Tosbachs (Dachsbach) *in die Neubrunn, zwischen hohen Bergen (Sommerberg, Querenberg, Löffelberg, Holzberg), größtentheils längs des Thals gekrümmt und zweizeilig, 31 1/2 St. N. von Eisfeld, hat 7 Gemeindegebäude, 95 Wohn- und 8 Werkhäuser, 163 Fam., 787 Einw., 337 St. Vieh (178 R., 113 Z., 41 Schw., 4 Pf., 1 Sch.).*
Der Ort, ein Langdorf, aus einer langgezogenen gebogenen

Hauptstraße und einigen Nebengassen bestehend, sanft ansteigend gebaut, enthält mehr gewöhnliche als stattliche Waldhäuser.

Die dasige Kirche, der Heiligen Dreifaltigkeit geweiht, 1722 begonnen, 1723 vollendet und 1748 mit einer Orgel versehen, steht inmitten des Dorfs auf dem umzäunten Gottesacker und ist ein einfacher Bau. ... Zur Kirche gehört ein besonderes Glockenhaus.

Die Schule, nah bei der Kirche gelegen, 1656 erbaut und 1848 erweitert. Sie besteht seit 1636. Das ursprüngliche Schulhaus war eine Gemeindeschmiede.

Daselbst ein Wirthshaus und eine Schenke. ... Das Dorf ist bezüglich der Größe und Güte der Flur, ein sehr übervölkerter Ort.

Landwirthschaft ist zwar vorherrschend, aber wenig ergiebig und nur auf geringtragenden Sommerbau, auf Kartoffeln und Flachs und Viehzucht (nicht ausreichend guter Wieswachs) beschränkt.

Es bestehen hier außer den Localhandwerkern mehrere Gewerbe, namentlich gegen 30 Büttner, 6 Nagelschmiede, 2 Huthmacher und einige Wagner, auch Holzhändler mit Felgen, Span- und Kummetshölzern; zudem wird von 60 Personen ein reger Hefenhandel betrieben, der besonders die flüssigweiße Hefe aus Thüringen nach Franken liefert und den Rest des ehemals priviligirt hennebergischen Hefehandels bildet.

Die Einwohner sind zwar sehr thätig, doch luxussinnig, aufs Trinken und Schnorpskarten begiert, von stolzer Denkart, streitlustig und mittelmäßig kirchlich.

1/30 derselben vermögend, 19/30 ziemliche Mittelleute und 10/30 arm und verschuldet. Im und vor dem Ort sind 2 eingängige Mahlmühlen (obere und untere) und zwei Schneidmühlen." [32]

Früher, ab den fünfziger Jahren des vorigen Jahrhunderts, wurde der Ort zunehmend ein gern besuchter Ferienort, wo die Menschen neue Kraft für die Bewältigung der Alltagsprobleme tanken konnten.

Bei den Urlaubern waren die zahlreichen Wanderwege in

der näheren Umgebung beliebt, die jedoch fast immer mit leichten oder stärkeren Anstiegen verbunden waren.

Dafür boten sie abwechslungsreiche Aussichten auf das Tal und die sich an die kleinen Bäche anschmiegenden Häuser.

Wanderziele wie die Gießübler Schweiz, das Nadelöhr, der Langertfelsen in 805 Meter ü. NN, die Schutzhütte auf dem Löffelberg, das Kriegerdenkmal oder die Dachsbachkanzel ließen den Wanderern die Natur und Landschaft genießen.

Mit Ilona bin ich sehr gern den Weg am Holzberg oberhalb des Dachsbachtales gelaufen.

Ab und zu auf einer Bank innegehalten, die herrliche Ruhe, ursprüngliche Wiesen mit einer Vielfalt von Pflanzen und Insekten begleiteten den Spaziergänger und Wanderer. Eine schöne Aussicht auf das Dorf mit dem Queren-, Sommer- und Löffelberg waren der Lohn des leichten Anstiegs.

Leider wurden in den letzten Jahren die Bänke und das Freihalten des Weges sehr vernachlässigt, geschuldet der Verringerung der Feriengäste, aber auch einem massiven Rückgang der Einwohnerzahl. Von früher über tausend Einwohnern werden derzeit noch etwa 500 in Gießübel gezählt.

Gießübel ist eines der ältesten Dörfer im Thüringer Wald mit der urkundlichen Ersterwähnung 1317. Schon im Mittelalter, obwohl tief im Tal gelegen, war der Ort für die Handelsleute interessant.

Dies deshalb, weil das Dorf, wie Hermann Eichhorn 1938 schrieb, an einem „Zweig der alten Handelsstraße aus Franken, von Nürnberg über Coburg, Eisfeld nach Erfurt" lag.

Diese alte Handelsstraße, oft auch Kahlertstraße genannt, die schon im achten Jahrhundert als Handelsweg erwähnt wurde, *„verlief von Eisfeld über Hirschendorf - Hinterrod – Waffenrod – Heubach - Gasthaus Kahlert - Neustadt a. R. – Gehren – Branchewinda - Egstedt nach Erfurt"* [https://via-regia.org].

Wer sich mehr mit der Geschichte Gießübels befassen will, dem sind die von dem Fotografen und Heimatforscher Gunter Hess in Gießübel herausgegebenen Hefte und Bücher zur

Geschichte des Dorfes mit vielen historischen Ansichten und Informationen sehr zu empfehlen.

Von den Orten auf dem Kamm des Thüringer Waldes wie Heubach, Masserberg, Neustadt und Kahlert führten Wege nach Gießübel und von dort der Neubrunn und Schleuse entlang nach Schleusingen.

Zu Oberneubrunn gehörte bereits die Kleiderbügelfabrik Eichhorn und die frühere Düppeles- bzw. Engelhardsmühle unterhalb Gießübels.

Abb. 17: Blick auf Schönbrunn (Ansichtskarte Foto-Verlag Erlbach). [47]

Die Straße folgt dem Lauf der kleinen Bäche und führt weiter nach Schönbrunn (Abb. 17), das die früheren Orte Ober- und Unterneubrunn, Ernsthal und Schönau sowie Gabel im Quelltal der Schleuse umfasste.

Gabel wurde mit dem Bau der Talsperre Schönbrunn Anfang der siebziger Jahre des 20. Jahrhunderts durch die angestaute Schleuse weitgehend überflutet.

Unser um 1725 aus Haina kommender Johann Georg Schaab heiratete in Unterneubrunn, dort, wo die Neubrunn sich mit der Schleuse vereinigt. Auch diese Orte bieten herrliche Wanderwege, wobei die Häuser des Ortes sich im

Gegensatz zu Gießübel in einem weiten Tal befinden, aber auch auf den flach ansteigenden Hängen der den Flusslauf der Schleuse begleitenden Berge.

Früher gab es in Schönbrunn einen Schmalspur-Eisenbahnanschluss nach Eisfeld, der für die industrielle Entwicklung der Region von großer Bedeutung war. Zuerst wurde die Personenbeförderung und bis 1974 der gesamte Eisenbahnverkehr eingestellt.

Einige Impressionen aus Gießübel vor etwa 60 Jahren

Abb. 18: Früher im Sommer ein gern besuchtes Bad im Dachsbachtal in Gießübel. Heute – es war einmal. [46]

Abb. 19: Die Wanderwege oberhalb des Ortes gewähren immer neue Ausblicke. Hier vom Löffelberg. Rechts oben: Krieger-Denkmal. [46]

Abb. 20 u.21: Das Wasser und Dung für die Pflanzen wird den Berg hinauf getragen, Heu hinunter oder im Tal mit Fuhrwerk geholt. [46]

Abb. 22 und 23: Oma und Enkel mit der Schubkarre unterwegs. Rechts: Schlittenfahrten im Winter waren bei Urlaubern gefragt. [46]

Abb. 24 u. 25: Der Bob – Spaß für die Jüngeren. Rechts: Im Winter wurde mit dem Schlitten der Mist auf die Felder an den Berghängen gebracht. [46]

10. Johann Georg Schaab (1706–1772) und Anna Barbara Elisabetha Fiedler

Georg ist der erste Ahn, der im KB mit Doppel-a, also Schaab, geschrieben wurde. Hier begann also die wechselhafte Geschichte der Schreibweise des Namens. In den Überschriften der Kapitel nenne ich immer den Namen, der bei der Geburt vom Pfarrer eingetragen wurde.

Im Geburtseintrag heißt es: *„Johann Georg Ein Söhnlein Michael Schaabens des Zimmermanns wurde gebohren d. 27ten Martii 1706. Frühe gegen 3 Uhre u. deßelbigen Tages noch auff Christum getauft der Tauffzeuge war der Erbahre Junge Gesell Georg Fischer, Johann Fischers Mitnachbars alhier Eheleibl. Sohn.“* [36]

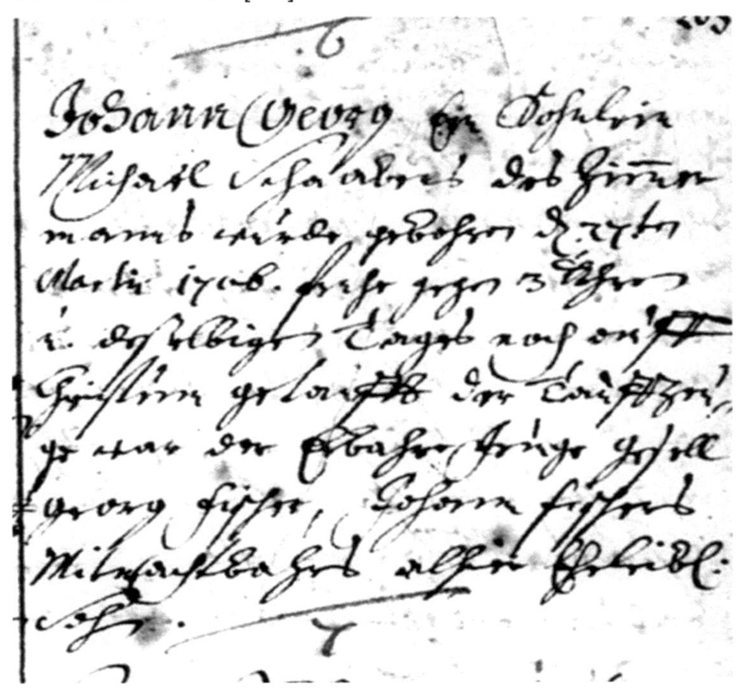

Abb. 26: Geburtseintrag von Johann Georg Schaab, KB Haina im Grabfeld, Taufreg. 1706, S. 203. [36]

Georg erlernte den Zimmermannsberuf und begab sich nach der Gesellenprüfung, wie viele Gesellen dieser Zunft, auf die Wanderschaft. In dieser Zeit arbeiteten die Gesellen bei fremden Handwerksmeistern, schauten sich deren Fertigkeiten ab, sammelten neues Wissen, um später den Meistertitel tragen zu können.

Der Zeitpunkt des Beginns seiner Wanderschaft ist unbekannt. Jedoch kann man annehmen, dass er als junger Bursche nach der Lehre seinen Heimatort mit unbekanntem Ziel verlassen hat.

Es ist wahrscheinlich, dass Georg, auch teils Jörg genannt, einem in alten Schriften beschriebenen Weg von Haina aus folgte – über die natürlichen Straßen durch das Biber- und Jüchsetal und vor allem den wohl uralten Völkerweg über das St. Bernharder Plateau (bei Beinerstadt) ins Werratal.

Vielleicht dann weiter über Themar und Kloster Veßra nach Schleusingen und dann in das Schleusetal aufwärts. Die Stationen seiner Aufenthalte vor Unterneubrunn sind nicht bekannt.

Während seiner Tätigkeit beim Zimmerermeister Jacob Fiedler (1664–1728) in Unterneubrunn starb der Meister. Dieser hatte eine anerkannte gesellschaftliche Position im Dorf, war Mitältester und Schulze.

Unterneubrunn war zu dieser Zeit ein ansehnliches Dorf, das mit Oberneubrunn und Gießübel im Tal der Schleuse und Neubrunn lag.

Der Historiker Georg Brückner beschreibt die Situation der damaligen Zeit wie folgt:

„Der Geistliche zu Unterneubrunn hat alle 14 Tage zu Gießübel Gottesdienst, daselbst auch alle Taufen, Trauungen und Beerdigungen zu halten; dagegen muß die gießübler Gemeinde der Confirmation in Unterneubrunn beiwohnen. Im Ort 1 Wirthshaus, 1 Mahlmühle mit 1 Oelgang und 1 Schneidmühle; oberhalb desselben eine zweite Schneidmühle und am Eingange zum Schleusegrund ein Eisenhammerwerk, das einen Blauofen und ein Löschfeuer, außerdem seit Kurzem ein Cylindergebläse und einen Stahlhammer umfaßt.“ [32]

In dieser und nachfolgender Zeit begann man die im Ort

und der Umgebung durch den Dreißigjährigen Krieg zerstörten Bergbauanlagen, u. a. zur Gewinnung von Kupfer, Eisen, Gold und Schwefel, wieder in Betrieb zu nehmen.

Kupfer- und Eisenerzgewinnung betrieb man vor allem am Burbach, im Schleusetal Richtung dem Ort Gabel, der 1977 einer Talsperre weichen musste.

„Ein gewisser Uhrmacher Humburg aus Hildburghausen, der sehr gut mit Schmelzen umgehen konnte, grub in diesem Jahrhundert, ohngefähr in 60 iger Jahren, bei Unterneubrunn aus den verfallenen Silberbergwerken und Schmelzhütten Schlacken, aus welchen er nur allein nach und nach vor 400 Gulden feines Silber schmelzte. Auch selbst für den Naturforscher hat das Erdreich hiesiger Lande reiche Schätze." [34]

Georg ließ sich also in einem Siedlungsgebiet des Thüringer Waldes nieder, dass aus mehreren Ansiedlungen in einem langen Tal bestand: Schönau, Ernstthal (Hütten), Gabel, Unterneubrunn, Oberneubrunn und Gießübel.

Eine erste Zusammenlegung von Dörfern gab es unter dem Ortsnamen Schönbrunn (1950). Dieser Ort wurde 1994 zur Gemeinde Schleusegrund erweitert.

Für Georg ein lebenswerter Platz und deshalb wird es ihm nicht schwergefallen sein, hier sich bei dem Zimmerermeister Fiedler anstellen zu lassen.

Bald stand er durch den plötzlichen Tod des Meisters vor der vielleicht schwersten Entscheidung seines Lebens. Er entschied sich für die älteste Tochter des verstorbenen Meisters, heiratete sie, blieb in Unterneubrunn.

Er gründete eine Familie und bildete damit einen neuen Familienzweig Schaab außerhalb seiner Heimat Haina.

In dieser für die Familie Fiedler und den Handwerksbetrieb prekären Situation musste Georg gemeinsam mit den Brüdern seiner Frau zunächst die Aufgaben des Meisters übernehmen, den Handwerksbetrieb weiterführen, die überlebenswichtigen Einnahmen durch die Erledigung der Aufträge sichern.

Interessant sind in diesem Zusammenhang neue Erkennt-

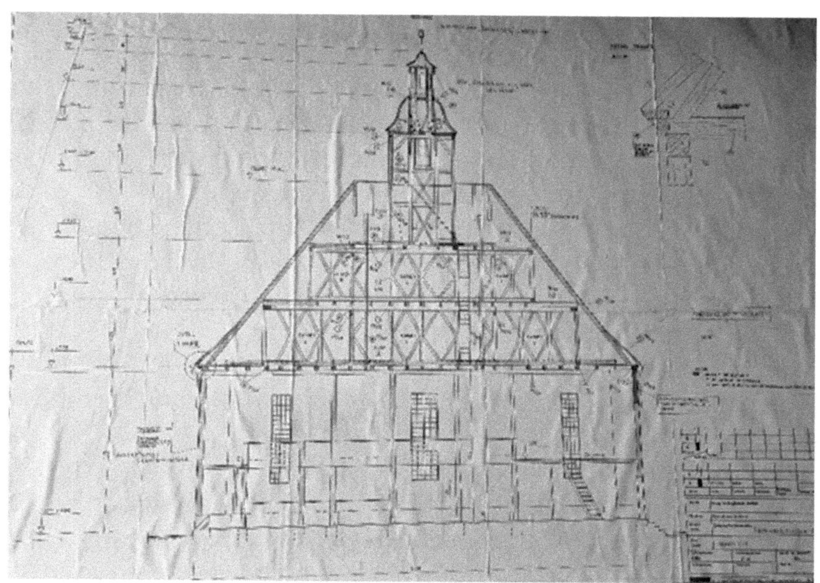

Abb. 27 und 28: Ansicht und Grundriss der Kirche Gießübel, erarbeitet vom Ingenieurbüro A&H Suhl 2001. [51]

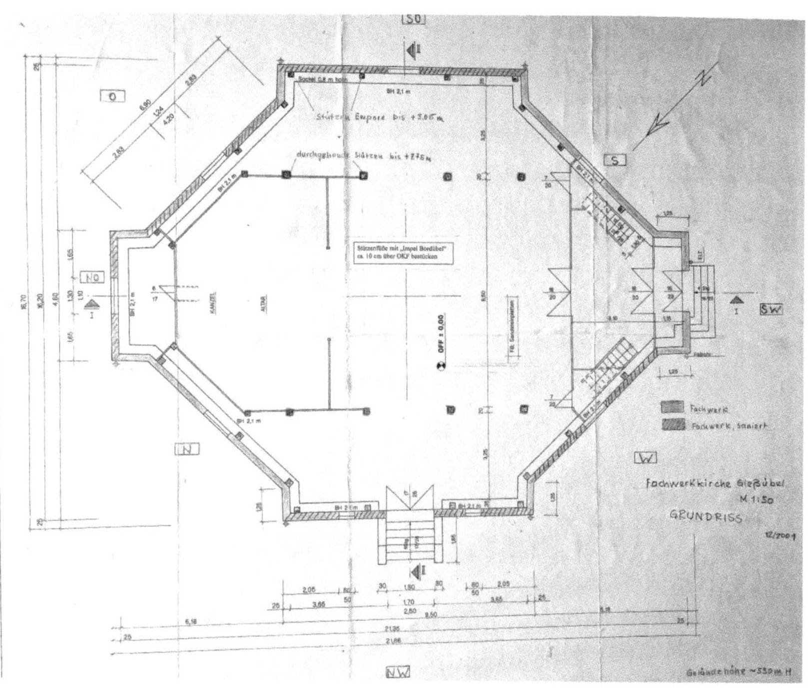

nisse zum Bau der Kirche in Gießübel, die mir Rolf Assmann erläuterte.

Eine Inschrift im Gebälk der Kirche weist darauf hin, dass die Kirche mit hoher Wahrscheinlichkeit durch die Zimmerermeister Conrad und Lorenz Fiedler aus Unter- und Oberneubrunn im Stil des Barock errichtet wurde.

Es ist durchaus möglich, dass Jacob Fiedler bei diesem großen Bauvorhaben, der Errichtung einer Fachwerkkirche, mitwirkte. Kann doch davon ausgegangen werden, dass die Fiedler-Familie miteinander verwandt war.

Wer der Baumeister war und die Kirche projektiert hatte, oder ob dies teils auch in den Händen der Zimmerermeister lag, ist nicht bekannt.

Des Weiteren kam um 2001 bei der Untersuchung und Planung der Sanierung der Dachkonstruktion der Kirche durch die Herren Ansorg und Heußer vom Ingenieurbüro Bauwesen A&H GbR Suhl die Erkenntnis, dass es sich bei der Kirche um eine in seiner Bauart seltene Fachwerkkirche in Thüringen handelt.

Dies war im Laufe der Zeit in Vergessenheit geraten, denn die Kirche wurde wie viele der Fachwerkhäuser im Dorf mit Schiefer belegt.

Die Kirche zeugt von einem hohen handwerklichen Können der Unterneubrunner Zimmerermeisterfamilien Fiedler. Georg hatte also einen guten „Lehrmeister" für seine handwerkliche Meisterausbildung gefunden.

Inwieweit er bei den Arbeiten in Gießübel eingesetzt war, ist fraglich. Doch die Möglichkeit besteht, dass er bei den letzten Arbeiten vor der Einweihung am 28.10.1723 oder bei den bei solchen Objekten üblichen Nacharbeiten mit tätig gewesen ist.

Ob Georg schon vor dem Tod des Meisters mit einer Einheirat liebäugelte, auch das ist nicht überliefert.

Er nahm jedoch die einmalige Gelegenheit, den Handwerksbetrieb teilweise zu übernehmen, wahr und heiratete am 21.03.1729 die älteste Tochter Anna Barbara Elisabetha Fiedler (*14.06.1702 in Unterneubrunn).

Damit hatte er die besten Voraussetzungen mit dem Erbteil seiner Frau zunächst gemeinsam mit ihren Brüdern den Handwerksbetrieb zu betreiben und später selbst einen Zimmererhandwerksbetrieb neu zu gründen.

Im Traueintrag heißt es:

„Des 21. Mart ist Johann Georg Schaab Junggesell u. Zimmermann, Michael Schaabs, Zimmermann u. Inwohner zu Hayna ohn weit Römhild eheleibl. ältester Sohn u. Barb. Elisabetha, weil. Mstr. Jacob Fiedler, Zimmermann mittältester Unterneubr. Eheleibl. älteste Tochter noch jungfrl. Standes Xstl. (heißt: Christlich) getraut worden." [36]

Das Georgs Wahl auf die älteste Tochter fiel, braucht nicht nur mit Liebe begründet sein, sondern war einfach die beste Wahl um den Handwerksbetrieb zu übernehmen bzw. mit dem Erbanteil der Frau einen eigenen zu gründen.

Georg zeugte mit seiner Frau Barbara zwei Kinder:

1. Johanna Barbara, *22.10.1730 in Unterneubrunn.
   Sie starb aber im Kindesalter am 20.01.1732.
2. Johann Michael, *01.06.1733 in Oberneubrunn,
   unseren nächsten Ahn.

Aus den Geburtsortsangaben erkennt man, dass die Familie um 1732 nach Oberneubrunn umgezogen ist. Dort hat er seinen eigenen Handwerksbetrieb gegründet und betrieben.

Georgs Frau starb am 20.02.1748 jung mit 46 Jahren. Georg heiratete erneut: Am 20.05.1749 führte er die Tochter Johann Paul Keßlers aus Schmiedefeld/Rennsteig, Eva-Dorothea zum Traualtar.

Aus dieser Ehe sind drei Kinder hervorgegangen, von denen zwei im frühen Kindesalter starben:

3. Johann Peter, *05.03.1750, +04.01.1775.
4. Catherina Dorothea, *02.08.1752, +01.09.1757.
5. Johann Theodorus, *02.04.1762, +23.05.1766.

Der Tod des Peter im blühenden Jugendalter war besonders tragisch, da dieser durch einen Schlittenunfall verursacht wurde. Der Unfall geschah beim Transport des geschlagenen Holzes aus dem Wald vom Berg.

Im Sterbeeintrag (KB 1775, Nr. 1) schreibt der Pfarrer:

„Joh. Petter Schaab. Ein Zimmergeselle wurde den 4. Jan: mit einer Predigt beerdigt, durch einen Schlittenstoß, im Holzfahren ums Leben kommen ist, alt worden 24 Jahr 5 Mon und 4 Tag von Oberneubrunn." [36]

Dieses Ereignis zeigt aber auch, mit welchen Gefahren die Arbeiten an den Hängen der Berge, nicht nur im Winter, verbunden waren.

Der Zimmermeister Georg wurde zu einem angesehenen Bürger in seiner Wahlheimat und fungierte im Dorf als Gerichtsältester.

Am 11.07.1772 starb Georg in Oberneubrunn.

Eine neue Heirat oder ein Sterbedatum seiner Frau Eva-Dorothea, geb. Keßler, wurde im KB Oberneubrunn nicht gefunden. Vielleicht führte sie ihr Weg zurück nach Schmiedefeld am Rennsteig, dem Wohnort ihrer Eltern.

11. Johann Michael Schab (1733–1809) und Catharina Elisabetha Müller

Die Geburt unseres nächsten Ahns am 01.06.1733 wurde im KB Oberneubrunn vom Pfarrer wie folgt für die Nachwelt festgehalten: *„Eodem die ist Johann Georg Schaben, Zimmermann zu Unterneubrunn ein Sohn geb. benannt Johann Michael. Die Pathen waren: 1.) Johann Michael Brückner Mitnachbahr zur Lichtenau 2.) Johann Fiedlers Bauersmann und Musicante zu Oberneubrunn ehel. Haußfrau Anna Elisabetha.“* [36]

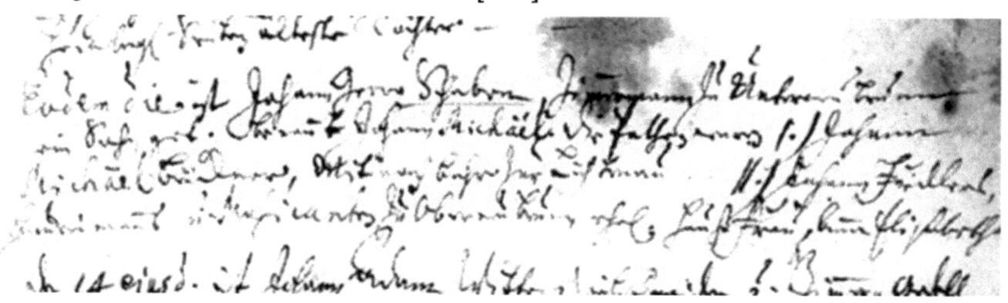

Abb. 29: Geburts-/Taufeintrag Johann Michael Schab, KB Neubrunn, 1733, S. 789. [36]

Hier wieder der Wechsel in der Schreibweise zu Schab. Dies ist nur mit der willkürlichen Schreibweise des jeweils Schreibenden zu erklären.

Selbst in der Familie meiner Frau Ilona wechselte im 20. Jahrhundert oft die Schreibweise von Schab zu Schaab und umgekehrt. Kinder einer Familie haben so unterschiedliche Nachnamen.

Michael war nun der erste in Oberneubrunn geborene Ahn. Er folgte beruflich seinem Vater und erlernte das Handwerk eines Zimmermanns.

Mit 29 Jahren heiratete er die Tochter Catharina Elisabetha des Felgenhauers und des Dorfältesten Johann Heinrich Müller.

Im KB-Traueintrag 1762 heißt es: *„Johann Michael Schaab, Zimmerergesell in O.N.B, Joh. Georg Schaabs, Mstr. des Zimmermann Handwerks einziger Sohn erster Ehe, ist d.*

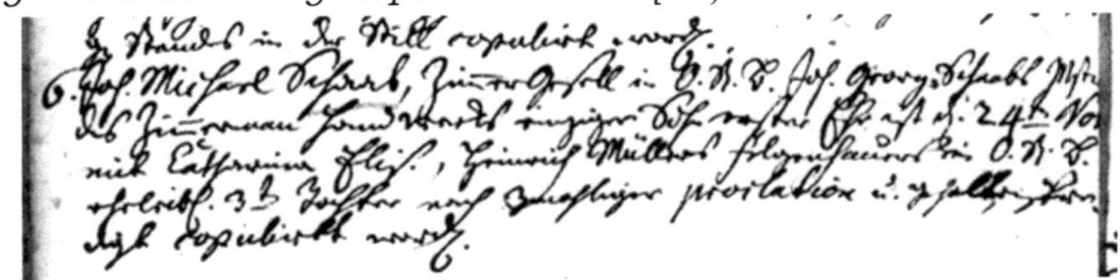

Abb. 30: Traueintrag Michael Schaab und Catharina Müller, KB Schönbrunn, 1762, S. 149, links. [36]

Die Heirat schien auch seiner Stellung im Dorf förderlich gewesen zu sein. Er „erbte" scheinbar von seinem Vater die Position Gerichtsältester und wurde dazu noch Schultheiß von Oberneubrunn.

Der Schultheiß zog für die Herrschaft Abgaben ein, überwachte die Einhaltung der Frondienste, war für die niedere Gerichtsbarkeit zuständig, nahm die Eidleistungen z. B. für Fronboten, Hebammen u. a. "öffentliche" Bedienstete ab. Er war also dazu verpflichtet, auf unterster Ebene die Rechte der Herrschaft durchsetzen.

Wolfgang Lösch, Heimatforscher von Schönbrunn, berichtete, dass Michael um 1780 an der Reparatur des Kirchturmes in Unterneubrunn als Zimmerermeister beteiligt war.

In historischen Dokumenten fand er viele Hinweise, dass der Zimmerermeister Michael Schab viele Baumaßnahmen im Ort initiierte und mit seinem Geschäftssinn viel zur Entwicklung des Dorfes beigetragen hat.

Auch Georg und Michael sowie ihre Zeitgenossen blieben nicht von der Geißel eines Krieges verschont. Zwar ging es im Siebenjährigen Krieg (1756–1763) vorrangig um die Stärkung der Vorherrschaft und die Neuziehung von Landesgrenzen in Europa, doch man kämpfte auch in Nordamerika, Afrika und Indien um die Festigung des Einflusses zur Kontrolle der Seewege und Gewinnung von Kolonien.

Aus Zeitzeugenberichten geht hervor, dass Werber in den Thüringer Orten unterwegs waren, um Soldaten zu rekrutieren. Um 1761 gab es Durchzüge von Truppen und auch

Scharmützel. Pfarrer Naumann aus Unterneubrunn schrieb dazu folgendes Erlebnis auf:

„Anno 1761, 22.II. (zwischen Vor- und Nachmittagsgottesdienst) kamen wider alles Vermuten 600 Mann Infanterie und nahmen in Gießübel Quartier. In Unterneubrunn und Oberneubrunn aber rückte an demselben Tag bei 500 Chur-Mainz-Fußvölker ein.

Alle blieben bis auf den 25. des Monats. Erst am 27.II. gegen Mittag rückten in Oberneubrunn über 60 Reiter, in Unterneubrunn aber und Ernstthal mehr als 300 Mann Fußvolk von dem Chursächsischem Jägercorps ein, die aber sämtlich am folgenden Tage wieder gegen 1 Uhr abmarschierten." [35]

Ein anderes Ereignis im Jahre 1767, dass der Pfarrer Hommel notierte, bewegte die Menschen des Dorfes tief:
„Anno 1767 just auf dem neuen Jahr beym zuschlagen ist die mittlere Glocke zersprungen, und jedoch Gott sey Dank ohne Schaden auf den Boden gefallen zu den Füßen eines Knaben, der die kleine Glocke geläutet.

Den Tag hiernach habe ich derzeitiger Pfarrer dieselbe durch Hülfe der Mannschaft in Unterneubrunn und Ernstthal mit Pfarrer Hauß zu Verwahrung bringen lassen. Biß aus weitern Befehl und Verordnung des Geistl. Unter Gerichts, welches ich es alsbald durch einen Bericht bekandt gemacht.

Auf der Glocke stand: Anno MDCXVII goß mich Hieronymus Möhringk zu Erfurth im Nahmen Gottes.

Gott erwecke gutthätige Herzen, daß dieselbe bald wieder hergestellt werden kann.

Ernst Wilhelm Hommel, Pfarrer". (KB Neubrunn 1761, S. 794). [36]

Doch der Alltag verdrängte vieles, wenn auch die Auswirkungen in der Gemeinde gegenüber dem 30-jährigen Krieg gering erschienen.

Michael hatte eine Familie gegründet, musste für ein auskömmliches Leben sorgen. Des Weiteren forderte ihn der Handwerksbetrieb des Vaters, den er bald übernehmen sollte. Fünf Kinder, vier Mädchen und ein Junge, sind aus der Ehe hervorgegangen. Zwei Mädchen starben im Kindesalter.

1. Johanna Rosina, *19.11.1764, +10.06.1805.
   Sie heiratete am 22.10.1782 den Handelsmann und
   Glasschneider Johann Leonhardt Widder.
2. Anna Rosina Kunigunde, *27.09.1767, +31.10.1770.
3. Johann Georg, *16.06.1769, unser nächster Ahn.
4. Eva Dorothea, *28.11.1772, +20.12.1776.
5. Maria Elisabetha, *07.09.1777, +01.10.1832. Sie heiratete
   am 10.05.1796 den Handelsmann Johann Valentin Eichhorn.

Lassen wir nochmals den in Oberneubrunn geborenen Historiker Georg Martin Brückner zu Wort kommen. Er beschreibt Oberneubrunn Anfang des 19. Jahrhunderts als *„ein Dorf, im engen Grunde der Neubrunn, zwischen dem Mühlberge, Sommerberge, dem Holzberge und Schnettersberge, am Einflusse des Büchelsbach und des Heidelbachs in die Neubrunn, ein Langdorf in der Richtung des Thals und an einer chaussirten Straße zweizeilig gebaut und mit einigen Nebengassen, aus Ober- und Unterdorf bestehend, hat 4 Gemeindegebäude, 88 Wohn- und 10 Werkhäuser, 122 Fam. Und 540 Einw., 360 St Vieh (216 R. 68 Schw., 72 Z., 4 Schf.) Der Ort ist reinlich und die Mehrzahl der Häuser freundlich. Daselbst ein 1779 erbautes Schulhaus, am Eingange nach dem Heidelbachsthal gelegen; in der Mitte des Dorfes ein Wirthshaus, das früher als herrschaftliches Lehen verschiedenen Geschlechtern gehörte, 1756 von der Herrschaft an die Gemeinde um 2400 fl. Kaufsumme und 24 fl. Erbzinsen und vor Kurzen (1846) an einem Privatem verkauft wurde; 2 eingängige Mahlmühlen (Jobst- und untre Mühle), 5 Schneidemühlen, wovon 3 im und 2 am Ort und 2 oberhalb desselben; 1 Pechhütte, 1 Brauhaus und 1 Kienrußhütte (im Heidelbachsthal) ... Die Gemeinde, die wohlhabenste im Amt und eine der tüchtigsten derselben.“* [32].

Weiter schreibt er, dass *„1/12 der Einw. wohlhabend, 9/12 Mittelleute, 2/12 arm“* sind. Dies ist eine Bilanz, die er aufgrund seiner Analyse der Entwicklung der Ansiedlungen im Tal der Schleuse und Neubrunn zieht. Es ist nicht vermessen, wenn man in diesem Zusammenhang darauf verweisen kann, dass die Schabs als Gerichtsälteste und Schultheiß sowie mit ihrer Handwerksarbeit einen bedeutenden Anteil zu dieser guten Bilanz beigetragen haben.

Michael wurde 1777 im Geburtseintrag seiner Tochter als Schultheiß bezeichnet. Da sein Schwiegervater Johann Heinrich Müller, der die Funktion des Bürger-

Abb. 31: Von Michael Schab 1797 erbautes Haus. Der Schlussstein ist rechts im Fundament. [47]

meisters ausübte, 1771 starb, kann man davon ausgehen, dass er danach in die Funktion Schultheiß berufen, gewählt oder eingesetzt wurde.

Auch ist anzunehmen, dass er den Handwerksbetrieb des Schwiegervaters oder Teile davon übernahm. Dies leitet sich davon ab, dass man bei Michaels Sohn Georg die Berufsbezeichnungen Zimmerermeister und Felgenhauer findet.

Das Handwerk des Felgenhauers übte Johann Heinrich Müller aus und tauchte bei den Schabs bisher nicht auf.

Das heutige Wohnhaus in der Mühlgasse 7 (Abb. 31), an dem Bach Neubrunn, um das Jahr 2000 aufgestockt, wurde im Jahre 1797 von Johann Michael Schab erbaut. Da-

Abb. 32: Schlussstein mit Inschrift der Anfangsbuchstaben des Namens im Fundament: „J M S 1797" in der Mühlgasse 7 in Oberneubrunn, heute Schleusegrund. [47]

rauf weist noch heute der Schlussstein im Fundament mit der Inschrift „J M S 1797" hin (Abb. 32).

Michael starb im Alter von 76 Jahren am 20.05.1809 in Oberneubrunn.

Im KB schrieb der Pfarrer:

„J. Michael Schaab Zimmermann und ehemal. Schultheiß starb den 20. May an einem Brustfieber und wurde den 23. mit einer Predigt begraben. 76 Jahr." [36]

Aus diesem Eintrag kann man entnehmen, dass er das Amt des Schultheiß bereits abgegeben hatte.

Seine Frau Catharina Elisabetha starb mit 72 Jahren kurze Zeit später. Auch sie starb am 02.06.1809 an Brustfieber. Bei dieser Krankheit meinte man eine akute Lungenentzündung.

12. Johann Georg Schaab (1769–1846) und Eva Margaretha Engelhardt

Johann Georg wurde am 16.06.1769 geboren. Im KB heißt es: *„Johann Georg, d. 16ten. Jun. Mittags 3. Uhr, Der Vater Mstr. Joh. Michael Schaab, Zimmermann und Innwohner in ONB, Cath. Elis. eine gebohrne Müllerin von ONB. Gevatter war: Joh. Georg Hörnlein, Absazmacher u. Innwohner zu ONB, d. 17. ejusd. (Juni getauft). (+27.11.1846)."*

Der Krieg war beendet, eine Zeit normalen Lebens bestimmte den Alltag der Familie und des Kindes. Georg, wie alle Kinder im Tal, besuchte die im Jahre 1651 errichtete Schule. Die Einwohner konnten wieder in relativer Ruhe ihrer Arbeit täglichen nachgehen.

Der Geisterglaube war unter ihnen noch weit verbreitet. Bestimmt wurde Georg die Sage erzählt, dass *„der Brücknersberg in Oberneubrunn mit Wasser gefüllt ist. Häufig hört man es im Schoße des Berges rauschen und brausen. Irgendwann wird es geschehen, dass sich dieses Wasser über die Dörfer ergießen wird und Verderben über die Bewohner des Tales bringt."* [37]

Seit Langem wird auch die folgende recht gruselige Geschichte nicht nur den Kindern erzählt:

„So im Thale der Schleuse bei den Dörfern Ober- und Unter-Neubrunn zeigt sich auf den Wiesen bei nächtlicher Weile der Wässermann, welcher rastlos bemüht ist, die Waldwiesen zu wässern.

Er trägt eine silberne Haube, und hat am Rocke silberne Knöpfe, breite Schöße am Rock, aber keinen Kragen, den Hals zu schützen, den er auch nicht braucht, da er keinen Kopf hat, und die Haube nur zum Schein aufgestülpt ist.

Einst ging ein Mann im Mondschein durch das Thal, sahe jemand wässern, wußte aber nicht, daß es der Wässermann war, und ging auf ihn zu – da sah er mit schaudern, daß er einen Geist vor sich habe, doch fügte der Wässermann ihm kein Leid zu, sondern arbeitete fort. Auch der Thalwanderer eilte nach Ober-Neubrunn zu – kaum wagte er scheu, sich noch einmal umzusehen – da sah er noch den Wässermann; indem so schlug es in Ober-Neubrunn Eins, und mit dem Schlage verschwand der Geist." [37].

Auch Ilona berichtet, dass ihr in der Kindheit noch viele Gruselgeschichten von Hexen und Geistern erzählt wurden, die nicht nur bei Kindern Ängste schürten. Der Aberglaube war zu dieser Zeit noch weit verbreitet.

Georg, der einzige Junge der Familie, sollte in die Fußstapfen des Vaters eintreten und den Handwerksbetrieb weiterführen. Er lernte Zimmermann und 1797 heiratete er die Tochter Maria Elisabeth des Schreinermeisters Johann Adam Engelhardt.

Hier heißt es*: „8. J. Georg Schab, Junggesell und Zimmermann, des Mstr. Michel Schab, Zimmermann und Amts Schultheißen zu Obern. einziger Sohn, ... den 21. Nov. nach 3 mal. proclam. mit Eva Margar. Engelhardtin, der ältest. led. Tochter des Mstr. Adam Engelhardts, Schreiner und Dorfältest. das. nach öffentl. Kirchgang und Predigt getrauet."* [36]

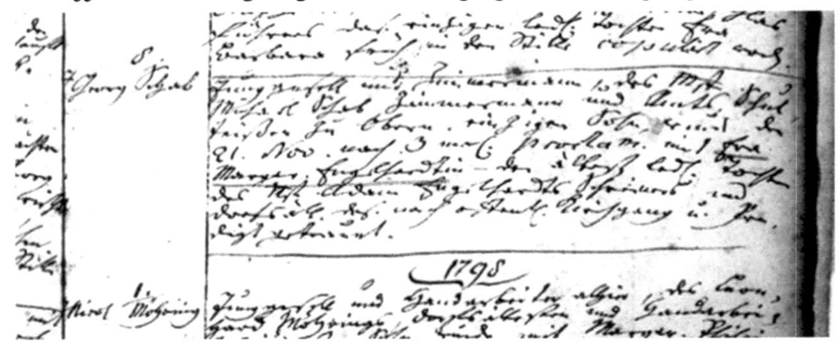

Abb. 33: Traueintrag Johann Georg Schab und Eva Margaretha Engelhardt, KB Oberneubrunn, Traureg. 1797, S. 169. [36]

Es heiraten also die Kinder des Schultheißen und des Dorfältesten. Ich habe aber keinen Hinweis gefunden, dass auch Georg eines dieser Ämter in Oberneubrunn weitergeführt hat. Es war das Jahr, in dem der Vater das neue Hause erbaute.

Die Eltern der Frau waren der in Oberneubrunn am

14.01.1749 geborene Schreinermeister Johann Adam Engelhardt und seine Frau, Maria Elisabeth, geb. Witter. Aus ihrer Ehe sind weitere zwei Töchter bekannt. Dies sollte für den Sohn Johann Christian von großer Bedeutung sein, denn diese hatten Mühlen zu vererben.

Die Ehe wurde kinderreich: 6 Jungen und 3 Mädchen. Zwei Jungen starben als Kleinkind und ein Junge im Jugendalter. Die Kinder waren:

1. Johann Martin, *08.09.1798, +14.07.1800.

2. Johanna Catharina Elisabeth, *10.05.1801.
   Sie heiratete am 11.02.1821 in Oberneubrunn den Holzmacher und Handarbeiter Johann Martin Geyer
   (*29.01.1798). Aus der Ehe gingen 7 Kinder hervor, wovon vier im Kindesalter starben.
   Johanna Catharina Elisabeth starb am 21.05.1836. Ihr Mann heiratete am 22.11.1836 nach ihrem Tod ihre jüngste Schwester Eva Elisabeth.

3. Johann Jacob Friedrich, *14.01.1804, +17.04.1859.
   Seine Familie wird im Buch V „Auswanderung aus dem Schleusegrund" (Kapitel 16.1.) im Detail beschrieben.

4. Johann Martin, *13.04.1807, +24.04.1807.

5. Johann Georg Friedrich, *28.12.1808, +18.09.1865.
   Er heiratete am 18.04.1837 Johanna Dorothea Elisabeth Witter aus Oberneubrunn. Sein Beruf war Felgenhauer und Zimmermann. In der Ehe wurden 4 Jungen und zwei Mädchen geboren; zwei Jungen und ein Mädchen sind jedoch im Kindesalter verstorben. Besonders tragisch der Tod des 1849 geborenen Caspar Theodor.
   Im KB ist vermerkt: *Ist am Abend des 7. Juni weggegangen und wurde am 14. Juni (1856) in Waldau im Wasser gefunden."* [36]
   Der Junge wird wohl zum Spielen an der Schleuse gewe-

sen sein und ist dort unbemerkt in den Fluss gestürzt.

6. Johannes Heinrich, *10.05.1811, +03.06.1829.

7. Johanne Regine, *26.08.1813, +02.10.1873 in Stelzen bei Eisfeld.
Regine heiratete am 09.06.1832 in Oberneubrunn den Huf- und Waffenschmied Johannes Kleinteich aus Stelzen und ging mit ihm in seinen Heimatort.
Sie hatten acht Kinder, fünf Jungen (zwei starben im Kindesalter) und drei Mädchen.

8. Johann Christian, *01.11.1816, unser nächster Ahn.

9. Eva Elisabeth. *26.02.1819. Weiteres siehe unter Nr. 2 (oben). Die Familie wanderte später nach Polen aus. Ob alle Kinder den Eltern folgten, ist mir nicht bekannt.

Johann Georg starb am 26.11.1847 im Alter von 78 Jahren an Altersschwäche. Im KB-Eintrag wurde betont, dass er mit Predigt und Leichenmusik zu Grabe getragen wurde.
Im Eintrag erhielt er vom Pfarrer wieder seinen Geburtsnamen „Schaab".

Doch beim Sterbeeintrag der Frau änderte der Pfarrer wieder seine Meinung und Eva Margarethe wurde mit „Schab" der Nachwelt hinterlassen.
Seine Frau überlebte Johann Georg fünf Jahre und starb mit 72 Jahren am 28.12.1851 an Wassersucht.

Buch IV

Die Müllerfamilie Schab/Schaab und ihre Kinder aus Gießübel

Abb. 34: Die Obere Mühle in Gießübel. Im Obergeschoss befand sich eine Wohnung und im unteren Geschoss zeitweise eine Schmiede bzw. Werkstatt. [42]

13. Johann Christian Schab (1816–1858) und Augustina Philippina Ebert

Mit Johann Christian begann die Ära der Müllerfamilie Schab in Gießübel, obwohl er am 01.11.1816 in Oberneubrunn geboren wurde. Die Auswahl der Paten durch die Eltern sollte für Christian später eine für sein Leben entscheidende Bedeutung mit sich bringen.

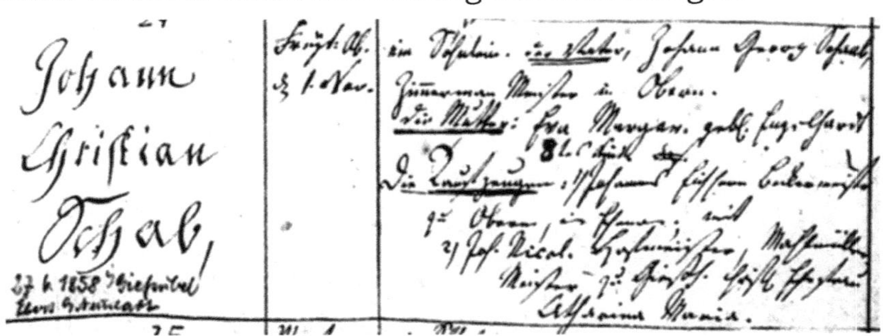

Abb. 35: Geburtseintrag von Johann Christian Schab, KB Oberneubrunn, Taufreg. 1816, S. 16. [36]

Der Pfarrer schreibt: *„Johann Christian Schab,*(mit Hinweis zu Tod*: 27.6.1858, Gießübel, oo Ebert, Neustadt), Freyt. Ab. d. 1. Nov. ein Söhnlein. der Vater: Johann Georg Schaab, Zimmermann Meister in Obern. die Mutter: Eva Margar. geb. Engelhardt, 8tes Kind das. Die Taufzeugen: 1. Johannes Eichhorn, Beckermeister zu Obern. ein Ehman, 2. Joh. Nicol. Hofmeister, Mahlmüllermeister zu Gieß. Christl. Ehefrau Catharina Maria., Tauftag, Sonnab. 5. Nov. abends 5 Uhr."* [36]

An der Eintragung sieht man wieder, wie der Pfarrer willkürlich mit der Schreibweise umging.

Den Vater Georg schreibt er Schaab, aber den Sohn mit nur einem „a“. Bei der Heirat von Christian wird daraus wieder „Schaab“. Dies setzt sich auch bei anderen Familienmitgliedern bis in die neuere Zeit fort. So kommt es dazu, dass Geschwister unterschiedliche Nachnamen tragen.

Christians Kindheit, wie auch die der anderen Kinder der Familie Schab in den vorherigen Generationen, wird für die damalige Zeit recht unbeschwert gewesen sein. Seine Eltern gehörten zu den privilegierten Familien im Ort, waren geachtet und der Vater als fachlich versierter Handwerker anerkannt.

Der Schulbesuch war seit langem im Herzogtum Sachsen-Meiningen Pflicht. Bereits 1570 gab es in Unterneubrunn eine Schule. Brückner schreibt dazu:

„Das ursprüngliche Pfarrhaus, in dem zugleich die Schule war, stand auf der Stelle der jetzigen Schule, mitten im Ort.

1605 brach in der Badestube desselben Feuer aus, wobei das Haus, der Pfarrer Cronacher und seine Frau verbrannten. Man stellte zwar 1607 den Bau wieder her, indeß 1638 vernichtete ihn der Brand des Kriegs.

Nun trennte man Pfarrei und Schule, baute 1653 eine neue Schule auf der alten Stelle und gab dem Pfarrer ein Haus am Nordende des Dorfs zur Pfarrwohnung, welche 1746 und darauf wieder 1839 neu erbaut wurde." [32]

Christian ging in Oberneubrunn zur Schule, die sich seit 1779 am Eingang zum Heidelbachsthal befand.

Brückner, der seinen Geburtsort als einen der fünf ältesten des Thüringer Waldes bezeichnet, beschreibt die Auswirkungen des Krieges u. a. wie folgt:

„Im 30jährigen Kriege, der von 1632 an die Gegend hart traf, wurde die damals hier starke Mannschaft (89 Familien) auf 12 Männer und 1 Wittwe (daher die Flurtheilung v. J. 1650 in 13 Theile) reduciert." [32]

Doch das Dorf belebte sich und hatte 1789 wieder 75 bewohnte Häuser.

Da kann der Urgroßvater des Christian froh sein, dass er erst um 1725 in das Schleusetal kam und den Familienzweig Schaab/Schab etablierte.

Durch Fleiß, gutes Anpassen an die Gewohnheiten der „Urbewohner" in Unter- und Oberneubrunn und gute Frauenwahl erarbeitete sich die Familie die Grundlagen für ein Leben in gewissem Wohlstand, fand Anerkennung bei den Menschen im Schleusetal.

Man kann davon ausgehen, dass Christian zwar bei

seinem Vater die Fertigkeiten des Zimmermannes erlernte, aber schon als Kind seiner Tante und Patin Catharina Hofmeister zugewandt gewesen ist. Dies geht u. a. aus dem Erbvertrag von 1838 hervor (siehe S.79-80).

So wird er sich oft in Gießübel aufgehalten, die Mühlen spielend kennengelernt und dem Onkel bei Tätigkeiten hilfreich zur Seite gestanden haben.

Folglich erhielt er zum Zeitpunkt des Beginns der Berufsausbildung von seiner Patentante und ihrem Mann Johann Nicol Hofmeister das Angebot, in ihrem Betrieb das Müllerhandwerk zu erlernen.

Bestimmt gab es schon früh aufgrund der Kinderlosigkeit der Müllerfamilie Hofmeister Absprachen zwischen beiden Familien. Die Frauen waren Schwestern und sich darüber einig, dass Christian irgendwann die Mühlen erben und so die Tradition der „Müllerfamilie Hofmeister" fortführen sollte.

Aus dem Erbvertrag geht hervor, dass die Tante sich für Christian von Kind auf wie eine „Mutter" verantwortlich fühlte.

Die Mühlen in Gießübel hatten eine lange Tradition; wurde doch die Obermühle etwa Anfang des 17. Jahrhunderts von Hans Hofmeister, dem Älteren aus Oberrod (heute an der Talsperre Ratscher gelegen) erbaut.

Ein weiteres Familienmitglied scheint die Untere Mühle erbaut zu haben.

Dass der Müllerberuf nicht ungefährlich ist, zeigt der Sterbeeintrag von 1757 im KB Gießübel:

„Johann Hofmeister, Inwohner und Müller ist d. 14. May in dem Mühlgraben ertrunken. nachdem ihm das böse Spiel, welches er viele Jahre an sich gehabt, in solchen gestürzt u. d. 16. d. m. mit einer Leichenpredigt zu Grabe gebracht worden. Alt. 69 Jahr 11 Monate 2 Wochen 3 Tage." [36]

Hans Hofmeister war ein geachteter Bürger und wurde deshalb 1640 durch den Amtmann aus Eisfeld zum Schultheiß von Gießübel berufen.

Horst Hörnlein hat sich in einem Aufsatz intensiv mit der

Geschichte der Obermühle und der Familie Hofmeister befasst.

Er schreibt: *„Der am 16.11.1778 in Gießübel geborene Johann Nicol Hofmeister heiratete am 12.09.1804 Catharina Maria Engelhardt (geb. 05.07.1781).*

Catharina Maria Engelhardt brachte u. a. die Engelhardts-Mühle (Düppeles-Mühle) mit in die Ehe. Als Nicol Hofmeister am 20.07.1838 verstarb, hinterließ er keine Erben. Nach einem Erbrezess vom 24.02.1816 [ThStA-Mein.] setzten sich die Eheleute als gegenseitige Erben ein." [04]

Schneller als vielleicht erwartet, trat durch den Tod von Nicol Hofmeister im Alter von 59 Jahren der Erbfall ein.

Während Christian, der ein fleißiger, umsichtiger Geselle in den Mühlen war und viel vom Meister an Wissen übernommen hatte, den Betrieb aufrechterhielt, kümmerte sich seine Tante Catharina Maria Hofmeister um die Erbregelung.

Am 24.08.1839 wurde dann der Erbvertrag in Eisfeld geschlossen. Im Aufsatz von Rolf Hörnlein zur Oberen Mühle ist dieser wie folgt enthalten:

„Eisfeld, 24. August 1839

Vorm Herzogl. Land-u. Stadtgerichte erschienen die kinderlose Wittwe des Müllermeisters Nicol Hofmeister v. Oberer Mühle weil. Zu Gießübel, Catharina Marie Hofmeister geb. Engelhardt von Gießübel und

Der Müllergeselle Christian Friedrich Schab von Oberneubrunn (unleserlich) in Gießübel bereits dem Unterzeichneten von Person und aktionsfähig bekannt und schließen folgenden Erbvertrag unter sich ab.

I.

Die Witwe Catharina Marie Hofmeister erklärt und bestimmt, daß der gegenwärtige Christian Friedrich Schab alleiniges Erbe trage und nach ihrem künftigen Ableben ihren gesamten Vermögensnachlaß und schließlich ihr Erbe erhalten solle, da sie denselben stets als Kind anerkannt habe und fortwährend als ihren Sohn betrachte.

II.

Die Wittwe Hofmeister legte aber ihrem künftigen Erben auf, nach ihrem Todt ihre Taufpathen, wenn sie dieselben noch nicht selbst ausgestattet sofern dieselben sich kein Unzuchtvergehen zu schulden kommen lassen, bei deren Verheiratung nach Brauch und Sitte auszustatten.

III.

Christian Friedrich Schab acceptiert dankbar und bestens die eben erklärte Erbeinsetzung verspricht die Wittwe Hofmeister stets als seine Mutter zu ehren zu lieben und beachten und die Auflage in Pkt. 2 gewissenhaft zu erfüllen.

Beide (unleserlich) bitten um Bestätigung und Beurkundung dieses Testamentes unter welchen keinem Vorwand abgehen wollen.

Gelesen und genehmigt

Catharina Maria Hofmeisterin
Christian Friedrich Schab
In Gießübel
eigenhändig unterschrieben

(unleserlich)
Unterschrift Assesor
[04, ThSta Mein., AG. Eisfeld, Nr. 1257]"

Christian brach mit der Tradition, die Frau im Dorf zu suchen und heiratete am 27.12.1841, einen Tag nach ihrem Geburtstag, in Neustadt am Rennsteig die 28-jährige Tochter Augustina Philippina des Johann Caspar Ebert, Schultheiß, Dorfmeister, Handelsmann und Schwammhändler in Neustadt.

Er heiratete in eine wohlhabende und hochgeachtete Neustädter Familie ein. Dies bedeutete aber auch, dass seine Frau einen gehobenen, um nicht luxuriös im Vergleich zu dem Leben der Mehrheit der Dorfeinwohner zu sagen, Lebensstil gewöhnt war.

Im Traueintrag des KB Neustadt heißt es:

„Johann Christian Schab, Müllermeister, Geb.Ort: Oberneu-

brunn, Wohnort Gießübel, ledig, geb. den 1. Nov. 1816, alt. 25 J., weil. Johann Georg Schaab, Zimmerermeister in Oberneubrunn, Eva Margaretha geb. Engelhardt, Johanne Augustine Philippine Ebert, Jungfrau, Geb. Ort. Neustadt M S. geb. den 26. Dec. 1813, alt 28 Jahr, (V) Caspar Ebert Handelsmann für M. S. (heißt: Meiningen Sachsen), (M), Margaretha Kunigunde, geb. Greiner, Trauung den 27. Dec. Pfarrer Röhrig". [36]

Man wohnte in Gießübel im Wohnhaus der Müllerfamilie Hofmeister, unweit der Oberen Mühle, gegenüber dem Gasthaus „Zum Adler".

In Gießübel wurde im KB zu dieser Zeit der Nachname der Familie ausnahmslos Schaab geschrieben. Die Taufen der Kinder wurden meist vom Pfarrer Witter vollzogen.

1. Sophia Maria Dorothea Rosamunde Wilhelmine,
   *31.10.1842, +19.09.1871, in Gießübel. Interessant sind ihre vielen Paten zur Taufe am 20. November:
   – Kaspar Wilhelm Schmidt, Handelsmann aus Neustadt am Rennsteig,
   – Rosamunda, die Ehefrau des Gottlieb Ebert, Schneidermeister in Neustadt am R.,
   – Catharina Maria Hofmeister, Witwe, aus Gießübel,
   – Gottfried Diez aus Neustadt am R., Schulsubstitut aus Hütten im Amte Saalfeld,
   – Juliana Dorothea, die Ehefrau des Friedrich Ebert, Rendant in Saalfeld",
   Sophia heiratete am 18.11.1865 Christoph Gottlieb Hofmeister. Ein Kind aus der Ehe ist bekannt:
   Armin Magnus Edwin, geboren am 19.08.1866.
   Sophia starb früh mit 30 Jahren. Ihr Mann heiratete in 2. Ehe ihre Schwester Pauline Mathilde.

2. Sophia Amanda Bertha, *07.02.1844, +unbekannt.
   Ihre Patin bei der Taufe am 11. Februar war Sophia Maria Wilhelmine Amanda Ebert, ledigen Standes, und Schwester der Kindesmutter.
   Sophia heiratete am 23.05.1869 in Gießübel den Bäcker

Johann Martin Julian Amm (*14.12.1842). Dessen Eltern waren der Handelsmann, Bäckermeister und Landwirt Anton Heinrich Amm und die Mutter Catharina Dorothea Rückert aus Gießübel. Sie hatten mindestens eine Tochter mit Namen Auguste Ida Rosa, *18.04.1870, +1948.

3. Georg Moritz Friedrich, *23.05.1845, +06.11.1899 in Gießübel. Er ist unser nächster Ahn, der im Kapitel 14 behandelt wird.

4. Friedrich Siegfried, *12.12.1848, +26.05.1910.
   Seine Paten zur Taufe am 27.12.1848 waren:
   – Friedrich Greiner, Glasfabrikbesitzer und Handelsmann in Neustadt/R..
   – Catharina Maria Witter, Ehefrau des Jacob Witter, Schneidermeister in Oberneubrunn.
   Friedrich Siegfried erlernte den Müllerberuf und heiratete am 16.01.1873 in Gießübel die Tochter Pauline des Schuhmachers Johannes Brückner.
   Aus der Ehe mit Pauline Brückner sind folgende lebende Kinder bekannt:
   – Amanda Auguste Agnes (*14.01.1874, +?).
   – Adolf August Emil (*18.06.1876).

Adolf ist als Kriegsteilnehmer im Ersten Weltkrieg auf einem Gedenk-Foto (Abb. 36) im Gasthof „Schwarzer Adler" in Gießübel zu sehen.

Er lernte Büttner und übte dieses Handwerk mit 23 weiteren Handwerkern in Gießübel aus.

Im Bericht von Hermann Eichhorn steht, dass der Vater Friedrich Schab als Dreher angestellt und auch Miteigentümer der oberen Hälfte der Obermühle gewesen ist.

Abb. 36: Adolf Schab. [47]

Friedrich Schab erzählte dem neuen Eigentümer Hermann Eichhorn, dass eine Schmiede früher in der unteren Etage der

Mühle war. Deshalb fand man bei Umbauten im Gebäude dort verkohlte Deckenbalken vor. Friedrich wohnte mit seiner Familie eine Zeit lang im Obergeschoss der Mühle.

Abb. 37: Haus der Familie Schab gegenüber der ehemaligen Obermühle. [47]

Friedrichs Sohn Adolf heiratete am 04.06.1900 Rosa Emma Mathilde Voigt. Auch Adolf musste in den Krieg ziehen, aber kehrte zur großen Freude der Familie wieder heim.

Abb. 38: Goldene Hochzeit von Rosa, geb. Voigt, und Adolf Schab 1950. Alfred, Elka, Hermann, Ernst, Erika, Otto, Hedwig und Franz (von links). [52]

Die Familie erwarb später ein Haus (Abb. 37) direkt gegenüber der Obermühle. Derzeit wohnt Ernst Schabs Tochter Hedi mit ihrem Mann Rüdiger Voigt in dem Haus.

5. August Hermann Robert, *21.04.1850, +17.06.1850.

6. und 7. totgeborene Mädchen, 1851 und 1852.

8. Emilie Mathilde Agnes, *28.09.1853, +unbekannt.
   Die Taufe fand am 09.10. statt. Paten waren:
   Georg Hofmeister, Mahlmüller, und
   Emilie Friederike, geb. Amm, Ehefrau des Kaufmannes
   Friedrich Hofmeister.
   Emilie heiratete am 07.02.1871 den Dielenschneider
   Gottlieb Ferdinand August Geier, Sohn des Felgenhauers
   Louis Geier aus Oberneubrunn.
   Die Familie umfasste 9 Kinder, wovon zwei früh starben.
   Eine Tochter, Anna Auguste, *28.08.1874 in Gießübel, ist
   bekannt.
   Emilies Mann Gottlieb, *03.02.1845, arbeitete in den
   Schneidemühlen des Schwarzatales. Doch die schwere
   Arbeit, täglich den Unbilden des Wetters auf dem Arbeits-
   weg und der Arbeit ausgesetzt, ließen ihn bald unheilbar
   schwer erkranken. Er verstarb am 19.01.1892 in Gieß-
   übel.

9. Pauline Mathilde, *20.03.1855, +unbekannt.
   Die Taufe erfolgte durch den Heubacher Pfarrer Spieth am
   21. März zu Hause.
   Patin war Friederike Schmidt, Ehefrau des Caspar Michel
   Schmidt aus Neustadt/R., Stellvertreter war die Hebam-
   me Pauline Georgine Amm, Ehefrau des Hutmachers
   Erwin Amm aus Gießübel.

10. Auguste Sophie Emilie Linette,
    *27.10.1857, +27.06.1862. Die Taufe erfolgte am 9.11.
    in der Kirche. Die Paten waren:
    - Emilie Rosalie Geier, einzige Tochter des Büttners Georg
    Martin Geier.
    - Sophie geb. Jahn, Ehefrau des Robert Mäder aus Neu-
    stadt/R.

Von den zehn geborenen Kindern erreichten nur vier Mädchen und zwei Jungen das Erwachsenenalter. Dies war für

die damalige Zeit nicht ungewöhnlich.

Die Kinder der Schaab/Schab-Familien in Gießübel hatten relativ kurze Wege in die nahe gelegene Schule.

Die waldreiche Umgebung diente dem Holzerwerb und Holzhandel. Zum Transport der geschlagenen Bäume diente ein Flößteich, der am Ortseingang, von Kahlert kommend, lag.

Noch einige Bemerkungen zum Hefenhandel, der in dieser Zeit eine bedeutende Erwerbsquelle war. Dass dies überhaupt und in so großem Umfang betrieben wurde, überraschte mich. Der Handel wurde besonders im großen Umfang um und nach Mitte des 19. Jahrhunderts von Einwohnern in Gießübel betrieben.

Es handelt sich hier um die in Brauereien gewonnene Hefe, die man meist vom angrenzenden Sachsen holte und nach Franken an die Brennereien weiterverkaufte.

Es wurde das Geschäft im kleinen oder großen Umfang betrieben. Man verwendete zum Transport alles – Hand- und Schubkarren oder auch Ochsen- bzw. Pferdegespanne. Die Händler mit Gespannen erzielten aus diesem Handel gute Gewinne.

Der Ertrag aus dem Betrieb der Mühlen ließ zunächst für die Familie Schaab ein gutes Leben zu, wenn auch die Aufträge aufgrund der wirtschaftlichen Entwicklung zunehmend immer weniger wurden.

Mit dem Rückgang der Landwirtschaft auf den kargen Böden, bedingt durch Missernten und dem geringen Ertrag bei maximalem Aufwand durch schlechte Bodenverhältnisse und die Hanglagen der Felder, überwiegend in einer Höhe um 600 Meter, war auch für den Müller immer weniger zu tun.

Die schlimmsten Jahre für die Bevölkerung waren die von 1841 und 1842 sowie 1846 und 1847, wo Getreide und die Kartoffeln kaum wuchsen. Es waren Regenjahre.

Der Lehrer Ernst Dahinten beschreibt dies so: *„Die einzigen Lebensmittel wurden bald Kaffee, Milch und Kohl. Geld,* *um sich Brot kaufen zu können, war fast nicht vorhanden. ...*

Doch auch der Reichtum machte damals nicht glücklich, denn selbst für Geld konnte man kaum Waren, besonders Brot, bekommen. Die Wochenmärkte zu Schleusingen und Großbreitenbach, welche damals die Gießübler Leute aufsuchten, wurden an diesen Tagen rein ausgeplündert. ...

Wie sehr sich damals die Leute wieder nach einer guten Ernte sehnten, beweist die Tatsache, daß der erste Getreidewagen in Großbreitenbach im Jahre 1848 mit Kränzen geschmückt und unter Klängen der Musik in die Stadt einfuhr.

Auf dem Marktplatz hielt derselbe an, worauf dann der Pfarrer eine zu diesem Zweck gebaute Kanzel bestieg und umgeben von einer tausendköpfigen Menge, einen Dankgottesdienst abhielt." [35]

Die Zeiten forderten also den jungen Müllermeister heraus. Die Familie musste ernährt werden. Seine junge Frau kam aus sehr wohlhabenden Verhältnissen und wollte den gewohnten Lebensstil nicht ändern.

Das Schicksal meinte es nicht gut mit der Familie. Die Witwe Catharina Maria Hofmeister starb am 03.10.1857. Sie erlitt durch einen Wohnungsschwelbrand den Erstickungstod.

Abb. 39. Vom Schwelbrand 1857 geschädigte Balken. [50]

Bei der Rekonstruktion des Wohnhauses fand Michael Warlich noch Zeugnisse dieses Brandes – verkohlte Balken neben dem Schornstein im Untergeschoss.

Es kann also davon ausgegangen werden, dass, vielleicht verursacht durch einen Schornsteinbrand, sich ein Schwelbrand in den Balken entwickelte.

Dadurch drangen Kohlenmonoxidgase in die Wohnung und verursachten den tragischen Tod von Frau Hofmeister.

Nur wenige Monate später mussten die Kinder und deren Mutter vom Vater Christian am 27.06.1858 Abschied nehmen. Sein Tod stellte die Familie vor teils unlösbare, existenzbedrohende Probleme.

Eine schwierige Zeit für die Familie – das älteste Mädchen 16 Jahre alt, der älteste Junge erst 13 Jahre.

Wie und ob die Mühlen in dieser Zeit weiterbetrieben wurden, ist nicht bekannt. Rolf Hörnlein meint dazu:

„Wahrscheinlich durch die Erbaufteilung unter ihren 7 Kindern und dem unangepassten Lebensstandard der Witwe wurde das ererbte Vermögen stark reduziert.

Zwischen 1860-1865 zerfiel wohl die ehem. Engelhardts-Mühle zwischen Gießübel und Oberneubrunn, weil

> *1. diese Schneidmühle lt. Konzession kein Stammholz aus dem Herzogtum Sachsen-Meiningen erhielt,*
> *2. die Lieferung von Stammholz aus dem Fürstentum Schwarzburg-Rudolstadt eingestellt wurde,*
> *3. wahrscheinlich bei einem Hochwasser das Wehr zerstört wurde und Philippine Schaab auf einen Wiederaufbau verzichtete,*
> *4. die Kinder zeigten unter diesen Bedingungen keinen Antrieb die Schneidmühle weiterzuführen.“*

Weiter schreibt er: *„Der Vater verstarb bereits 1858, danach hat die ‚Obere Mühle‘ wahrscheinlich nur noch sporadisch gearbeitet. Der Getrieberaum der Mühle soll nach 1858 als Schmiede genutzt worden sein“.*

Ein schwieriges Erbe, das unser nächster Ahn antreten musste. Georg Moritz, der älteste Sohn, war erst 13 Jahre alt und seine Mutter scheint nicht als Betreiberin der Mühle geeignet und dazu gewillt gewesen zu sein.

Die Ersparnisse wurden dadurch immer geringer.

So blieb die Obermühle zunächst weitgehend in einem Ruhezustand und brachte der Familie kein Einkommen. Die Rücklagen wurden damit immer weniger.

Philippina Schaab starb im Alter von 57 Jahren am 27.11.1871 in Gießübel an einer Brustfellentzündung.

Abb. 40a: Dies ist das Lebensumfeld vieler Schaab/Schab-Familien in Gießübel: Die Häuser mit den Gaststätten (Rautenkranz, Zum Adler, Braunes Ross) rund um die Kirche. Vorn, Mitte, das Fachwerkhaus ist die Obermühle. [46]

Abb. 40b: Alte Schule in Gießübel. Foto: Gunter Hess. [46]

14. Georg Moritz Friedrich Schaab (1845–1899) und Luise Caroline Grimm

Georg Moritz wurde am 23.05.1845 in Gießübel geboren. Im KB-Eintrag schrieb der Pfarrer: *„Georg Moritz Friedrich Schaab, 3. K. 1. S. des Mahlmüllermeisters Johann Christian Schaab allhier und seiner Ehefrau Augustina Philippina geb. Ebert aus Neustadt am Rennsteig, wurde geboren den 23. Mai und getauft den 8. Juni.*

Taufpathen waren: 1. Georg Kleinschmidt, Büttnermeister in Schleusingen, Schwager der Kindesmutter,

2. Regina, die Ehefrau des Waffenschmiedes Johannes Kleinteich zu Stelzen". [36]

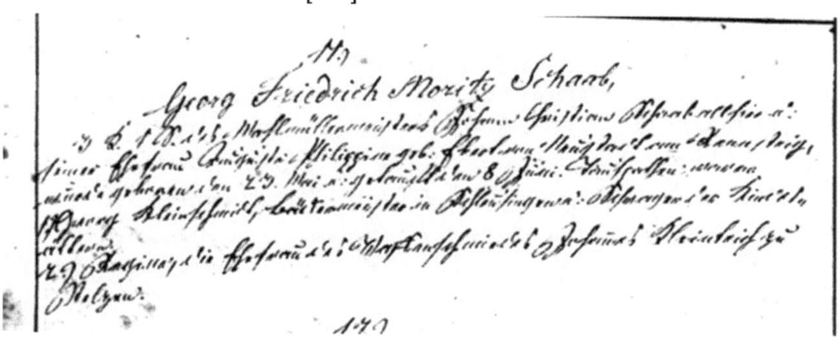

Abb. 41: Geburtseintrag des Georg Moritz Friedrich Schaab, KB Gießübel 1834-69, Taufreg. 1845, S.47 (links). [36]

Wieder gibt es Differenzen in der Schreibweise des Namens. Hier mit Doppel-a, in dem anderen KB 1833–67 heißt es dagegen: Schab.

Man erkennt bei der Wahl der Paten, dass die Gießübler Familie die Verbindung zu den in der Region Eisfeld lebenden Verwandten und denen der Mutter aufrechterhalten wollte.

Durch den frühen Tod des Vaters lastete auf dem ältesten Jungen die Last, die Obermühle fortzuführen, die für die Einkünfte der Familie unerlässlich war.

Der Heimatgeschichtler von Gießübel, Gunter Hess, meint, dass Georg Moritz um 1867 Müllermeister wurde. Doch seit dem Tod des Vaters waren fast zehn Jahre vergangen. Ob die

Mühle zeitweise betrieben wurde und von wem, ist nicht bekannt.

Rolf Hörnlein schreibt, dass der Getrieberaum der Mühle evtl. als Schlosserei genutzt wurde.

„Die Auftragslage für die Mahlmühle war um 1870 durch den Rückgang der Getreideproduktion der örtlichen Kleinbauern gering.

Abb. 42: Kloßpresse, Draufsicht, aus der Obermühle Gießübel in der Heimatstube von Michael Warlich. [47]

Bedingt durch die unzureichende Versorgung der Mühle mit Getreide war Georg Moritz Schaab gezwungen, weitere Quellen für einen Broterwerb zu suchen.

So fertigte er u. a. Kartoffelpressen für die geriebenen rohen Kartoffeln zur Herstellung der Thüringer Klöße und Kartoffelknötschen für die gekochten Kartoffeln in größeren Stückzahlen.“ [04]

Man erkennt daran, dass die Obermühle kaum noch Mahlmühle war. Eher ein Holzbearbeitungsbetrieb, wo die Beschäftigten auch drechselten, um diverse Holzwaren entsprechend den unterschiedlichen Nachfragen herzustellen.

Die Einkünfte reichten nicht, um notwendige Modernisierungen durchzuführen. Dazu trug Georg die Last der Auszahlung der Erbanteile an seine Geschwister und der aufwendige Lebensstandard seiner Mutter hatte auch die Ersparnisse schrumpfen lassen.

Georg heiratete am 30.10.1869 Karoline Louise Grimm, die Tochter des Bürgermeisters sowie Huf- und Waffenschmiedemeisters Johann Günther Nicolaus Grimm, die in der Nachbarschaft wohnte. Vielleicht war es Carolines Vater, der zeitweise die Mühle als Werkstatt nutzte.

Der KB-Traueintrag lautete:

„30. October, Georg Friedrich Moritz Schab, led. Standes, Mahlmüller allhier, geb. den 13. Mai 1845, 3. K. 1. S. des weil. Johann Christian Friedrich Schab, Mahlmüller allhier und

*dessen Ehefrau Augustine Phlippine, geb. Ebert, aus Neu-
stadt/R. – +27.02.1871–*

*und Caroline Louise Grimm, led. Standes, geb. den 1. Mai
1849, 4. K. 2. T. des Schmiedemeisters Günther Nicolaus
Grimm allhier und dessen Ehefrau Justine Elisabeth geb.
Eichhorn allhier, wurde nach 3 m. Aufgebot den 30. October
in hiesiger Kirche getraut."*

Bei der Geburt der ersten Tochter heißt es in der Rubrik
Mutter: „Verlobten", das heißt, das Kind wurde vorehelich
geboren.

In der Ehe wurden zwölf Kinder, sechs Jungen und sechs
Mädchen, geboren, auf die im nachfolgenden 15. Kapitel im
Detail eingegangen wird.

Die Heirat änderte leider an der Lebens- und Arbeitsein-
stellung des Georg nichts. Der Schwiegervater hatte wohl
keinen großen Einfluss auf die Geschäftstätigkeit des
Schwiegersohnes. So blieben die Probleme, nein, sie ver-
schärften sich, und Georg sah sich gezwungen bei dem Handelshaus Eichhorn einen Kredit aufzunehmen.

Als Gegenwert überschrieb er Martin Christian Eichhorn
die halbe Mühle. Nun gab es zwei Mühlenbesitzer, doch dieser Deal sollte der Anfang von einem bösen Ende sein. Dies
geschah in der Zeit, als seine Mutter starb.

Der neue Partner von Georg war, wie Rolf Hörnlein es formulierte, ein *„gelernter Wagner. Seine Erzeugnisse an verschiedenen Wagentypen verkaufte er nach Franken und nach
Thüringen. … Der Vertrieb seiner Erzeugnisse und der Verkauf von Holzwaren in Kommission der Gießübler Handwerker muss erträglich gewesen sein.* " [04]

Auf den ersten Blick also ein solventer und vertrauenswür-
diger Partner. Doch kurz nach Vertragsabschluss übernahm
die Geschäfte im Handelshaus dessen Sohn Albrecht.

Diesem fehlte wohl völlig der Geschäftssinn des Vaters,
auch schien Arbeit eher ein Fremdwort für ihn zu sein.

Gunter Hess formuliert es so: *„Doch Albrecht lebte auf zu
großem Fuß. Er war ein Spieler und Spekulant. Und so kam
1884, was kommen musste, die Insolvenz des Handelshauses Eichhorn. Die Familie, die über Wechsel versucht hatte,*

das Geschäft zu retten, verlor ihr Hab und Gut ... und stürzte in schwere Armut.

Der Verursacher Albrecht verließ mit seiner Familie Gießübel auf Nimmerwiedersehen.

Sein Kompagnon Georg Moritz Schaab, der ebenfalls nicht unbedingt von Fleiß geprägt und als Sprücheklopfer bekannt war, hatte durch die Insolvenz ebenfalls Haus und Hof verloren.

Nachdem er vor dem Gericht schwor, dass er der Pfändung seines Vermögens zur Rettung des Handelshauses Eichhorn nicht zugestimmt hatte und das diese Pfändung rechtswidrig sei, wurde er des Meineides überführt.“ [35]

Abb. 43: Michael Warlich in der Backstube seines Opas. [47]

Der Bäckermeister Manfred Hofmeister, ein Nachfahre aus einem Nebenzweig der Müllerfamilie Hofmeister, erzählte mir, dass das Wohnhaus von Georg nach der Insolvenz der Bäckermeister Otto Brückner erwarb.

Dieser verlagerte später seine vorher in der Rehbachstraße in Gießübel befindliche Backstube in das von ihm gekaufte Haus.

Otto Brückner ist der Bruder des Großvaters Magnus Brückner von Michael Warlich, dem heutigen Hausbesitzer.

Mit viel Liebe zum Detail richtete Michael Warlich im Erdgeschoss des alten Müllerwohnhauses eine sehenswerte Heimatstube ein, die auch viel über die Geschichte des Hauses und seiner früheren Bewohner erzählt.

Zurück zu unserem Georg. Bereits vor der Insolvenz seiner Mühle scheint der Leumund nicht immer positiv gewesen zu sein. Rolf Hörnlein formuliert dies so: *„Im Nachhinein kann* *man feststellen, dass er weder ein Geschäftsmann war, noch die Arbeit erfunden hatte.*

Nach Einschätzung seiner Tochter (Hinweis: gemeint ist Thekla Maria), *meiner Großmutter, soll er immer im Dorfe versucht haben, einen reichen Mühlenbesitzer darzustellen. ... Seine Tochter charakterisierte ihn als ‚Sprücheklopfer‘, der seine Zuhörer zu oft im Wirtshaus fand.*" [04]

Die Familie, auch die seiner verheirateten Tochter Thekla, war ruiniert; die Lebensgrundlagen fielen auf ein Niveau, das man nur mit „arm" bezeichnen kann. Darunter litten vor allem die Kinder mit ihrer Mutter.

Doch lassen wir den Sohn Anton (*05.09.1891) zu Wort kommen, der seine Erinnerungen an die Kindheit im hohen Alter aufschrieb und dabei auch an diese schwere Zeit sich erinnerte.

„Alles, was den Lebenswandel meines Vaters betrifft, erfuhr ich von meiner Mutter, welche ihn wie folgt kennzeichnete: Er war in seinem Beruf und Fach ein außergewöhnlicher Spezialist und war außerdem befähigt, alle vorkommenden Arbeiten des täglichen Lebens zu meistern.

Hierzu sei noch erwähnt, dass er von den älteren Dorfbewohnern und Bewohnern der Nachbardörfer mir gegenüber als durchaus zuverlässiger Meister seines Faches geschildert wurde.

Nach ergänzenden Schilderungen meiner Mutter, soll er aufgrund der gut situierten Eltern eine, den damaligen Verhältnissen entsprechend, leichtfertige und mühelose Jugendzeit verlebt haben.

Daraus müsste gefolgert werden, dass er oft seinen Mitmenschen gegenüber ein grenzenloses Vertrauen an den Tag legte und dadurch seinem Mühlenbetrieb Schaden zufügte.

Er soll andere Geschäftsleute oft aus ihrer Zwangslage durch Geldleihen befreit haben. Außerdem soll er durch wiederholte Bürgschaften und Wechselgeschäfte einen großen Vermögensteil verloren haben.

Durch alle diese gutmütigen und oft leichtfertigen Machenschaften hat er letzten Endes seinen Mühlenbetrieb aufs Spiel gesetzt, ja sogar den Bankrott erleben müssen und damit seine kinderreiche Familie in eine Notlage versetzt. Nach den Schilderungen meiner Mutter hat er sich leider zu spät viele Kopfschmerzen und Sorgen gemacht und seelisch und körperlich zu Tode gequält.“ [40]

Diese Erinnerungen zweier Kinder zeigen, wie die Situation der Insolvenz und deren Folgen von der Familie wahrgenommen wurde.

Dabei ist zu beachten, dass Thekla das Desaster noch als kleines Kind erlebte. Sie ist 9 Jahre älter als ihr Bruder Anton, der mehr oder weniger die Erzählungen der Mutter, der Geschwister und von Zeitzeugen wiedergibt.

Thekla wird mit zunehmendem Alter durch die Nachbarn und Schulkameraden umfänglich über den Absturz der Familie in die Armut informiert worden sein. Sie hat sehr darunter gelitten; hatte sie dem Vater doch auch Geld geliehen.

Übereinstimmung herrscht bei den Zeitzeugen darin, dass einerseits Georg salopp formuliert ein „Leichtfuß“ und gutgläubig war, andererseits wenig Geschäftssinn besaß.

Andererseits scheint er viel vom Fach des Müllers und der damit verbundenen Technik verstanden zu haben.

Hermann Eichhorn, Nachfahre des Handelshausbesitzers und ein Enkel des Martin Eichhorn, schrieb im Zusammenhang mit der Herstellung von Buchenspänen für die Essigherstellung 1937 in der Oberen Mühle:

„Martin Hermann (Eichhorn) blieb es vorbehalten, auch die Anfertigung dieser Späne zu vollbringen. Zuerst wurden einfach die Lichtspäne mit der Hand zusammengerollt und mit einem Faden gebunden.

Dann ist es schließlich einem Gießübler Schreinermeister gelungen, einen Hobel zu konstruieren, welcher beim Stoßen die Späne gleich fest zusammenrollte. Das war ein großer Fortschritt, aber der Hobel musste noch mit der Hand bedient werden, was keine leichte Arbeit war.

Um sie zu erleichtern, hat der Besitzer der „Oberen Mühle“, Müllermeister Georg Schaab, auf dem Läuferstein seines Mahlgangs einen Eisenstift angebracht und so eine Kurbel geschaffen, die die Hin- und Herbewegung des Hobels ermöglichte. Der lange Hobelarm (Lenker) musste aber jeweils beim

Einsetzen eines neuen Brettchens während des Ganges abgenommen und wieder eingehakt werden. Dass es dabei nicht ohne Verletzungen abgegangen ist, war verständlich.

Und doch erweckte die Methode bei den Arbeitern große Freude und wurde als Fortschritt begrüßt. ... So war eine Maschine entwickelt worden, die eine unfallfreie und vor allem rationellere Anfertigung der Essigspäne ermöglichte. ...

Die einfache Maschine hat sich als außerordentlich zweckdienlich erwiesen und es brauchte bis heute (1937) keine wesentliche Verbesserung gemacht werden." [04]

Er bestätigt damit die Berichte, dass Georg fachlich versiert und kompetent gewesen ist, die Mühle kaum noch eine Mahlmühle war, aber nach wie vor mehreren Arbeiterfamilien den Lebensunterhalt sicherte. Auch das, was Anton zum Vater sagt.

Nun wissen wir auch, dass wahrscheinlich die Herstellung von Holzspänen für die Essiggewinnung später die Hauptproduktion der Mühle nach Übernahme durch die Familie Eichhorn ausmachte.

Überraschend für mich, dass ich während der Recherche erfuhr, dass einige der in dem von mir Anfang der neunziger Jahre aufgebauten „Thüringer–Wald–Kreativ–Museum" in Großbreitenbach ausgestellten Kloßpressen und -knötschen, die die Einwohner und Gastronomen zur Zubereitung der Kloßmasse für die Thüringer Klöße verwendeten, seit Anfang 1870 wegen fehlender anderer Aufträge in der Oberen Mühle Gießübel hergestellt wurden.

Zurück zu Georg, dem offensichtlich leider für erfolgreiche Geschäftsbeziehungen die wichtige Menschenkenntnis und auch kaufmännische Fähigkeiten fehlten.

Bestimmt verließ er sich zu sehr auf den neuen als Kaufmann ausgebildeten Kompagnon Albrecht Eichhorn und so steuerte die Mühle und er mit seiner Familie in die Insolvenz.

Die Schmach als ehemaliger Chef jetzt als Tagelöhner arbeiten zu müssen und die Familie in die Armut geführt zu haben, überwand er nicht. Er setzte seinem Leben am 06.11.1899 im Alter von 53 Jahren ein Ende. Wie in solchen

Fällen üblich, es wurden seine Probleme gelöst, aber seine Frau und die Kinder mussten nun allein den Alltag bewältigen, ohne den Vater, ohne Einkommen aus seiner Arbeit und ohne größere Rücklagen.

Durch die Memoiren von Anton Schaab haben wir auch viel über die Frau des Georg, seine Mutter Caroline, erfahren, die eine sehr starke Frau gewesen sein muss, um die schweren Schicksalsschläge zu überwinden und ihre Kinder durch diese problemreichen Zeiten zu bringen.

Ob sie eventuell auf ein kleineres oder größeres Erbe von ihren Eltern, die 1879 bzw. 1880 verstorben sind, zurückgreifen konnte, ist nicht bekannt, aber wahrscheinlich.

Da sie noch drei Schwestern und zwei Brüder hatte, wäre dies in jedem Fall, wenn alle Geschwister noch lebten, ein Sechstel des Vermögens der Eltern gewesen.

Man kann im Interesse von Caroline und den Kindern nur hoffen, dass der mögliche Erbteil 1884 nicht in die Insolvenzmasse des Vaters Georg durch den Bankrott der Mühle eingeflossen ist.

Lassen wir nochmals Antons Erinnerungen zu Wort kommen. Zu beachten dabei ist, dass Anton 1891 geboren wurde und somit auf die Zeit nach seiner Geburt zurückblickt.

Abb. 44: Caroline Louise, geb. Grimm, um 1920. [06] [41]

„Meine verstorbene Mutter war mit allen Instinkten einer vollwertigen Mutter und Hausfrau ausgerüstet, der wir Kinder und Nachkommen viel schuldig sind.

Sie hat uns alle gut erzogen und durch ihre gesunde Arbeitskraft, Ausdauer und Liebe zu ihren Kindern hat sie es fertiggebracht, den notwendigen Lebensunterhalt für ihre zahlreiche Kinderschar zu erwerben. Dass dies ihr nicht leichtgefallen ist, bedarf keiner Frage. In der Sorge um das Fortkommen ihrer Kinder, kam sie spät am Abend erst zur Ruhe und war frühmorgens die Erste mit im Dorf, die die Petroleumlampe anzündete, um ihrer Mutterpflicht zu genügen.

Meine Mutter hatte in ihrer Jugend als Tochter des Schmiede- und Bürgermeisters der Gemeinde Gießübel in Coburg das Kochen erlernt. Dadurch war sie in der Lage, bei jeder Festlichkeit im Dorf – wie Trauungen, Silberhochzeiten, Geburtstagsfeiern, Kindstaufen, Beerdigungen usw. – als Köchin zu fungieren.

Ich erinnere mich oft noch daran, dass wir Kinder des Öfteren in der Nacht, ja sogar manchmal gegen Morgen auf unsere Mutter warteten, weil für uns dann ein Stück Kuchen, Wurst usw. zum Essen von der Mutter ausgehändigt wurde.

Ihr müsst euch die Freude über das Kommen unserer Mutter vor Augen führen. Ich möchte behaupten, dass es glücklichere Augenblicke für Kinder nicht geben kann.

Diesen Eindruck kann natürlich nur der gewinnen, der diese Erfahrungen selbst gemacht hat oder in Zukunft machen darf. Ich darf versichern, dass solche Erlebnisse Marksteine des Erdenlebens bedeuten." [40]

Diese Erinnerungen des zweitjüngsten Sohnes zeigen, dass die Kinder sich bewusst waren, welch große Last und Verantwortung ihre Mutter Caroline Louise zu tragen hatte.

Sie kam auch aus einer nicht armen Familie, kannte andere Lebensumstände, wurde eigentlich auf das Leben in einer gut situierten Familie, wie man es früher nannte, vorbereitet.

Zumindest eine Freude blieb ihr: Die Kinder konnte sie gesund in deren Zukunft entlassen.

Die Jungen leisteten zwar den Wehrdienst ab und mussten „für Gott, Kaiser und Vaterland" in den Ersten Weltkrieg ziehen, aber sie kehrten alle lebend aus diesen sinnlosen Krieg in die Heimat zurück.

Louise Caroline schloss am 18.03.1926 im 77. Lebensjahr in Gießübel für immer die Augen.

15. Die Kinder von Louise Caroline und Georg Moritz Friedrich Schaab

Hier beginnt die Zeit, an die sich der eine oder andere ältere Verwandte noch erinnern kann. Sei es durch persönliche Begegnungen, Überlieferungen, Erzählungen oder durch Fotos, die ab und zu noch in den Familien zu besonderen Anlässen betrachtet werden.

An dieser Stelle nochmals vielen Dank an diejenigen, die diese Fotos, eigene Rechercheergebnisse und Erinnerungen aus ihren Privatarchiven zur Verfügung stellten, im Verwandten- und Bekanntenkreis nach Dokumenten der Vergangenheit forschten.

Abb. 45: Neun Kinder der Familie Schaab, Foto ca. Anfang der 1920-er Jahre; von links: Ernst, Armin, Anton, Albert; vorn: August, Lonny, ?, Anna, Thekla. [06]

Das Ergebnis kann sich sehen lassen. Sie, liebe Leser, können dadurch in den nachfolgenden Kapiteln eine Zeitreise in den Anfang des vorigen Jahrhunderts unternehmen.

Sie tauchen ein in eine Zeit, in der Mutter Caroline jeden Tag den Hunger ihrer Kinder stillen und ihnen die notwendigste Kleidung beschaffen musste. Die Armut und der Mangel, die Sorge, wie man den nächsten Tag bestehen sollte, waren ständig präsent. Sie teilte diese Situation mit vielen Familien in den Dörfern des Thüringer Waldes.

Insbesondere die Erinnerungen von Anton lassen ahnen, welch problemreiche Kindheit die Geschwister hatten. Andererseits wird deutlich, welch unvorstellbare Leistung Mutter Caroline vollbrachte, um ihre Kinderschar satt zu bekommen und auf das Leben vorzubereiten.

Manch einer wird so an Gespräche und Ereignisse in seiner Thüringer Heimat erinnert, auch in der eigenen Familie, die schon in Vergessenheit geraten waren.

Zwölf Kinder wurden in der Ehe von Georg Moritz und Louise Caroline geboren, zehn haben geheiratet und eigene Familien gegründet.

Damit vergrößerte sich die Müllerfamilie Schaab um die Familien der zehn Ehepartner sowie ihrer Kinder und Enkel.

Für viele entstand eine unüberschaubare Situation der verwandtschaftlichen Beziehungen, man verlor sich nach und nach aus den Augen.

Doch dies ändert sich jetzt, denn mancher Enkel, Urenkel usw. der in diesem Kapitel vorgestellten Töchter und Söhne von Caroline Louise und Georg Moritz, erhält Einblick in das frühere Leben seiner Verwandten.

Ein Treffpunkt für Urlauber, Familienfeiern, der Vereine und von Stammtischen waren über viele Jahrzehnte die Gasthöfe in der Nähe des ehemaligen Wohnhauses der Familie und der Obermühle, wie das Gast- und Logierhaus „Schwarzer Adler", das „Braune Ross" und der „Rautenkranz".

Abb. 46: Gast- und Logierhaus „Schwarzer Adler", Gießübel, um 1960. [46]

Bestimmt half Caroline den Wirtsleuten bei großen Familien- und anderen Feiern in der Küche, denn man lobte ihre

Arbeit beim Kochen und Backen, so wie es Anton andeutete.

Erschwerend bei meinen Recherchen kam hinzu, dass die Gießübler die Personen oft nur unter ihrem Spitznamen kannten. Diese Sitte resultierte daraus, dass die Anzahl der Vor- und Nachnamen im Dorf gering bzw. überschaubar war und man die Menschen so besser unterscheiden konnte.

Zur Sammlung von Informationen führten uns u. a. auch zwei Reisen in den Geburtsort von Ilona, Gießübel, bzw. in die heutige Gemeinde Schleusegrund.

Übernachtet wurde dort, wo wir 1967 heirateten – im „Schwarzen Adler". Viele historische Fotos an den Wänden und Gespräche mit Klaus Brückner und seiner Frau Hannelore, geborene Eichhorn, brachten erste wichtige Erkenntnisse.

Abb. 47: Ilona im Gespräch mit „Balzer" Gregor Voigt und Marie-Luise Haug. [47]

Beim Betrachten des Familienfotos (Abb. 45) tippte Klaus, einen vielsagenden Seitenblick auf Ilona werfend, sofort auf den kleinen Mann mit Hut und Stock, auf dem Stuhl sitzend:

„Das ist August, dein Großvater, unverkennbar. Er kam Anfang der fünfziger Jahre oft zu uns auf ein Bier und Schnäpschen in die Gaststube."

Die Freude bei Ilona war nicht zu übersehen: Sie hatte nun ein erstes Foto mit ihrem Opa.

Weitere Gespräche u. a. mit Nachfahren der Thekla (Abb. 47) und des Armin ließen die Erinnerungen an frühere Zeiten aufleben.

Andererseits habe ich trotz intensiver Recherche leider nicht zu allen Nachfahren Kontaktpersonen gefunden, die etwas zum Leben ihres Vorfahren aus der Familie des Moritz

100

Schaab erzählen konnten oder wollten. Deshalb werden die nachfolgenden Informationen dort reichlich sein, wo die Verwandten etwas zu den Kindern des Georg Moritz und deren Nachkommen erzählen konnten.

Wenden wir uns nun den Kindern zu, die ab 1868 die Wohnung des jungen Ehepaares Caroline und Moritz Schaab füllten. Sie wurden alle in Gießübel geboren, in der kleinen Kirche am Fuße des Löffelberges getauft.

Doch sie wuchsen in unterschiedlichen Situationen auf: Die ersten sechs Kinder in einem großen Haus mit vielen Zimmern, das einen relativen Wohlstand für die damalige Zeit ausstrahlte.

Doch schon Thekla kannte das Innenleben des Hauses weitgehend nur aus Erzählungen der älteren Geschwister und der Mutter.

Also nur die Erstgeborenen werden dies als angenehme Kindheitserinnerung behalten haben, denn die nachfolgenden Geschwister wuchsen in beengten Verhältnissen auf.

Nach der Insolvenz 1884 musste sich die Familie nach einer Mietwohnung umsehen, denn das

Abb. 48. Die Familie des Bäckermeisters Otto Brückner, (2. von rechts). [49]

Haus gehörte jetzt dem Bäcker Otto Brückner (Abb. 48).

Aus den Erinnerungen des Sohnes Anton kann darauf geschlossen werden, dass die Familie u. a. die Erdgeschosswohnung neben der alten Schmiede bewohnte.

Caroline zog demnach zunächst mit den Kindern in die Nähe ihres ehemaligen Elternhauses.

Antons Erinnerungen ist zu entnehmen, *dass „die Familie an der Straße wohnte und das Wohnzimmer im Erdgeschoss*

Abb. 49: Im Haus rechts, neben dem Haus eines Fuhrgeschäftes, soll die Familie später auch gewohnt haben. [46]

zur Straße lag. Ein Nachbar hat eine Gastwirtschaft und ein Pferdefuhrwerk besessen."

Weiter schreibt er: *„Wir wohnten damals in einem Hause – Gabriel Eichhorn – gegenüber der Dorfkirche."*

All das trifft nach Meinung von Gunter Hess auf das Haus zwischen der alten Schmiede und dem ältesten Gießübler Gasthaus „Braunes Ross" (gegründet um 1622 vom Metzger Nicolaus Beez) zu. Spitzname des Sohnes des damaligen Hauseigentümers – „Gawerel".

Doch irgendwann scheint Caroline mit den verbliebenen Kindern umgezogen zu sein. „Balzer" Gregor Voigt (Abb. 47) erinnert sich, dass Carolines Tochter Thekla, seine Oma, davon sprach, dass die Familie auch oberhalb im Dorf, im Haus des Tischlers Werner Brückner, gegenüber der Einmündung der Straße nach Masserberg, wohnte.

Abb. 50: Caroline mit ihren Söhnen Anton (links) und Ernst (rechts) um 1916. [41]

Auf dem Foto in Abb. 49, vielleicht aus dem Anfang der sechziger Jahre, ist das Haus gut zu sehen.

Für die Mutter Caroline gab es in den folgenden Jahrzehnten trotz aller Sorgen eine besonders große Freude: Alle ihre Söhne kamen aus dem Weltkrieg zurück, entweder in die Heimat nach Gießübel oder wie Anton, der sich in Kassel niederließ, dort mit seiner Familie eine neue Heimat fand.

Nur August brauchte scheinbar aufgrund seines Alters und Gesundheitszustandes nicht zum Militär und an die Front. Als Familienforscher kommt man nicht umhin festzustellen, dass nur die fünf Söhne den Namen Schab oder Schaab, je nachdem wie der Standesbeamte den Nachnamen beurkundet hatte, vererbten.

Doch dies hat keinen Einfluss auf die verwandtschaftlichen Beziehungen, ist eine Randnotiz für die nicht immer korrekten behördlichen Handlungen.

Abb. 51 ist der Ausschnitt einer alten Ansichtskarte, die den Ortsteil um die Obere Mühle mit der Kirche und den Gasthäusern zeigt.

Vielleicht handelt es sich bei der Personengruppe um Mitglieder des Turnvereins, die als Paten bei der Tochter Friederike Turnoria Auguste Schaab fungierten?

Abb. 51: Ansichtskarte um 1905, das Haus hinter der Personengruppe war das Wohnhaus der Müllerfamilie Schaab.
Danach ganz rechts das Fachwerkhaus ist die Obere Mühle. Das Fachwerkhaus davor ist das Haus der Nachfahren von Adolf Schab. [47]

15.1. Die Kindheitserinnerungen des Sohnes Anton August Alfred (*1891)

Ein wichtiger Teil dieser Erinnerungen von Anton vermittelt dem Leser einen Einblick in die Zeit um die Jahrhundertwende, etwa bis um 1910. Spätere Berichte u. a. zu seiner Militärzeit findet man im Kapitel 15.11.

Es beginnt sein Bericht wie folgt: *„In der Nacht vom ersten zum zweiten Weihnachtsfeiertag 1958, frühmorgens 3.22 Uhr, fasste ich den Entschluss, meinen Kindern und Nachkommen meine Memoiren zu schreiben."*

Und das war gut so, denn wir erhalten so aus seiner Sicht rückblickend Informationen zum Leben der Familie Schaab und der Menschen in dem kleinen Thüringer Dorf Gießübel um 1900.

Alle nachfolgenden Berichte in diesem Kapitel und die, welche in anderen Kapiteln zitiert wurden, sind Antons Memoiren entnommen, die in dankenswerter Weise seine Enkelin Waltraud mir zur Verfügung stellte. Obwohl ich alles zitiere, habe ich nachfolgend auf die kursive Schreibweise verzichtet.

Anton erinnert sich recht detailliert an seine Kinder- und Jugendzeit in Gießübel:

„Nicht unerwähnt möchte ich lassen, dass es bei uns am Morgen-, Mittag- und Abendtisch kein Essen ohne Gebet gab. Wir Kinder mussten abwechselnd, und zwar jedes Kind sein eigenes Gebet zu jeder Tageszeit sprechen.

Es gab keinen Sonn- oder Feiertag ohne Kirchgang. Die Predigt des Pfarrers mussten wir jeden Montag oder nach Festtagen am folgenden Werktag unserem Schullehrer erzählen. Andernfalls gab es Stockschläge.

Meine Kinderzeit nach dem Tode meines Vaters war hart. Ich musste auf viele Annehmlichkeiten, die heutzutage eine Selbstverständlichkeit bedeuten, verzichten.

Entbehrungen, Zufriedenheit und Arbeit ohne Unterlass, war unser Gebot.

Unsere Bescheidenheit war gekennzeichnet dadurch, dass

wir bis zum vierten Lebensjahr – Junge oder Mädchen – Röcke trugen. Erst im fünften Lebensjahr bekamen wir eine Hose und Jacke, aber ohne Unterhose. Meine erste Unterhose trug ich, als ich als Jüngling zum Militär einrückte und diese von dort gestellt wurde.

Im Laufe des Sommers, d. h. vom April/Mai je nach Witterungsverhältnissen bis September/Oktober wurde barfuß gelaufen. ...

Wir alle halfen unserer guten Mutter das nunmehr eingetretene harte Schicksal zu meistern. ... Mit dem Tode unseres Vaters waren Familienverhältnisse eingetreten, die meine Mutter zur unermüdlichen Arbeit und zum Geldverdienen zwangen.

Ich persönlich genoss mit meinen neun Lebensjahren großes Vertrauen meiner Mutter und wurde nunmehr aufgrund meiner hausfraulichen Fähigkeiten beauftragt, die Wohnräume sauber zu halten und so weit wie möglich das Mittag- und Abendessen während der Abwesenheit der Mutter vorzubereiten.

Meine älteren, noch unverheirateten Geschwister mussten arbeiten und Geld verdienen, um damit zum Lebensunterhalt der Familie beizutragen.

Die damaligen, in der Thüringer Gegend vorhandenen Verdienstmöglichkeiten waren verhältnismäßig schlecht.

In meinem Heimatort Gießübel und der nächsten Umgebung war nur Fabrik- und Heimarbeit möglich. Diese Arbeiten wurden in der damaligen Zeit schlecht bezahlt, sodass eine Mark für uns viel bedeutete.

Alle Möglichkeiten zum Geld verdienen wurden ausgenutzt, so z. B. Himbeeren und Heidelbeeren suchen und pflücken, Dünger tragen in Flechtkörben auf die an den Berghängen gelegenen dürftigen Ackerflächen (die Erträge der steinigen Ackerböden waren sehr gering), Hilfeleistungen bei den schwierigen Erntearbeiten.

In den Wintermonaten wurden als Heimarbeit für das Weihnachtsfest kleine Wiegepferdchen, Leiterwagen und viele andere Dinge gebastelt. Der daraus erzielte Verdienst diente zum Ankauf von Kleidungsstücken. ... Wie schön waren die Wege im Tannengrund, wo wir Walderdbeeren, Himbeeren und Heidelbeeren sowie Pilze suchten. Begleitet von schönen Heimatliedern, obwohl wir nur ein Stück trockenes Brot in der Tasche hatten.

In den Wintermonaten sind wir in den freien Sonntagsnachmittagsstunden mit selbstgefertigten Schneeschuhen (Ski-)gefahren. ...

Zu meiner Schulzeit begann die Schule vormittags 7 Uhr bis 11 Uhr und nachmittags von 13 bis 15 Uhr. Unsere jährlichen Schulausflüge bestanden aus einem etwa zehn Kilometer langen Fußmarsch, verbunden mit geografischen und geschichtlichen Unterweisungen durch den Lehrer. ...

Auf dem Hin- und Rückmarsch wurde in irgendeiner Gastwirtschaft eine Ruhepause eingelegt, wo selbst unser mitgebrachtes Brot verzehrt und für die im Laufe des Jahres gesparten Pfennige eine Limonade getrunken wurde. ...

Ich erinnere mich noch oft und gerne an meine Sommerferien im Jahre 1901. In diesen vier Wochen fuhr ich mit unserem Nachbar, welcher eine Gastwirtschaft und daneben ein Pferdefuhrwerk besaß, gerodete Tannen- und Buchenstuken (Hinweis: Baumstumpf der Buche) von der Mördersebene (wo im Dreißigjährigen Krieg ein Dorf mit Kirche gestanden haben soll, es handelt sich um ein Hochplateau) bis zum etwa zehn Kilometer entfernten Großbreitenbach und der dort befindlichen Porzellanfabrik.

Die von uns beförderten Holzmengen wurden für das Brennen der Porzellanwaren verwendet.

Bei der langen Fahrt kehrten wir gewöhnlich zweimal ein und verzehrten unser außergewöhnliches gutes Frühstück und Vesperbrot.

Das war für mich ein ganz besonderes Erlebnis, obwohl wir frühmorgens vier Uhr von zu Hause fortfuhren und oft erst spät abends nach Hause kamen. Es ging auf alle Fälle gemütlich zu.

Ein Jagen und Rennen gab es nicht. Wenn uns unterwegs zwei bis drei Fuhrwerke oder Gespanne begegneten, dann waren es viel.

Zur damaligen Zeit hat man auch Tag und Nacht keine verschlossenen Türen vorgefunden (Hinweis: Dies war noch in den 1970/1980-er Jahren so). ...

Als ich das zehnte Lebensjahr erreicht hatte, musste ich in einer Spielwarenfabrik arbeiten und zwar nach Beendigung der Schulstunden um 15 Uhr. Wir arbeiteten von 16 Uhr bis 20 Uhr, also täglich vier Stunden und verdienten je Stunde 0,10 Mark. Jede zweite Woche war Löhnung, wo wir 4,80 Mark als Lohn erhielten.

Vier Mark musste ich meiner Mutter abgeben. Den Rest von 0,80 wurde bei der Schulsparkasse angelegt. Der bis zur Konfirmation gesparte Betrag diente zum Kauf und der Anschaffung der Konfirmationskleidung wie Anzug, Hemd, Schuhe, Gesangbuch, Hut und Krawatte.

Für das neben meinem Fabrikverdienst erworbene Bargeld in meiner Sparbüchse kaufte ich mir einen kleinen Schrank, den ich heute noch besitze. ...

Nun will ich noch eine Begebenheit aus meinen Jugendjahren erzählen. In meiner kargen Heimat war naturgemäß das Vogelstellen (Einfangen von Sing- und Nutzvögeln) ein streng verbotener Nebenerwerb.

Mittels Leimruten, die aus etwa 20 cm langen dünnen Birkenzweigen mit gekochten, dickflüssigen Leinöl als einwandfreie Klebemasse bestand, wurden die Vogelscharen, hauptsächlich Zugvögel, mit diesen selbstgefertigten Leimruten auf den dazu hergerichteten Hecken von Lockvögeln in Vogelkäfigen angelockt.

Sobald sich die Vögel auf die für sie mit Leimruten gespickten Hecken setzten, blieben sie mit ihren Füßen hängen und fielen zu Boden.

Die auf diese Weise gefangenen Tiere wurden an einen Vogelhändler namens Luther je nach Qualität verkauft. Vogelhändler Luther war eine bekannte Persönlichkeit und betrieb auch einen Taubenhandel.

Jede freie Stunde wurde in der großen und primitiven Stube, in der auch die Schlafbetten standen, von der Dorfjugend, aber auch den Alten, zugebracht.

Mittels eines Lottospiels wurden von Zeit zu Zeit gegen einen geringen Einsatz von fünf Pfennig eine Taube ausgespielt. Wer seine Lottokarte zuerst voll hatte, war der Gewinner der Taube.

Das Schönste bei dieser Angelegenheit war, wenn die alte Frau Luther sich ihrer Kleider entledigte und barfuß im langen, nicht ganz einwandfreien, mit einigen Flicken besetzten Hemd ins Bett stieg.

Sie konnte wegen des Krachs jedoch nicht einschlafen; im Gegenteil – sie sang die Lieder und Weisen restlos mit. Meistens hat sie im Bett gesessen und hat in allen vorkommenden Begebenheiten Instruktionen erteilt.

Der alte Herr Luther hatte so gut wie gar nichts zu bestimmen. Alle Geschäfte wurden von Frau Luther erledigt, wobei Herr Luther manche Rüge erteilt bekam.

Gelacht und gescherzt wurde von Anfang bis zum Ende. Ein Ende war natürlich erst möglich, wenn der Herrscher des Hauses, in diesem Fall Frau Luther, nach einigen Ermahnungen im Hemd aus dem Bett stieg, den Reiserbesen aus dem Stall holte und die ganze Gesellschaft, ob jung oder alt, an Zahl 20 bis 30 Besucher, aus dem Hause trieb.

Am liebsten wären die ganzen Interessenten die ganze Nacht dageblieben, weil es viel zu lachen und interessante Unterhaltung gab. Das ganze Dorf hing an Tante Luther mit ihren imposanten Einfällen und Hexengeschichten. ...

In diese Zeit fällt auch folgende Episode: An einem schönen Sonntagnachmittag gingen wir, zwei Schulkameraden und ich, mit einer alten Gießkanne in den sonst einsamen Tannengrund und wollten, in der Absicht nicht gesehen zu werden, Forellen fangen.

Der Bach, die Schleuse, war damals mit Forellen reich bespickt und wir armen Teufel wollten auch mal gern Bratforellen speisen. Uns war ein guter Fang von etwa 15 Forellen im Durchschnittsgewicht von einem halben Pfund gelungen.

Als wir am Bachrand auf dem Bauch liegend noch weiter fischen wollten, kam ein Reiter daher gesprengt und fauchte uns dermaßen an, dass wir bald in die Hosen machten.

Es war, wie wir erfuhren, der Pächter des Fischereiwassers und zugleich Oberförster der dortigen Oberförsterei. Wir zitterten an allen Knochen, waren barfuß und nasse Hosen bedeckten unsere Oberschenkel.

Sofort mussten wir die Forellen wieder ins Wasser schütten und mussten durch Bekanntgabe unserer Namen mit der alten und nunmehr leeren Gießkanne strammstehen.

Herr Oberförster brachte ein Notizbuch ans Tageslicht und notierte. Er verabschiedet sich mit einem Zornesausbruch. ‚Ich will euch Taugenichtse schon helfen.‘

Das wir am folgenden Montag mit einer Tracht Prügel rechnen mussten, war für uns sicher. Wir waren uns alle drei darin einig, am Montag mit zwei Hosen zur Schule zu kommen. Wie gedacht, so geschah es.

Das Schulgebet war kaum beendet, wurden wir vom Lehrer zur Rechenschaft gezogen. Jetzt wurde es interessant. Herr Oberförster hatte noch im Laufe des Sonntags unseren Lehrer informiert und gebeten, uns entsprechend zu bestrafen.

Als erster wurde mein Freund Oskar Geier, über die vordere Schulbank gebeugt, zur Strafe herangeholt. Unser Lehrer war anscheinend von unserem doppelten Hosenboden informiert. Alle drei Sünder wurden nunmehr untersucht und es wurde angeordnet, dass ein älterer Schulkamerad uns die oberste Hose ausziehen musste.

Den damaligen Verhältnissen entsprechend besaßen wir nur eine Schulhose, weil die früheren Hosen entweder zerrissen oder mit einem guten Dutzend Flicken versehen waren.

Die ganze Klasse wartete gespannt auf den Augenblick, wo wir drei Sünder antraten und unsere Strafe vollzogen wurde. Stellt euch vor, wie alles über unser Lumpenkostüm lachte.

Uns dreien war nicht gut zumute, weil nunmehr die zu erwartenden Stockschläge doppelt schmerzten. Die ganze Klasse lachte so laut, dass unsere Schreie kaum hörbar wurden.

Der Erste hatte sich beim ersten Stockschlag losgerissen. Ich als Zweiter flüchtete unter die Bank, weil die Schmerzen so groß waren. Der Dritte und Letzte war inzwischen nach Hause gelaufen und hat seine Mutter alarmiert. Als nun nach einer halben Stunde Mutter und Sohn im Schulraum erschienen, haben beide geweint.

Die Mutter drohte dem Lehrer schluchzend, sie werde mit ihrem Sohn zum Arzt gehen und den Jungen untersuchen lassen. In Wirklichkeit hatte der Junge noch keinen Schlag bekommen. Er wurde, soweit ich heute noch weiß, vom Arzt wegen Halsentzündung für acht Tage krankgeschrieben und ist dadurch einer Strafe entgangen. Wir übrigen beiden hatten damit eigentlich schlecht abgeschnitten. ...

Wie ich bereits erwähnte, musste ich mit zehn Jahren in einer Spielwarenfabrik arbeiten. Es war im Mai, als ich von meinem Arbeitgeber beauftragt wurde, im Walde, in der Nähe des Rennsteiges vier Raummeter Buchenholz, welches bei der Holzauktion gekauft war, ausfindig zu machen.

Ich machte mich mit dem ausgehändigten Holzzettel auf den Weg, um das Holz zu suchen. Der Fuhrmann, der das Holz fahren sollte, war gezwungen, den schwierigen Holzabfuhrweg durch Umwege zu erreichen, wo ich ihn an der sogenannten Teufelsbuche in Empfang nehmen sollte.

Als ich mich bemühte, an die verabredete Stelle zu kommen, brach ein schweres Gewitter los, das mit einem schweren Unwetter, Donner und Blitzen sich austobte. Ein ähnlich schweres Gewitter wie damals habe ich kaum wieder erlebt.

Ich suchte Schutz, wo es möglich war und kam ganz durchnässt an den Ort, der Teufelsbuche, wo ich das Fuhrwerk erwartete.

Nach einigen Minuten kam der Wagen mit galoppierenden Pferden und hatte einen Toten, der vom Blitz erschlagen war, aufgeladen. Mit diesem Erleben war unsere Holzabfuhr als abgeschlossen zu betrachten.

Ich setzte mich auf den Wagen, wo der vom Blitz erschlagene Mann aus meinem Heimatdorf lag und eiligst nach Hause gebracht werden musste.

Was dieses Erlebnis für mich Elfjährigen bedeutete, braucht nicht weiter erklärt zu werden. ... Nun kam die

Konfirmation, wo selbst wir Konfirmanden erstmalig einen guten Anzug mit langer Hose trugen. Dazu gehörte natürlich auch ein gestärktes weißes Hemd mit schwarzer Fliege (Krawatte), neue Schuhe, weißes Taschentuch und ein neues Gesangbuch.

Nicht unerwähnt möchte ich den Schulentlassungstag lassen. Unser Lehrer, Kantor Lipfert, hat uns alles Gute für die Zukunft im Beruf und Leben gewünscht.

Vor und während der Konfirmation mussten wir uns über mein zukünftiges Schicksal Gedanken machen. Die Hauptverantwortung hatte in dieser Richtung meine Mutter zu tragen.

Zum Besuch einer höheren Schule reichte das Einkommen der gesamten Familie keineswegs. Demzufolge musste ein Beruf erlernt werden, welcher gleichzeitig einen geringen Verdienst abwarf.

Wir entschieden uns für den zu erlernenden Beruf als Lagerist und Expedient bei der Firma Spielwarenfabrik Albert Willig, Gießübel, meinen Geburts- und Wohnort, wo auch meine beiden älteren Schwestern Anna und Thekla beschäftigt waren.

Von vornherein möchte ich erwähnen, dass es zur damaligen Zeit während der Lehrzeit sowie Gesellen- und Gehilfentätigkeit in unserer Gegend keine Ferien oder Urlaub gab.
...
Die damals abzuleistende Arbeitszeit bei der Fa. Willig betrug zwölf Arbeitsstunden ausschließlich der Frühstücks-, Mittags- und Vesperpausen.

Es wurde gearbeitet:

6.00 Uhr bis 9.00 Uhr		= 3 Std.
9.00 Uhr bis 9.30 Uhr	Frühstückspause	
9.30 Uhr bis 12.00 Uhr		= 2,5 Std.
12.00 Uhr bis 13.00 Uhr	Mittagspause	
13.00 Uhr bis 16.00 Uhr		= 4 Std.
16.00 Uhr bis 16.30 Uhr	Vesperpause	
16.30 Uhr bis 19.00 Uhr		= 2,5 Std.

In den Sommermonaten wurden also täglich zwölf Stunden gearbeitet.

In den Wintermonaten war Arbeitsbeginn sieben Uhr und Arbeitsende 20 Uhr, entspricht einer wöchentlichen Arbeitszeit von 72 Stunden.

Überstunden wurden mit ein bis drei Pfennig zusätzlich bezahlt, je nach Alter und Zugehörigkeitsdauer zum Arbeitsplatz.

Eine Vergütung als Lehrling wurde zu damaligen Zeiten grundsätzlich nicht gewährt. Im Gegenteil, es mussten die Eltern des Lehrlings oft noch Ausbildungszuschüsse bezahlen.

Weil es sich bei meiner Lehrstelle um einen verhältnismäßig kleinen Betrieb (rund 25 Arbeitnehmer) handelte und ich mich verpflichtet hatte, neben meiner Tätigkeit als Lehrling alle vorkommenden Arbeiten mit zu erledigen, erhielt ich einen Stundenlohn in Höhe von 0,10 Mark.

Die Auszahlung des Arbeitslohnes erfolgte nach zwei geleisteten Arbeitswochen. Mein Arbeitsverdienst für zwei Wochen betrug 14,40 Mark abzüglich der Sozialbeiträge."

15.2. Alwine Emilie Franziska Hedwig Lonny Wendeline (*1868)

Sie war das erste Kind, noch vor der Ehe geboren und die Freude so groß, dass die Eltern ihr gleich sechs Vornamen gaben. Im Laufe der Zeit hat sich als Rufname Lonny durchgesetzt.

Sie erblickte am 25. Oktober 1868 das Licht der Welt und gebar vor der Ehe zwei Kinder:
- Ernst Otto Oskar, *14.06.1891, +28.06.1906.
- Emma Frieda Amanda, *19.08.1893, +19.01.1897.

Lonny heiratete am 26.07.1894 Albin Friedrich Wilhelm (Albert) Warlich.
Die weiteren Kinder sind:
- Armin Alfred August, *26.03.1896,
- Philipp Otto Ernst, *11.06.1899,
- Max Otto Hilmar, *05.07.1901,
- Thekla Hilda Anna, *19.12.1903,
- Erna Berta, *08.08.1907,
- Martha Elsa Helma, *18.07.1910,
- Emma Metha Helene, *14.12.1913.

Ein schwerer Schicksalsschlag nahm den Eltern ihren ältesten Sohn Oskar. Im Alter von 17 Jahren erlitt dieser in der Firma Hermann Scheller, einem Sägewerk in Gießübel, an einer Pendelsäge einen tödlichen Unfall.

15.3. Renate Linette Auguste Rosa (*1870)

Die zweite Tochter wurde am 22.10.1870 geboren und der sie zukünftig begleitende Rufname war Rosa. Taufpatin war ihre Tante Sophia Maria Dorothea Rosamunde Wilhelmine, geb. Schab, die Ehefrau des Dielenschneiders Gottlieb Christoph Hofmeister.

Christoph Hofmeister (Bruder, siehe Kapitel 16.8) ist ein Vorfahr des Bäckermeisters Manfred Hofmeister, der mit seiner Bäckerei bis vor wenigen Jahren die Gießübler Einwohner mit Backwaren und anderen Lebensmitteln versorgte.

Renate Linette Auguste Rosa heiratete am 29.11.1896 Balduin Schippel (*1871 in Milz bei Römhild) in Gießübel. Aus der Ehe sind mir sieben Kinder bekannt:

Abb. 52: Anna Schippel, verh. von Ehren. [51]

- Ida Metha Selma, *21.12.1893,
- Otto Max Oskar, *29.06.1896, +20.07.1897,
- Anna, *21.09.1904, +1988,
- Emma,
- Ferdinand, oo Emma Eichhorn,
- Auguste, oo Reichardt,
- Albert.

Balduin Schippel starb am 04.02.1929 und seine Frau Rosa am 29.12.1930 in Gießübel.

Die Tochter Anna (Abb. 52) heiratete am 07.04.1928 den am 29.05.1905 geborenen Werner Gottlieb von Ehren.

Dessen Familie stammte aus Schönau (Schleusegrund). Seine Eltern waren Luis Michael Heinrich von Ehren und Auguste Antonie Emma, geb. Rauch.

Werner wuchs mit den Geschwistern Loni (oo Kleinschmidt), Thekla (oo Rauch), Agnes (oo Spindler), Else (oo Schlottmann), Albert, Nelli (oo Heim) und Anna auf.

Abb. 53: Harry von Ehren, Horst u. Annemarie Bösel (von links, hinten), Vorn: Marita, Rolf und Peter von Ehren. [51]

Abb. 54: Werner von Ehren mit Enkelin Marita beim Holzsammeln. Das größere Mädel ist ein Nachbarskind. [51]

Anna war in der OSCHA-Kleiderbügelfabrik tätig und Werner arbeitete in der Glashütte als Glasmacher.

Infolge eines Unfalls verstarb Werner 1973 in Kronach. Anna wurde 1988 zu Grabe getragen.

Annas Sohn Harry (*17.05.1929) heiratete am 25.12.1949 die aus Neustadt am Rennsteig stammende Annemarie Bösel. Aus deren Ehe sind drei Kinder bekannt:
Marita und die Zwillinge Peter und Rolf. Peter starb im Alter von 13 Jahren.

Marita von Ehren heiratete am 31.12.1968 in Gießübel Rolf Assmann. Er ist verwandt mit Martha Assmann (S.119).
Die Zwillinge Jens und Peter vervollständigten bald die Familie.

Abb. 55 und 56: Hochzeitspaar Marita, geb. von Ehren, und Rolf Assmann, 1958, und ihre beiden Söhne Jens und Peter. [51]

Abb. 57: Anna von Ehren, geb. Schippel, mit Schwester Metha (Riese). Rechts Enkelin Marita. [51]

15.4. Friederike Turnoria Auguste (*1872)

Sie war die dritte Tochter, geboren am 23.08.1872. Bei der Festlegung der Paten für die bevorstehende Taufe hat scheinbar der Turner-Stammtisch, der im Gasthaus „Rautenkranz" bei dem Gastwirt Albert Eichhorn tagte, ein Wort mitgeredet (um 1900 war der Gastwirt im „Rautenkranz" Franz Eichhorn, bestimmt ein Sohn, siehe Abb. 51).

Der Pfarrer musste viel schreiben, denn Taufpaten wurden die Mitglieder des Turnvereins – 14 Personen insgesamt. Dies waren:

1. Gottlieb Voigt, Salzmacher, ein Ehemann,
2. Friedrich Sillmann, Schuhmacher, Ehemann,
3. Hermann Geier, Junggeselle, Handelsmann,
4. Theodor Brückner, Ehemann, Schuhmacher,
5. Martin Hofmeister, Müller, Witwer,
6. Magnus Voigt, Junggeselle, Handarbeiter,
7. Jacob Theodor Koch, Junggeselle, Puppenmacher,
8. Ali Geier, Junggeselle, Zeugarbeiter,
9. Gabriel Eichhorn, Junggeselle, Puppenmacher,
10. Friedrich Schab, Junggeselle, Müller,
11. Christian Brückner, Junggeselle, Handarbeiter,
12. Albert Eichhorn, Ehemann, Gastwirth,
13. Magnus Amm, Junggeselle,
14. Richard Eichhorn, Junggeselle.

Es ist davon auszugehen, dass Georg Moritz im Turnverein das 15. Mitglied gewesen ist. Diese Taufe wird wohl längere Zeit das Gesprächsthema im Dorf gewesen sein.

Zuvor gab es bestimmt eine feuchtfröhliche Begrüßungsfeier für die dritte Tochter von Moritz im „Rautenkranz", dem Stammlokal des Turnvereins, dem der stolze Vater angehörte. Die Herren kreierten einen nicht alltäglichen Vorname für das Mädchen: Turnoria.

Den Namen leiteten sie wahrscheinlich von „Turnen" ab.

Friederike heiratete am 26.07.1896 Ferdinand Eichhorn. Zwei Mädchen, Hedwig und Ida, sind als Kinder bekannt.

15.5. August Armin Friedrich Carl (*1875)

Armin wurde als viertes Kind und erster Sohn am 31.05.1875 geboren.
Seine Paten waren:
– Theodor Friedrich Grimm, Schmied in Schleusingen, geb. in Gießübel, Stellvertreter - Friedrich Carl Sillmann, Schuhmacher von hier,
– Armin Kleinteich aus Stelzen, Schmied,
– August Schmidt, Gastwirth in Goldisthal.

Armin arbeitete als Dielenschneider und Holzarbeiter.

Abb. 58 und 59: Armin Schaab und seine Frau Ida, geb. Geier. Die beiden Fotos wurden in Eisenach (evtl. im Heiratsjahr 1898) im Atelier des „Hof-Photograph Carl Remde" aufgenommen. [44]

Am 25.09.1898 heiratete er die am 22.02.1878 geborene Ida Mathilde Auguste Geier.

Sie war ein uneheliches Kind der Tochter Elisabeth Caroline (*28.081844, +12.01.1914) des Leinenwebermeisters Johann Martin Geier und seiner Ehefrau Johanna Dorothea, geborene Scheller. Elisabeth Caroline heiratete am 11.12.1881. Der Ehemann ist nicht bekannt.

Aus der Ehe von Armin und Ida sind drei Kinder hervorgegangen:
1. Bernhardt Oskar Albin, *13.01.1900, +1965.
2. Hilmar Richard Albert, *16.12.1906.
3. Helene Emma Rosa, *05.11.1916.

Armin starb am 22.02.1944 in Gießübel.

Oskar heiratete Martha Assmann. Sie hatten zwei Kinder: Roland und Heinz.

Abb. 60: Helene Emma Rosa Schaab (rechts), Elsa Seiffert, Annemarie von Ehren (links). [51]

Am 15. Juli 1925 gründete Oskar (Spitzname Kragen) eine Thermometer- und Kleiderbügelfabrik in Gießübel, wobei anfangs Thermometer und Parfümflaschen hergestellt wurden.

Entsprechend einem Briefkopf von 1950 (Abb. 126, S. 179) könnte die Gründung jedoch schon 1920 erfolgt sein. Mögli-

Abb. 61 und 62: Oskar Schaab und seine Frau Martha, geb. Assmann. [44]

cherweise gab es einen Vorläufer des späteren erfolgreichen Betriebes.

Es ist anzunehmen, dass der Anlass eine Zusammenarbeit mit der 1921 gegründeten Firma Wiegand-Glas in Gießübel war.

Abb. 63: Kleiderbügelfabrik Oskar Schaab, Gießübel/Thür. [44]

„Mit der Aufnahme der Kleiderbügelfabrikation im Jahre 1925 konnten Beziehungen zum internationalen Markt hergestellt werden, indem holländische, englische und belgische Kunden zu den Geschäftspartnern gehörten.

Nach 1945 musste mit der Produktion wieder ganz von vorne begonnen werden. Mit 25 bis 30 Mitgliedern half der Betrieb am Wiederaufbau einer neuen Wirtschaft." [48]

Man erkennt in diesem Resümee einer Jubiläums-Festschrift von Gießübel, dass der Betrieb große Bedeutung für den Ort und eine gute Entwicklung seit Gründung genommen hatte.

Oskar erkannte früh die Bedeutung der Leipziger Messe für sein junges Unternehmen, knüpfte dort internationale Verbindungen, die die Grundlage zum Expandieren der Produktion, aber damit auch zur Schaffung von Arbeitsplätzen in Gießübel waren.

Seinen Onkel Anton nahm er um 1925 mit zur Messe. Dies

wird wohl eine der ersten Messeteilnahmen von Oskar in Leipzig gewesen zu sein.

1949 gründete er mit seinem Onkel Anton eine Vertriebsstelle für die Produktion des Gießübler Betriebes in Kassel, die jedoch nur wenige Jahre florierte. (Siehe auch S. 180)

1956 musste Oskar eine gesetzlich verordnete Staatliche Beteiligung in seinem Betrieb aufnehmen. Einerseits konnte er damit die Produktionsmöglichkeiten ausbauen und die Familie blieb noch leitend im Betrieb; andererseits wurde aber die Selbständigkeit der unternehmerischen Entscheidungen Oskar und später seinen Söhnen genommen bzw. stark eingeschränkt. Das Unternehmen wurde damit in die staatliche Planwirtschaft eingebunden.

Abb. 64: Teil eines Kleiderbügels mit Firmenlogo, um 1965. [47]

Da die DDR Devisen benötigte und es für die Kleiderbügel eine rege Nachfrage gab, weitete man die Absatzmärkte und Produktion aus. Die mit Stoff bezogenen Kleiderbügel, die auch Ilonas Eltern in Heimarbeit montierten, sowie Hosenspanner aus Holz und Plastik, fanden um 1967 in über 15 Ländern Abnehmer.

Noch heute hängen bei uns im Schrank einige von Ilonas Mutter mit buntem Textil bezogene Holz-Kleiderbügel mit der Bezeichnung „OSCHA" (Abb. 64) und verrichten ihren Dienst.

Doch es verlief nicht immer alles wie gewünscht. Mehrere Brände warfen manche Pläne um und sogar ein Wohnhausbrand (Abb. 67) musste überstanden werden.

Abb. 65: Heinz Schaab mit Schwester Inge, links, Abschlussball der Tanzstunde.[44]

Im Alter von 65 Jahren verstarb Oskar plötzlich. Seine Söhne Roland und Heinz übernahmen nun die Verantwortung und führten den Betrieb gemeinsam weiter.

Oskars Bruder Albert Schaab arbeitete als Meister in der Kleiderbügelfabrik und war mit Hedwig Hergt aus Waldau verheiratet.

In ihrer Ehe wurden zwei Kinder geboren: Sabrina und Rüdiger.

Abb. 66: Albert (links) und Oskar Schaab (rechts). [49]

Abb. 67: Ehemaliges Wohnhaus der Familie Oskar Schaab nach dem Brand. [44]

Abb. 68: Auf Dienstreise: Heinz Schaab (rechts), Harry Amm-Buchhalter (Zweiter von rechts). [49]

Abb. 69: Hochzeit Grete und Heinz Schaab. [51]

Abb. 70: Hochzeit Inge und Werner Warlich. [51]

15.6. August Hermann Ferdinand Carl Albert (*1877)

August war der Rufname, doch bekannt war er in Gießübel als „Schorsche-August" – ein Spitzname, den der Opa von Ilona im täglichen Leben trug. Ilona ist die Enkelin des am 14.03.1877 geborenen zweiten Sohnes August.

Abb. 71: August, um 1920. [06]

Zunächst arbeitete August wohl gemeinsam mit seinem Vater in der Oberen Mühle, die nun den Eichhorns gehörte.

Andererseits hat er nebenbei mit seinem Vater Instandsetzungs- und Reparaturarbeiten am Fachwerk der Häuser im Dorf durchgeführt.

Hermann Eichhorn erwähnt in seinen Erinnerungen (1937/38), die sich u.a. mit der Heimatgeschichte befassen, in diesem Sinne auch unseren August.

Er schreibt, dass früher die Bauweise der Häuser in Gießübel dem fränkischen Fachwerk ähnelte und beschreibt die einzelnen Bauschritte: Beginnend von der Zusammensetzung der Balken bis hin zur Verkleidung der Felder (Fläche zwischen den Balken) mit einem Lehm/Strohgemisch.

„Zuletzt wurde dann das Feld innen und außen vollends mit Lehm ausgeschmiert. Auch bei den großen Feldern zwischen den Deckenbalken wurde so verfahren. Man sprach in diesem Zusammenhang von ,gewundenen Decken'.

Die Handwerker, welche diese Arbeiten ausführten, nannte man ,Lehmkleber'. Es gibt sie hier nicht mehr.

Nur der Kreissägenschneider August Schab (,Schorsche-August'), der in früheren Jahren bei seinem Vater half, versteht sich noch auf das Kleben und macht hier und da aus Gefälligkeit noch etwas." [54]

August scheint der einzige Sohn gewesen zu sein, der nicht beim Militär diente und in den Ersten Weltkrieg ziehen musste. Ein Asthma-Leiden, dass ihn von Kindheit an plagte, wird dafür wohl der Grund gewesen sein. August fand wie viele Gießübler eine Arbeit in dem Sägewerk Hermann Scheller, das 1875 mit der Fertigung von Holzkisten begann.

Mit dem Kauf der Unteren Mühle, die einst Augusts Eltern gehörte, konnte das Unternehmen expandieren. August erlebte 1891 den großen Brand im Sägewerk mit. Es war das Jahr, in dem er in das Arbeitsleben eingetreten war, aber noch in der Oberen Mühle arbeitete.

Doch Hermann Scheller nutzte die Situation für den Neuaufbau und schaffte neue effizientere Gatter und Maschinen an. Wann August die Arbeit im Sägewerk aufnahm, ist nicht bekannt. Sein Arbeitsplatz sollte an der Kreissäge sein.

Durch den Holzstaub verschlimmerte sich im Laufe des Arbeitslebens sukzessive sein Asthma.

August heiratete die aus Gießübel stammende 24-jährige Tochter Gottliebe des Büttnermeisters Friedrich Wilhelm Eichhorn am 16.04.1900.

Wann das kleine Haus in der Hauptstr. 20 in den Besitz von August kam, ist nicht bekannt. Es ist davon auszugehen, dass seine Kinder in dem Haus geboren wurden.

Wie aus einer Karte von seinem Bruder Albert 1939 zu entnehmen ist, feierte man damals ein Schlachtfest. Demnach fütterte man neben anderen Kleintieren ein Schwein.

Ilona erinnert sich, dass sie die Gänse hüten und die Milch einer Ziege trinken musste.

Was ihr gar nicht an ihrem Opa gefiel, dass August dem Priemen (Kautabak) verfallen war.

Fotos von Ilonas Großeltern gibt es in Ilonas Familie leider nicht, da infolge mehrfachen Umzugs nur sehr wenige Urkunden und andere persönliche Erinnerungen erhalten geblieben sind.

Ilona kann sich nicht an die Oma erinnern. Gottliebe starb unverhofft am 07.09.1944 in Gießübel an einem Herzschlag.

Nachdem ich intensiv die aufgefundenen Feldpostkarten der Söhne gelesen habe, muss davon ausgegangen werden, dass Mutter Gottliebe die Schicksalsschläge mit dem frühen Tod der Tochter Anna sowie die Mitteilungen über den Tod der Söhne Edgar und Erwin an der Front nicht verkraftet hatte. Sie zerbrach an diesen Schicksalsschlägen.

Um die Situation der Mutter und der zum Militär eingezogenen Söhne zu verstehen, habe ich versucht, die Geschehnisse durch Zitate von den Feldpostkarten u. a. in den Kapiteln der Kinder darzustellen. Dabei ist zu beachten, dass es auch damals bei der Armee eine Zensur gab.

Die Kinder einigten sich nach Kriegsende, dass Max mit seiner Familie in das kleine Haus (Abb. 72) zum Vater ziehen sollte, um ihm im Alltag zur Seite zu stehen.

Die Geschwister von Max verpflichteten sich aber auch, den Bruder und seine Frau dabei zu unterstützen.

Für Ilonas Eltern zerbrachen damit ihre Zukunftspläne. Doch den Vater wollte man nicht seinem Schicksal überlassen; sie wollten Verantwortung übernehmen.

Abb. 72: Wohnhaus von Gottliebe und August in Gießübel. [46]

Max und Ella zogen nun mit den beiden Töchtern Brigitte und Ilona zu August in das kleine Haus, wobei Brigitte schon kaum mehr zu Hause war.

August verstarb mit 82 Jahren am 26. Mai 1959 an einem Schlaganfall.

In diesem Familienzweig gibt es keine einheitliche Schreibweise des Familiennamens. Zumindest der Nachname von Augusts Sohn Albert lautet: Schab.

In der Ehe sind sechs Kinder, ein Mädchen und fünf Jungen, geboren worden (alle in Gießübel), auf die ich nachfolgend, soweit möglich, im Detail eingehen will.

15.6.1. Oskar Max Otto

Er wurde am 11.10.1898 in Gießübel geboren und heiratete die am 08.05.1901 in Masserberg geborene Lina Martha Rößner.

Die Familie hatte ihren Wohnsitz in Masserberg.
Aus ihrer Ehe sind zwei Mädchen und zwei Jungen bekannt:
- Elsbeth, *1921,
- Elfriede Waltraut Ehrentraut, *1924,
- Werner(?), *1927,
- Gerhardt, *1929.

Oskar war in der Holzindustrie Gießübel beschäftigt.

15.6.2. Anna

Anna war die einzige Tochter der sieben Kinder von August und Gottliebe und wurde am 20.04.1900 geboren.

Am 14.11.1922 heiratete sie in Gießübel den Fleischer Oskar Schlag, geboren am 09.02.1896 in Unterneubrunn. Anna zog zu ihrem Mann nach Schönbrunn. Aus der Ehe sind folgende Kinder bekannt:
- Ida, *1922,
- Paul, *1924, +1924,
- Margot, *1926,
- Lieselotte, *1934.

Abb. 73: Anna Schlag, geb. Schaab, mit den Töchtern Margot (links) und Ida (rechts) um 1933. [47]

Es ist immer wieder interessant, wie viele Bräuche die Jahrhunderte überdauern.

Das Foto (Abb. 74) zeigt um 1933 die stolze Margot mit der gut gefüllten Zuckertüte, die sie zum Schulbeginn erhielt. Sie ist zu schwer für Margot; sie muss die Tüte stellen.

Margot trägt einen Schulranzen, wie er auch uns in ähnlicher Ausführung in die Schule begleitete. Wichtig und immer dabei, ein sauberes Läppchen zum Abwischen der Schiefertafel, die man zum Üben mit Schiefergriffeln beschrieb.

Die Schuleinführung war ein besonderes Ereignis und ein Fest in der Familie.

Für diesen Tag wurde gespart, dem Schulkind wurde die beste Kleidung angezogen – der Tag sollte für das Kind und die Familie eine bleibende Erinnerung sein.

Anna verstarb schon zeitig im blühenden Alter von 34 Jahren kurze Zeit nach der Geburt ihrer Tochter Lieselotte am Kindbettfieber.

Der Schönbrunner Heimatgeschichtler Wolfgang Lösch fand im Kirchenbuch folgenden tief bewegenden Eintrag der Taufe von Lieselotte:

Abb. 74: Margot Schlag, Schulanfang in Schönbrunn. [47]

„Die Taufe von Lieselotte fand auf dem Sarg von Anna in der Kirche statt".

Ihr Mann scheint nicht nochmals geheiratet zu haben und hat die Kinder vermutlich mit Unterstützung seiner Familie allein erzogen.

Margot wurde die Patentante bei Ilona, der Tochter vom Bruder Max der Mutter, und kümmerte sich später auch mit um den Opa August.

Margot heiratete 1953 den im Jahre 1931 geborenen Moritz Witter aus Unterneubrunn.

Eines der von der Familie Rose übergebenen Fotos war lange Zeit ein Rätsel. Erst kurz vor Redaktionsschluss bin ich gemeinsam mit anderen zu dem Schluss gekommen, dass die Widmung auf der Rückseite wie folgt lautet:

„Zum Andenken an Deine Cousine Aenne Schaab. Cassel, 20. Febr. 1921".

Das Foto wurde wahrscheinlich bei einem Besuch bei Anton Schaab 1921 in Kassel aufgenommen.

Leider hat sich der Fotograf, der die Karte anfertigte, nicht „verewigt".

Zu welchem Anlass Anna in Kassel war, vielleicht mit Oskar Schaab und welchem Cousin die Widmung galt, bleibt weiter ein Geheimnis.

Doch die junge Dame auf dem Foto sollte Anna im Jahre 1921 zeigen.

Abb. 75: Anna Schaab in Kassel, 1921. [55]

15.6.3. Max Otto

Max war der zweite Sohn der Familie und erblickte am 10.11.1902 das Licht der Welt.

Er wuchs, wie viele Kinder der Familie Schaab, an der Linde vor der Oberen Mühle auf und fand wie viele Gießübler nach der Schule eine Arbeit als Kreissäger im Dampfsägewerk Hermann Scheller in Gießübel.

Bald hatte er sich vom Verdienst etwas Geld gespart und kaufte sich Anfang der zwanziger Jahre ein DKW-Motorrad (Abb. 77). Damit war er wie andere Burschen seines Alters mobil und man fuhr in die umliegenden Orte zum Tanz.

Abb. 76: Max um 1930. [47]

Möglicherweise stammt das Ersparte von einer zusätzlichen Büroarbeit in der o. g. Fa. Scheller. Ilona erinnert sich, von ihrem Vater gehört zu haben, dass er längere Zeit mit der Lohnrechnung und -auszahlung für die Beschäftigten im Betrieb betraut war.

In Stützerbach lernte er bei einem Ausflug Ella Machalett (*09.11.1906) kennen und im Jahre 1926 wurde ihre Tochter Brigitte in Stützerbach geboren.

Die Heirat erfolgte am 21.12.1930 in Stützerbach. Man feierte im Haus von Ellas Eltern, dem Tischlermeister Ludwig Machalett (*1869, +1944; verheiratet mit Marie Albrecht, *1876, +1951).

In Gießübel richtete man sich zu Beginn der dreißiger Jahre

Abb. 77: Ellas Schwester Lucie, verh. Klein, auf dem Motorrad. [76]

Abb. 78: Ella Schaab, geb. Machalett, um 1940. [47]

eine Wohnung in der oberen Etage eines Werkstattgebäudes des Sägewerkes an der Neubrunn ein. Sie lag in der Oberneubrunner Flur.

Deshalb lautet der Geburtsort der 1943 geborenen Tochter Ilona Oberneubrunn und nicht Gießübel.

Mitte der dreißiger Jahre wurde Max zum Arbeitsdienst nach Triptis eingezogen. Dort erwartete ihn fernab der Heimat die schwere Arbeit beim Autobahnbau. Dies war eine harte Zeit für ihn und die Familie.

Da die Oma Gottliebe 1944 verstarb, sollte Ilona diese nie kennenlernen. Wie schon berichtet, ließ die neue Situation alle Zukunftspläne von Ella und Max zerbrechen.

Die Geschwister von Max baten sie, in das kleine Haus zum Vater zu ziehen, um ihn im Alltag zu unterstützen. Auch sie wollten einen Beitrag leisten.

Doch der Plan von Ella und Max war anders: Nach Kriegsende wollten sie einen Neuanfang mit einen Umzug nach Stützerbach wagen.

Damit wollte Max seinen Jugendtraum verwirklichen: Beginn eines Lehrerstudiums.

Alles zerplatzte jedoch wie eine Seifenblase, denn man entschied sich, dem Vater beizustehen.

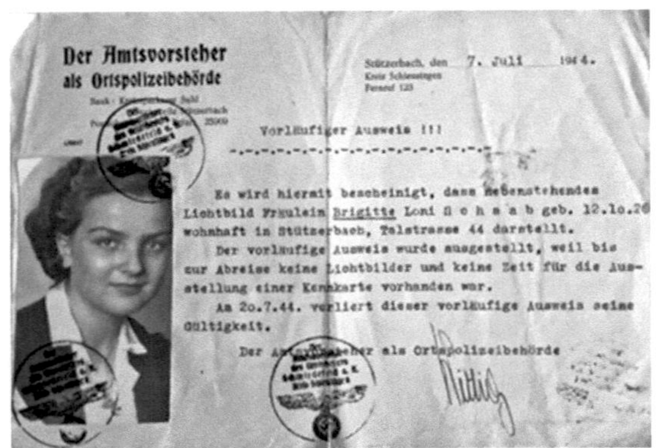

Abb. 79: Vorläufiger Ausweis für Brigitte Schaab für eine Reise im Juli 1944. Ausstellende Behörde: Schmiedefeld a. R. [47]

Was Max blieb – der Spitzname „Lehrer Schön".

Tochter Brigitte begann 1941 eine Lehre als Verkäuferin im Kaufhaus Albin Witter in Ilmenau. Sie wohnte in dieser Zeit bis 1944 in Stützerbach bei den Großeltern (Abb. 79).

Danach musste sie zum Arbeitsdienst nach Eckartsberga, wo sie mit anderen Mädchen in einem Lager lebte und zur Arbeit bei den Bauern eingeteilt wurde.

1950 heiratete Brigitte den Schlosser Eduard Reith (Abb. 80) aus Meiningen. Eine schöne Hochzeit in einer schweren Zeit im Heimatort Gießübel.

Abb. 80: Hochzeitsgesellschaft vor dem Gasthof „Schwarzer Adler" in Gießübel nach der kirchlichen Trauung von Brigitte Schaab und Eduard Reith im Jahre 1950. [47]

Auf dem Foto findet man auch Hinweise auf die damaligen Bräuche: Blumenkinder, Schleppe des Brautkleides tragende Mädels und festlich gekleidete Gäste. Die dunklen Anzüge bei den Herren waren quasi Pflicht.

Die Kinder im Hintergrund rechts warteten vor der Kirche auf das Brautpaar, um die nach altem Brauch vom Bräutigam ausgeworfenen Münzen aufzusammeln.

Viele Glückwunschkarten sind noch vorhanden – und ein Glückwunsch per Telegramm. Letzteres kennt man heute nicht mehr; ist durch elektronische Medien abgelöst worden.

Fünf Kinder wurden in der Ehe in der Heimat von Brigittes Familie in Meiningen geboren - zwei Söhne und drei Töchter.

Vater August überschrieb das Haus in der Hauptstraße 20

auf seinen Sohn Max, der seine Geschwister nach und nach auszahlte. Für Vater August war nun gesorgt. Doch für Max blieb das Studium weiter ein unerfüllter Traum.

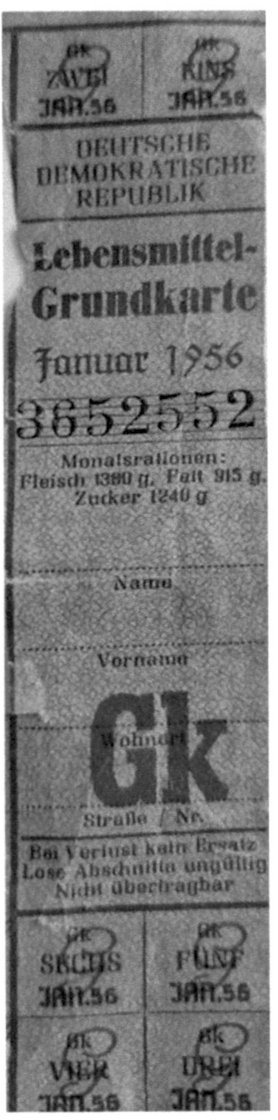

ZWEI JAN.56 EINS JAN.56

DEUTSCHE DEMOKRATISCHE REPUBLIK

Lebensmittel-Grundkarte

Januar 1956

3652552

Monatsrationen:
Fleisch 1380 g, Fett 915 g,
Zucker 1240 g

Name

Vorname

GK

Wohnort

Straße / Nr.

Bei Verlust kein Ersatz
Lose Abschnitte ungültig
Nicht übertragbar

SECHS JAN.56 FÜNF JAN.56

VIER JAN.56 DREI JAN.56

Abb. 81: Mittelteil von einer Lebensmittelkarte aus dem Jahr 1956. [47]

Ilona kann sich noch an das Ende des Krieges erinnern, als die amerikanischen Besatzungstruppen die wenigen Lebensmittelvorräte, meist Eingewecktes, aus dem Keller holten. Aber auch die Federbetten, Bestecke und Geschirr nahmen sie in die Häuser mit, wo die Soldaten einquartiert waren.

Traumatische Zustände wie in jedem Krieg, auch denen, die heute in der Welt toben, wo die armen daran unschuldigen Menschen die Zeche bezahlen.

Max brachte regelmäßig seinen kleinen Lohn aus dem Sägewerk nach Hause. Das war zu diesen Zeiten nicht in allen Familien so, denn viele Gasthöfe lagen am Nachhauseweg. Deshalb wurden manche Männer am Lohntag auch von ihren Frauen von der Arbeit abgeholt.

Unsere Generation hat die Rationierung von Lebensmitteln, Brennstoffen und Bekleidung durch die Ausgabe von Bezugsscheinen u. a. noch erlebt. Bereits kurz vor Ausbruch des Zweiten Weltkrieges wurden Bezugsscheine bzw. diverse Karten für Kartoffeln, Brot, Eier, Fett, Kleidung usw. eingeführt, wie es schon im Ersten Weltkrieg praktiziert wurde. Nach Kriegsende wurde das System durch die Besatzungsmächte beibehalten, um den Mangel zu verwalten und eine Hungersnot zu vermeiden.

Erst im Mai 1958 entfielen die Lebensmittelkarten (Abb.

81) in der DDR. In der Bundesrepublik Deutschland wurde die Rationierung bereits 1950 abgeschafft.

Um die Situation der damaligen Nachkriegszeit zu verdeutlichen, nachfolgend einige ausgewählte Einträge aus Max seinen kleinen Tagebuch, wo er sporadisch für ihn damals wichtige Ereignisse eintrug, z. B. die nachfolgende Übersicht der Lebensmittelrationierung in der russischen Besatzungszone von Juli 1946 (täglich in Gramm):

	Brot	Fleisch	Fett
Schwerstarbeiter	450	20	15
Schwerarbeiter	400	20	15
Arbeiter	350	15	10
Angestellte	300	15	10
Kinder u. a. Pers.	200	10	10

Des Weiteren nachfolgende Ereignisse:
- Im April 1947 neues Gartengrundstück am Holzberg angelegt. Oktober für 45 RM Obstbäume und Sträucher gepflanzt.
- 20.09.1947: Ein junges Zicklein vom Bahnhof Rennsteig abgeholt. Tausch gegen 1 Gans und 1 Zentner Kartoffeln.
- 21.09.1947: Tabak restlos abgeerntet.
- Mai bis Sept. 1947 – größte Trockenheit seit Jahrzehnten.
- 17.4.1949, Ostern: Mit Ella und Ilona zusammen in Stützerbach bei Oma.
- Von Rückert aus Kassel, Hartungstraße 22, eine Radioröhre AL 4 erhalten für 21,05 Westmark = Ostmark 77, der Umrechnungskurs 1:3,85.
- 4. bis 7.10.1949: Obere und untere Stube sowie Küche tünchen lassen.
- 1950: Am 17. Febr. Ilona ins Krankenhaus Eisfeld. Am 29. März Ilona aus dem Krankenhaus entlassen.
- 21.5.1950: Brigittes Hochzeit.
- 30.7.1950: Ella Lesegottesdienst in der Kirche zu Unterneubrunn als Stellvertreterin für Pfarrer Majdam.
- Erwins Tochter Gisela Trauung, Heubach am 11.11.1950.
- 1952: Vom 3.-25.8. Ilona im Ferienlager in Mirow in Mecklenburg.

Nur wenig konnte man für den Lohn kaufen. So machte Max sich, wie viele andere, am Wochenende zum „Hamstern" auf den Weg. Er musste möglichst Brot, Kartoffeln und anderes Essbares in der Region um Eisfeld bei den Bauern kaufen oder eintauschen.

Eines Tages brachte Max ein Ferkel aus Römhild mit, das sie nun im Keller bzw. in der kleinen Überdachung davor einquartierten und für eine Hausschlachtung fütterten.

Kleinvieh gehörte in dieser Zeit eigentlich zu jedem Haushalt. Dies war wie ein kleiner Garten wichtig, um in dieser Zeit zu überleben.

Ilona erinnert sich, dass sie als Kind die Gänse hüten und beim Futter holen, teils oben von der Wiese am Kriegerdenkmal, für die Ziege helfen musste. Mit der Milch der Ziege ist sie aufgewachsen und spürt heute noch eine Abneigung gegenüber diesem Nahrungsmittel.

Im Jahr von Ilonas Schuleinführung kam noch eine Sorge hinzu: Ilona wurde nach wenigen Monaten krank, verbrachte fast zwei Monate in Eisfeld im Krankenhaus.

Abb. 82: Ella u. Max mit den Töchtern Brigitte u. Ilona um 1965. [47]

Die Freundinnen standen ihr zur Seite und halfen, die Lernrückstände nach ihrer Genesung aufzuholen.

Max arbeitete bis zu seiner Rente als Kreissäger im Dampfsägewerk Hermann Scheller, später war dieser ein Zweigbetrieb des VEB Holzindustrie Hildburghausen.

Nach der Arbeit bewirtschaftete die Familie kleine Pachtflächen als Garten auf dem Holz- und Sommerberg. Der Boden ist karg, mehr Steine als Erde. Die Ernten fielen zum Aufwand gesehen, sehr gering aus.

Die Frau von Max, Ella, montierte in Heimarbeit Kleiderbügel. Oft saß die ganze Familie bis spät in der Nacht gemeinsam in der Küche und half der Mutter bei der Montage der Kleiderbügel. Die vorgegebene Anzahl musste geschafft werden. Die Familie brauchte den Lohn für den Einkauf.

Für 1953 notierte Max in seinem Notizbuch den Lohn, den sie für die fertigen Kleiderbügel erhielten:
- 500 Stück mit Steg   13,50 Mark
- 500 Stück mit Haken   9,00 Mark
- 500 Stück einfach   7,50 Mark
- 500 Stück K. Bügel   5,75 Mark.

Die Artikel wurden mit Handwagen zu einer Annahmestelle des Betriebes gebracht und abgeliefert.

Die oftmals prekäre Lebenssituation Anfang des vorigen Jahrhunderts mancher Familien soll eine Anekdote von Hermann Eichhorn aufzeigen: *„Einmal fehlte im Nachmittagsunterricht ein Klassenkamerad. Ich wurde vom Lehrer zu den Eltern geschickt.*

Die Eltern waren nicht anwesend und die ältere Schwester sagte mir: ‚Julius ist in den Brunnenkasten gefallen. Ich muss erst sein Hemd wieder trocknen; er hat nur eins.'

Lehrer Panzer gab sich mit dem Bescheid zufrieden. Er kannte die Not der Leute." [54]

Abb. 83: Ilona, Konfirmation 1957. [47]

Diese Episode bestätigt die Schilderungen von Max' Onkel Anton (siehe Kapitel 15.1. und 15.12), die dieser in seinen Kindheitserinnerungen niederschrieb und für die Nachwelt aufbewahrte. Die Zeit nach dem Zeiten Weltkrieg war nicht viel anders.

Betrachtet man die Situation Mitte bis Ende der fünfziger Jahre, so muss man leider konstatieren, dass zur Vorkriegszeit bei den Lebensverhältnissen wenig Verbesserungen für die Bewohner in den Dörfern eingetreten sind.

Ilona begann früh das Mandoline spielen zu erlernen und

war Mitglied eines Orchesters, das u. a. zur Unterhaltung der Mitte der fünfziger Jahre zunehmenden Urlauber in Gießübel aufspielte.

Abb. 84: Mandolinenorchester Gießübel um 1956. Ilona Schaab, in der mittleren Reihe 2. von links. [47]

1957 wurde Ilona konfirmiert, beendete die Grundschule und ging in die Wirtschaftspflegeschule nach Hildburghausen, begann die Lehre im Krankenhaus Schleusingen als Krankenschwester.

Sie erreichte den Fachschulabschluss an der medizinischen Schule Meiningen, arbeitete u. a. als Zweitschwester im Krankenhaus. Nach der Wende musste sie sich neu bewerben. Aufgrund ihrer großen stationären Erfahrung wurde sie in den Sozialdienst im Krankenhaus Ilmenau übernommen. Ein erfolgreiches Berufsleben endete für sie 2006.

Mitte der sechziger Jahre lernte ich während des Skiurlaubs in Neustadt/Rennsteig beim Karneval im Gießübler Kulturhaus Ilona kennen und lieben.

Der Gießübler Karneval war damals weit über das Schleusetal hinaus bekannt und beliebt.

Für mich begann eine Zeit, in der ich verstand, dass in den sechziger Jahren „die Moderne" in den Dörfern des Thüringer Waldes noch nicht angekommen und die Armut nicht überwunden war. Kein Vergleich mit einem Leben und der Versorgung wie im Industriegebiet um Halle/Saale, wo ich arbeitete und wohnte.

Wir heirateten im Jahre 1967 in der Kirche „Zur Heiligen Dreifaltigkeit" in Gießübel. Die Feier fand im Gasthof „Schwarzer Adler" statt – heute noch die einzige von früher vielen Gaststätten im Dorf.

Ich, Student, ein für die damalige Zeit in recht modernen Wohnungen in der Stadt aufgewachsener Junge, war überrascht, dass es hier auf dem Dorf in kaum einem Haus WC und Bäder gab, wie ich sie kannte.

Auch das Haus von Ella und Max hatte nur ein „Plumpsklo" im Keller, das in Abständen durch Max manuell geleert und der „Inhalt" als Dünger auf dem Rücken den Berg hinauf in die Gärten und auf die Wiesen getragen werden musste.

Später erfuhr ich, dass in vielen Häusern diese Art Toiletten vor

Abb. 85: Ilona Schaab u. Gerd Pechstein, Hochzeit, 1967. [47]

handen waren, diese teils als „Herzhäuschen" auch noch in den Höfen standen, oft mit längerem Weg verbunden.

Für die heutige Generation ist die damalige Situation, in der die Bewohner im Winter leben mussten, nicht vorstellbar. Doch Generationen mussten so damit leben.

Ich wollte mich nicht damit abfinden, diskutierte immer wieder mit den Schwiegereltern. Max kümmerte sich auch, doch der Klempner lehnte immer wieder die Arbeiten wegen fehlenden Materials ab. Gleiches galt für die dazu notwendige Klärgrube.

Wie sagt man heute, ich war ein wenig in den Buna-Werken in Schkopau „vernetzt" (früher hatte man „Beziehungen") und nutzte diese auch.

Bald hatte ich alle Genehmigungen und konnte im

Rahmen des Betriebsverkaufs für Werksangehörige die notwendigen verzinkten Rohre, Abwasserrohre und Fittings sowie Moniereisen für den Bau des Bades, der Toilette und der Klärgrube abholen und in unserem Trabant nach Gießübel schaffen.

Wenn auch die Schachtarbeiten alles von einem jungen „Städter" abverlangten, es ging zügig voran. Der Beton wurde geliefert, was die Fertigstellung der Klärgrube entsprechend dem Projekt beschleunigte.

Da alles Material nun vorhanden war, erledigte der Installateur-Meister Voigt zügig die Montageleistungen im Haus (einschl. Bad mit Durchlauferhitzer) und den Anschluss zur Klärgrube. So konnten Ella und Max noch viele Jahre im Alter diese sanitären Annehmlichkeiten nutzen. Auch für unsere Besuche ein großer Vorteil.

Diese Anekdote verdeutlicht, dass man, auch wenn man das Geld für die Modernisierung hatte, oft keinen Handwerker für die Erledigung der Arbeiten fand. Der Mangel in fast allen Bereichen des Alltags beherrschte in dieser Zeit das Leben im Dorf.

Abb. 86: Ilona Schaab, Elke Brückner, Hannelore Ackermann und als interessierter Zuhörer Gunter Hess (von links). [46]

Erst nachdem Gießübel zu einem beliebten FDGB-Ferienort wurde, stiegen die Einnahmen insbesondere der Familien, die Zimmer vermieteten oder im Tourismus eine Arbeit fanden.

Das kulturelle Leben im Dorf entwickelte sich und auch Ilona spielte mit anderen Musikanten für die Urlauber im neuen Kulturhaus (eröffnet um 1957) auf.

Max spielte in seinen Jugendjahren Violine. Doch die schwere Arbeit im Sägewerk und der tägliche Kampf um die Sicherung des Essens und des Brennmaterials beendeten dies Hobby während und nach dem Krieg abrupt.

Die schwere Arbeit setzten den Händen zu. Die Beweglichkeit der Finger nahm ab und taugten nicht mehr zum Violine spielen.

Ein wenig übertrug sich die Leidenschaft des Musizierens auf Brigitte, die Zither spielte, und Ilona, die die Mandoline als Instrument wählte – eine musikalische Familie.

Abb. 87: Gruppenbild aus Gießübel um 1937. Vorn in der Mitte Brigitte Schaab, Ort und Anlass der Aufnahme nicht bekannt. [47]

15.6.4. Erwin

Erwin wurde als dritter Sohn am 07.09.1905 geboren. Es wurde langsam eng in dem kleinen Haus. Auch er fand nach der Schule in der Holzindustrie einen Arbeitsplatz.

Abb. 88: Erwin Schaab, um 1940. [55]

Er heiratete Alma Voigt, die am 07.01.1907 geboren wurde.

Ende der dreißiger Jahre muss er in einem Erholungsheim in Königsee/Thür. gewesen sein.

Er war gut gelaunt und schrieb seinem Bruder Edgar eine Ansichtskarte:

„Lieber Bruder Edgar, von einer schönen Aussicht komme ich zur Einsicht und sende Dir mit Absicht eine schöne Ansicht." [47]

Erwin scheint ein humorvoller Mensch gewesen zu sein.

Er wurde recht früh zum Militär eingezogen. Die Geschwister blieben über die Feldpost in Kontakt.

Es ist noch heute sehr aufwühlend, wenn man sich in die Situation der Familien in der damaligen Zeit versetzt.

Anlässlich eines Geburtstages seiner Mutter gratulierte er ihr mit einer Glückwunschkarte:

„Liebe Mutter! Wünsche Dir zu Deinem diesjährigen Geburtstag Gesundheit, alles Gute. Verlebe noch recht viel solcher Tage im Kreise Deiner Kinder, die zwar fern von Dir weilen.

Aber einst wird noch dieser Tag kommen, für immer bei Euch zu sein. Nochmals alles Gute und viele Grüße Dein Sohn Erwin". [47]

Es ist bedrückend, wenn man weiß, dass vielleicht nur wenige Monate danach seine Mutter und die Ehefrau die Nachricht vom Tod ihres Sohnes bzw. Ehemannes an der Front erreichte. Es läuft mir ein kalter Schauer als heutiger Betrachter über den Rücken, wenn man sich in die Situation der Frauen und Mütter versetzt, die dann auf Briefen oder Postkarten diesen Propagandastempel (Abb. 89) lesen mussten:

„Den Kämpfer der Front stützt Du, deutsche Frau, Daheim.“

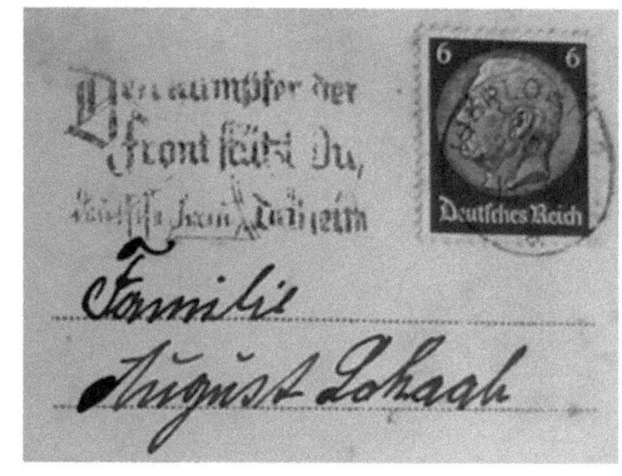

Abb. 89: Propagandastempel auf einer Karte von Edgar mit Grüßen an Erwin und Max, um 1942. [47]

Zwei Kinder wurden in Erwins Ehe geboren: Gisela und Siegfried.

Doch die Geschwister mussten ohne Vater im Haus aufwachsen, denn dieser fiel während des Zweiten Weltkrieges 1944 an der Front in Galizien bzw. wird vermisst.

Alma teilte das Schicksal vieler Mütter, deren Männer im Krieg sinnlos starben. Sie musste allein für den täglichen Lebensunterhalt der Kinder sorgen, sie erziehen. Ihnen den Weg trotz der enormen wirtschaftlichen

Abb. 90: Erwin, Alma und Gisela, um 1937. [55]

Abb. 91: Wohnhaus der Familie Rose, ehemals von Alma und Erwin. [47]

Schwierigkeiten in eine bessere Zukunft ebnen. Der zweite Schicksalsschlag traf Alma mit dem tragischen und frühen Unfalltod des Sohnes Siegfried.

Die Tochter Gisela heiratete Egon Rose. Fünf Kinder sind aus ihrer Ehe bekannt.

Abb. 92: Schwiegertöchter von August Schaab: Links Ella (Max) mit Tochter Ilona. Rechts Alma (Erwin) mit Sohn Siegfried und Tochter Gisela, hinten links, 1944. [55]

Abb. 93: Aufnahme aus Anfang der 50-iger Jahre: Alma (Zweite von rechts, daneben Tochter Gisela und Sohn Siegfried. [55]

Abb. 94: Alma Schaab und Tochter Gisela. [55]

15.6.5. Edgar

Edgar erblickte am 02.01.1913 das Licht der Welt. Er entschied sich nach der Schule, den Beruf des Konditors und Bäckers zu erlernen.

Vielleicht gefiel es ihm, wenn er mit der Mutter die Kuchen zum Bäcker unweit des Hauses schaffte und er diesem beim Backen zusehen konnte.

Bei welchem der vielen Bäcker in Gießübel, sieben sollen es zeitweise gewesen sein, er lernte, ist nicht bekannt.

Es ist anzunehmen, dass er bei dem Bäcker Brückner in der Nachbarschaft lernte. Darauf deutet die Glückwunschkarte des Bäckers zur Konfirmation (Abb. 96).

Abb. 95: Während der Meisterausbildung um 1935. Links die Tochter des Bäckermeisters Dennler, Weida, Edgar Schab, Ernst Brückner, Gießübel, und Hugo Eismann aus Plauen sowie rechts Frau Gudrun Gerstenberger aus Steinbrücken. [47]

Edgars Ziel war es schon früh, Bäckermeister zu werden und eine eigene Bäckerei zu betreiben.

Er stand scheinbar lange Jahre mit Ernst Brückner aus Gießübel im Kontakt, vielleicht war es auch eine Freundschaft, denn auch Ernst lernte wohl mit in seinem Meister-Lehrgang (Abb. 95, Bäckerei Dennler Weida, in der Greizer Str. 11).

Möglich auch, dass sie bereits gemeinsam in der Lehre in der Bäckerei Otto Brückner gewesen sind.

Edgars Mutter Gottliebe war stolz auf den Ehrgeiz des Jungen, seine Zielstrebigkeit, sich als Bäcker selbständig zu machen.

In einem Brief vom 17.05.1936 schreibt sie ihm u. a.:

Abb. 96: Glückwünsche zu Edgars Konfirmation von Bäckermeister Otto Brückner. [47]

„Solange Albert fort ist, bin ich ganz tiefsinnig. Lieber Sohn, nun hast Du den ersten Teil von Deiner Prüfung überstanden. Nun wirst Du mit Gottes Hilfe und Beistand auch das Letzte durchsetzen. Tag und Nacht gedenken wir an Dich, was Du jetzt machen musst."

Edgar lernte fleißig für die Meisterprüfungen, arbeitete in verschiedenen Bäckereien wie in Benshausen, Weida u. a., immer dabei auf der Suche eine Bäckerei zu übernehmen.

In Großebersdorf bei Weida, mit der Bäckerei Albin Burghold, scheint er fündig geworden zu

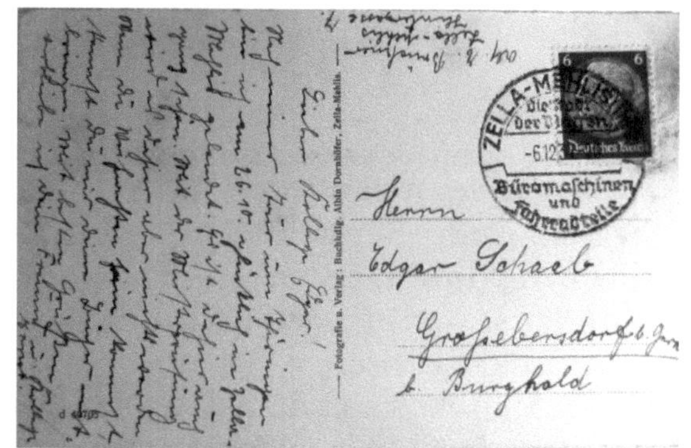

Abb. 97: Postkarte (6.12.1937) von Ernst Brückner, in der er Edgar darum bittet, seine Bücher, die er zur Meisterausbildung benötigte, ihm mitzubringen. Seine Prüfung war ins nächste Jahr verschoben. [47]

sein. Aufgrund einer Karte (Abb. 97) von Ernst Brückner nach Großebersdorf ist anzunehmen, dass Edgar den Meisterbrief 1937 erhalten hat.

1939 stellte er ein für sein Leben folgenschweres Gesuch, um vorzeitig den Militärdienst ableisten zu können (Abb. 98). Er war inzwischen Bäckermeister, hatte eine Wohnung in Großebersdorf und wollte dort die Bäckerei übernehmen.

Die Einberufung kam schneller als gedacht, denn am 27.06.1939 teilt Edgar seinem Bruder Albert mit, dass er beim Panzerregiment Nr. 2 in Eisenach ist.

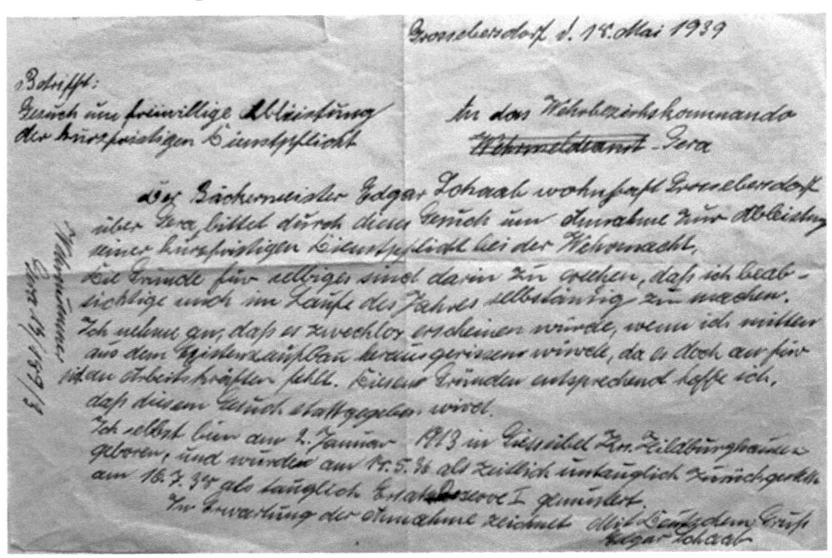

Abb. 98: Edgar Schaab, Antrag vom 13. Mai 1939 auf vorzeitige Ableistung des Wehrdienstes. [47]

Schon Ende September 1939 hatte man sein Regiment nach Zyrardow in Polen verlegt.

Zunächst war er noch hoffnungsvoll, bald in „seine Bäckerei" zurückzukehren.

Doch Monate nach dem Kriegsbeginn fand man keine Aussage mehr dazu in den Postkarten an die Eltern und Brüder. 1940 meldete er sich aus der Region Paris und berichtete erfreut, dass *„ich heute 5-mal Post bekommen habe, darunter von Anton, Albert und der Ortsgruppe."* [47]

Sein Onkel Anton aus Kassel hatte ihm ein Weihnachtspaket geschickt, wofür er sich bedankte. Inzwischen zum Obergefreiten befördert, meldete Edgar im April 1941 sich aus Timisoara/Rumänien (Temeschburg, wie er schreibt) und übermittelte „Grüße an meine Gießübler".

Am 4.12.1941 schreibt Edgar an den Bruder Max:

„Ich bin ständig mit Euch Lieben in der Heimat verbunden, sei es im Briefwechsel, oder im stillen Gedenken auf einsamer Wache. Der Feldzug hat uns hart geschmiedet, wir können schon allerhand vertragen.

Ja, lieber Bruder, mit Urlaub wird es wohl vorläufig nichts werden, für uns sind die Operationen noch nicht ganz abgeschlossen." [47]

Mitte Juli 1943 äußert sein Bruder Albert in einem Brief Zweifel daran, ob Edgar noch am Leben ist (siehe 15.5.6).

War es die fehlende Post von Edgar oder die durchsickernden Meldungen über die verlorene Schlacht von Stalingrad, wo Edgar im Einsatz war und hunderttausende Soldaten den Tod fanden?

Die Familie scheint irgendwann über seinen Tod informiert worden zu sein. Einen Beleg fand ich nicht.

Der Mutter Gottliebe zweitjüngster Sohn, dem sie so sehr wünschte, dass er seinen Traum von der Selbständigkeit und einer kleinen Familie erfüllen konnte, er sollte nie mehr in das kleine Elternhaus in Gießübel kommen.

All das brach der Mutter Gottliebe das Herz.

Abb. 99: Edgars Konditorei-Lehrbuch. [47]

Was blieb, und Max lange zur Erinnerung an seinen Bruder behielt, war Edgars Konditorei-Lehrbuch.

Ein junges Leben endete in einem sinnlosen Krieg, wurde geopfert einer menschenfeindlichen Ideologie und den perversen Fantasien machtbesessener Politiker.

15.6.6. Albert

Albert, am 24.09.1915 geboren, trug fortan den Nachnamen Schab. Der Standesbeamte wollte es so. Dies unterschied ihn ein Leben lang von seinen Geschwistern.

Zunächst arbeitete auch er im Sägewerk in Gießübel.

Bereits um 1936 wurde er zum Militärdienst, vielleicht als Zeitsoldat, einberufen.

Er wurde nach Salzburg und Lienz abkommandiert und mit seinem Regiment dazu eingesetzt, den Anschluss Österreichs im September 1938 an das Deutsche Reich zu vollziehen.

Von dort wurde seine Militäreinheit nach Dürnholz in Mähren geschickt,

Abb. 100: Albert, um 1936. [47]

um diese Gebiete, wie es in der damaligen Propaganda hieß, „heim ins Reich" zu holen. Wo und ab wann es zu Fronteinsätzen kam, ist aus der Feldpost nicht zu erkennen.

Er scheint jedoch gleich zu Beginn des Weltkrieges 1939 am Bein verwundet gewesen zu sein; vielleicht war es auch ein Unfall. Deshalb wurde in das Lazarett nach Hermsdorf/Thür. verlegt. Er schreibt seinen Eltern am 10.09.1939:

„Also zu befürchten ist nicht, dass mein Bein steif wird. Ich kann auch das Knie schon etwas bewegen." [47]

1940 befand er sich wieder in Salzburg.

In einem Brief vom Juli 1943 an seinen Bruder Max findet man nicht mehr den anfänglichen Enthusiasmus. Manches wirkt nachdenklicher,

Abb. 101: Albert, 30-er Jahre. [47]

zukunftsunsicher. Im Brief teilt er mit, dass er sich freut, bei Max' Tochter Ilona Pate geworden zu sein und bedauert, dass er nicht an der Taufe teilnehmen konnte. Als Absender steht nur: „Im Felde".

Doch die größte Sorge galt seinem Bruder Edgar und den Eltern. Er schreibt weiter an Max:

„Wie steht es überhaupt mit unserm Bruder Edgar, ist er noch am Leben. Werdet Ihr wohl auch nicht wissen, was? Ich finde Tag und Nacht keine Ruhe.

Wenn er doch noch am Leben wäre, müsste er doch schon längst mal geschrieben haben. Habt Ihr überhaupt schon Ermittlungen angestellt, es müsste doch festzustellen sein.

Lieber Bruder, geh mir oft zu unseren Eltern, tröste sie und bring sie darüber hinweg. Denn sie sind schon alt, sind dadurch empfindlicher, ... besonders die Mutter." [47]

Es war die Zeit des Zweiten Weltkrieges, als die Siegesmeldungen rar wurden, aber bei den Familien die Nachrichten vom Tode eines Angehörigen zunahmen.

Es überwogen die Sorgen um die Angehörigen im Krieg, immer öfter mussten die Frauen das Leben mit den Kindern neu ordnen – allein, ohne den Mann an ihrer Seite. Oft verzweifelt, da man nicht wusste, wie alles enden bzw. weitergehen sollte.

Albert heiratete während eines Fronturlaubes 1943 Lisa Schmidt in Stützerbach. Aus der Ehe gingen die beiden Mädchen Manuela und Marion (Abb. 102) hervor.

Er überlebte den Krieg, konnte mit seiner Frau das Familienleben und die Zukunft neu planen.

Fand in Stützerbach seine neue Heimat. Arbeitete dort in der Glasindustrie

Zu den Eltern und der Familie

Abb. 102: Die Töchter von Albert: Manuela u. Marion Schab, um 1967. [47]

von Max in Gießübel hielt er immer Kontakt. Meist kam er mit dem Fahrrad zum Kurzbesuch über den Rennsteig.

Eine mühsame, aber damals normale Reisemöglichkeit. Bus oder Zug waren zu umständlich. Die Fahrtzeiten passten meist nicht.

Später war es für die Kinder ein Erlebnis beim Besuch mit den Kindern von Tante Brigitte und den Nachbarskindern in Gießübel spielen zu können.

Albert verstarb im Alter von 82 Jahren in Suhl.

Abb. 103: Besuch in Gießübel: aus Stützerbach (Töchter von Albert Manuela und Marion, 2. Reihe links) und Meiningen (Enkel von Max: Heidrun, Helga, Angelika, Manfred).
Dazu Nachbarskinder Sylvia (hinten rechts), und Günter (vorn links) Eichhorn. [53]

15.7. Heinrich Julius Martin Emil

Der Junge wurde am 17.09.1879 geboren. Er starb jedoch schon im Kindesalter am 17.04.1885.

15.8. Thekla Maria

Thekla wurde am 17.05.1882 noch im schönen Wohnhaus der Müllerfamilie geboren. Doch nur kurze Zeit währte dort die unbeschwerte Kindheit.

Abb. 104: Thekla Maria Schaab, um 1907. [71]

Am 24.10.1909 heiratete sie Albert Voigt.

Wie in Gießübel üblich, hatte auch Albert einen Spitznamen: Balzer. Dieser ging auch auf seinen Sohn und Enkel Gregor über.

In der Ehe wurden sechs Kinder in Gießübel geboren:

1. Anna Elsa Rosa, *01.06.1910, +08.10.2001 in Gießübel, oo 09.10.1932 mit Otto Karl Warlich.
   Deren Kinder sind Margarethe, oo mit Heinz Grau, und Marie-Luise, verh. mit Michael Haug.

2. Alfred Max Otto, *29.01.1912, oo mit Toni Brückner. Sohn Gregor wurde am 02.01.1938 geboren und heiratete Inge Wittig. Ihr Sohn heißt Christian.

3. Ida Rosa Emma, *20.03.1914, oo 21.10.1934 mit Valentin Hörnlein. Ida starb am 11.06.2009 im Alter von 96 Jahren in Schönbrunn. Ihre Kinder sind:
   Rolf (*22.02.1935) und Klaus (*02.03.1944).

4. Luise, *22.09.1919, oo 11.10.1942 mit Hermann Eichhorn (Abb. 105).
   Sie haben die Töchter
   – Karin (oo Liebscher) und
   – Birgit (oo Reder).
   Luise starb 1987 in Zella-Mehlis.

5. Ilse ist jung mit 18 Jahren verstorben.

6. Emma Elsa Hedwig, *27.07.1922, oo 27.05.1950 mit Albert Lösch (Abb. 106). In ihrer Ehe wurde der Sohn Wolfgang und die Tochter Andrea geboren. Fotos am Ende des Kapitels.

Abb. 105: Hochzeitspaar Luise Voigt und Hermann Eichhorn 1942. [45]

Es war ein schweres, ärmliches Leben, das Thekla und Albert mit ihrer Familie bewältigen mussten. Sie waren aber damit nicht allein im Dorf, sondern eine Familie von vielen.

Trotzdem wurden die Kinder zu fleißigen und verantwortungsvollen Menschen erzogen.

Man hatte für die Zukunft nur einen Wunsch: Die Kinder sollten es einmal besser haben!

Um im Winter nicht zu frieren, sammelte man, wie fast alle Dorfbewohner, hoch oben auf dem Berg im Wald Holz: keine großen Stücke, sondern meist dünne Äste. Dazu benötigte man oft einen Holzsammelschein.

Auch ich habe es noch erlebt, dass die Bewohner nach Spaziergängen meist mit einem Ast oder auch mehreren Ästen in der Hand nach Hause kamen.

Abb. 106: Emma und Albert Lösch 1986. [71]

Das Futter für das Kleinvieh musste mühsam auf den Wiesen am Waldrand hoch oben auf dem Berg mit der Sichel oder der Sense gemäht werden. Im Tragekorb bzw. Hähkurb (Heukorb, Abb. 107), Handwagen oder Schubkarre wurde es auch noch im hohen Alter ins Tal transportiert.

Abb. 107: Thekla Voigt beim Heutransport. [43]

Im Dorf konnte man das Notwendigste kaufen. Es gab um 1965 mehrere Bäcker, einen Fleischer, Konsum, HO, mehrere Gaststätten, einen Haushaltsladen, Friseur, Post, Sparkasse, die Gemeindeschwester, das Kulturhaus, usw.

Eigentlich war damit all das da, was viele Menschen heute in den Gemeinden an Infrastruktur vermissen. Doch das Angebot an Waren und die Einkommen der Bürger hielten sich, vorsichtig gesagt, in engen Grenzen.

Man war es gewohnt, hatte sich und die Lebensansprüche an diese Situation angepasst. Die Menschen ließen sich davon nicht abhalten, Jubiläen und andere Ereignisse auch unter diesen Bedingungen festlich gemeinsam mit Familie und Freunden zu begehen.

Auch die Familie Voigt traf sich zu solchen Anlässen meist im Haus der Großeltern, die so an der Entwicklung der Kinder, Enkel und Urenkel teilnahmen.

Abb. 108: Rechts - Thekla Voigt mit Enkelin Andrea und Birgit (rechts im Kleid) vor ihrem Haus. [45]

Thekla starb nach einem erfüllten Leben am 29.03.1978 im 96. Lebensjahr in Gießübel. Ihr Mann Albert war bereits mit 86 Jahren verstorben.

Die Enkelin Birgit erinnert sich noch gut an ihre Oma: *„Thekla war eine kleine, quirlige und lustige Frau, obwohl sie ein schweres Leben hatte und das Dorf kaum verließ. Sie suchte stets Kontakt zu ihren Nachbarn im Ort und hatte immer einen lustigen Vers auf den Lippen. Thekla war 27, als sie ihren Albert heiratete. Da sie*

Abb. 109: Diamantene Hochzeit im Jahre 1969 - Thekla und Albert Voigt mit ihren Kindern (von links) Emma, Ida, Otto, Luise, Anna. [43]

Abb. 110: Die Jubilare Thekla und Albert mit den Enkeln. Immer von links, hintere Reihe: Gregor Voigt, Marlis Haug, Grete Grau, Klaus und Rolf Hörnlein.
Reihe links darunter: Barbara und Elisabeth Warlich.
Reihe darunter: Karin Eichhorn, Angela Warlich, Birgit Eichhorn, Doris Warlich. Hinter Großeltern: Andrea Lösch. [71]

zur Hochzeit ihre Jungfräulichkeit schon verloren hatte, schnitt am Tag der Hochzeit ihre Mutter das Myrtenkränzchen auf dem Kopf auf.

Myrtenzweige gelten auch heute noch als Symbol der Liebe und Jungfräulichkeit. Thekla hat bitterlich geweint. So war es aber damals.

Theklas Mann war sehr streng. Auch die Kinder erzählten, dass am Tisch nicht gesprochen, gelacht, geschmatzt und mit dem Besteck auf dem Teller gekratzt werden durfte.

Albert saß stets aufrecht auf dem Stuhl und ließ sich gerne von seiner Frau bedienen. Bevor nicht der Zucker im Kaffee war und Thekla den Kaffee umgerührt hatte, begann Albert nicht zu frühstücken.

Aber er trug auch fleißig zum Familieneinkommen bei. Bis ins hohe Alter arbeitete er im Sägewerk und nagelte Kisten zusammen.

In seiner knappen Freizeit ging er oft in den Wald und sammelte Heilkräuter und ‚Holz-Büchala‘, damit es im Winter

Abb. 111: Wohnhaus von Thekla und Albert Voigt. [45]

warm war. Seine müden und vom Rheuma geplagten Knochen rieb er sich abends oft mit einer Tinktur aus Waldameisen und Arnika ein.

Thekla war für den Haushalt, die Kinder, den Garten und das Vieh verantwortlich. Hühner gaben Eier und eine Ziege Butter, Milch und Käse. Gemüse wurde im Garten angebaut.

Oft war das Essen sehr kärglich. Meine Mutti erzählte: ‚Auf dem Tisch stand eine Schüssel Kartoffeln, Salz und es gab für alle einen Hering. Man strich mit einer Kartoffel über den Fisch, um etwas vom Geschmack abzubekommen.‘

Auch die Wohnverhältnisse waren ärmlich. Damit die kleine

Familie überhaupt eine Unterkunft hatte, wohnten sie zunächst bei Albrecht Löhlein im oberen Stock. Vom November 1914 bis 1918 war Albert im Ersten Weltkrieg und wurde 1915 verwundet. Nach seiner Rückkehr vergrößerte sich die Familie und aus diesem Grund kauften sie die Hälfte des alten Wirtshauses in der Rehbachstraße.

Der alte Gastraum wurde später die ‚gute Stube‘. Dort stand früher noch ein Betonpodest, auf dem zu Zeiten der Gaststätte noch Musik gespielt wurde.

Albert begann oben eine Kammer auszubauen. Unter dem Dach waren nur Bretter angenagelt und die Wände waren schräg. Im Winter war es bitterkalt.

Aufgeheizte Backsteine wärmten die Betten. Die Kinder schliefen zu dritt in einem Bett. Zwei oben und einer unten.

Die Küche hatte zuerst weder fließendes Wasser noch Abfluss. Albert legte Wasser und zog eine Wand ein. Für diese Bauarbeiten borgte er sich Geld von Theklas Schwestern Anna und Lonny.

Die Familie hat immer sehr bescheiden gelebt. Für Thekla war es schon ein Höhepunkt, einmal auf einem Motorrad zu sitzen und durch das Dorf zu fahren.

Abb. 112: Goldene Hochzeit 1959 – Thekla und Albert Voigt. [45]

Als sie uns in Suhl einmal besuchte, erklärten wir ihr, dass wir jetzt mit einem Fahrstuhl in die Wohnung fahren. Sie betritt den Fahrstuhl und fragt ganz erstaunt: ‚Und wo ist jetzt der Stuhl zum Sitzen?‘. Alle konnten sich das Lachen nicht verkneifen.

Thekla hat bis ins hohe Alter ihre selbstgenähten ‚Dumpen‘ (Hausschuhe) getragen. Diese bestanden aus alten Stoffresten und die Sohle aus alten Sackleinen.

Als sie schon über 90 war, wurde ihr dies zum Verhängnis. Auf Glatteis stürzte sie und brach sich den Oberschenkel. Wie *ein ‚Stehaufmännchen' war unsere Thekla. Lange hielt sie es auf dem Krankenlager nicht aus und widmete sich bald wieder ihrem Haushalt.*

Oft saß sie am Fenster, klopfte mit ihren Fingern und wartete darauf, dass jemand vorbeilief, mit dem sie ein Schwätzchen halten konnte. Gedichte und sogar einen alten Liebesbrief konnte sie bis ins hohe Alter aufsagen.

Mit 96 Jahren stürzte sie wieder und musste nach Hildburghausen ins Krankenhaus.

Als wir sie dort besuchten, sagte sie nur: ‚Off deiner Hochzich tanz ich noch.' Leider hat sie es nicht mehr geschafft.

Alle Familienmitglieder haben Thekla geliebt. Sie war eine herzensgute Frau. Ihre fünf Kinder haben sie geachtet und geschätzt und auch wir Enkel und Urenkel werden sie stets liebevoll in Erinnerung behalten."

Zum Abschluss noch zwei Fotos der Familie von Theklas Tochter Emma Elsa Hedwig, verheiratet mit Albert Lösch.

Abb. 113: Hochzeit Emma Voigt und Albert Lösch 1950. [71]

Abb. 114: Richard Lösch und seine Frau Hulda, geb. Beetz mit Kindern Albert (links) und Manfred, 1942. [71]

15.9. Metha Ida Helma

Sie wurde als achtes Kind am 18.05.1884 geboren. Metha soll im Kindesalter bereits verstorben sein.

15.10. Anna Emma Rosa

Anna Emma Rosa wurde als sechste Tochter am 27.12.1884 geboren.
Sie heiratete am 26.12.1905 den 22 Jahre alten Caspar Jacobs.

Wie der Bäckermeister Manfred Hofmeister erzählte, kam dieser als Maurer nach Gießübel und war am Bau der Villa des Unternehmers Scheller am Ortseingang gegenüber dessen Sägewerk beteiligt. Später arbeitete Caspar Jacob in der Glashütte.

Aus ihrer Ehe gingen acht Kinder hervor:
- Alfred Hilmar Ernst (als Kleinkind verstorben),
- Metha Ida Helma (als Kind verstorben),
- Max (*1907),
- Elsa (*1909, oo Börner),
- Willi (*1910),
- Hedwig (*1912, oo Lingel),
- Linna (*1914, oo Witter),
- Alfred (*1916).

Wie ein Enkel mitteilte, waren Anna und Caspar Jacobs 72 Jahre verheiratet. Eine sehr lange Zeit, die nur wenige Ehepaare zusammen verbringen können. Deshalb wurde die „Gnadenhochzeit" im Familienkreis festlich begangen.

Beide erreichten mit 95 Jahren auch ein sehr hohes Alter: Caspar starb 1978 und Anna 1979.

15.11. Albert Edwin Oskar

Abb. 115: Albert. [72]

Zu Albert, genannt im Dorf Schorsche Albert, habe ich wenig erfahren. Er wurde am 18.05.1888 als zehntes Kind von Caroline und Georg Moritz geboren.

Auch Albert wurde als Soldat im Ersten Weltkrieg eingezogen. Er diente 1916 als Ersatz-Reservist im 18. Reservekorps.

Dies geht aus einer Feldpostkarte hervor, die er an seinen Bruder Ernst schrieb. Sein Bruder diente zu dieser Zeit als Musketier im Ersatzbataillon 4 in Dessau.

Am 09.10.1915 (1917?) heiratete er die am 08.09.1891 in Gießübel geborene Helene Agnes Antonie Voigt.

Bald vervollständigten drei Kinder ihre Familie:
– Luise Ida Helma, *19.08.1917,
– Erna Elsa Frieda, *16.03.1920
– Fritz Albert, *07.09.1923.

Luise (Abb. 121) heiratete Kurt Walter. Drei Kinder vervollständigten die Familie: Anita, Frank und Ria. Ria heiratete Hartmut Eichhorn.

Abb. 116: Hochzeit 1915 Helene Voigt und Albert Schab. [72]

Erna heiratete in Gießübel um 1942 Kurt Reissenweber.

Mehr zu Erna und Fritz im Kapitel 16.7.

Am 17.1.1916 schickte Albert einen Kartengruß an seinen Bruder Ernst. Es war eine Bildpostkarte seiner Soldatenabteilung. Einer von den Soldaten könnte Albert gewesen sein, doch wer? Vielleicht ist es auch ein Foto ohne den Musketier aus Gießübel.

Abb. 117: Soldaten des XVIII. Reservekorps 1916.
Abb. 118: Rückseite des Kartengrußes (Abb. 116) von Albert Schab an seinen Bruder Ernst, Musketier im I. Ersatzbataillon 4 in Dessau. [41]

Abb. 119: Albert Schab, 1916. [72]

Abb. 120 Helene Schab, geb. Voigt. [49]

Abb. 121: Luise Walter, geb. Schab. [74]

Abb. 122: Erna Reissenweber und Sohn Konrad, 1944. [72]

15.12. Anton August Alfred

Anton wurde als elftes Kind am 05.09.1891 geboren. Die ältesten drei Schwestern waren bereits im heiratsfähigen Alter und werden wohl der Mutter bei der Pflege des kleinen Bruders geholfen haben.

In seinen Memoiren schreibt Anton über seine Kindheit:

**Abb. 123: Anton Schaab.
[40]**

„Diese Situation in vielen Familien ist nicht nur für Gießübel in dieser Zeit typisch, sondern ein Beispiel dafür, wie tief verwurzelt in den Dörfern des Thüringer Waldes noch die Armut war."

Durch diesen täglichen Kampf ums Überleben hatten Werber für den Militärdienst und für die Passagen der Auswanderungsschiffe (siehe Buch V) leichtes Spiel.

Auswanderungen allein, teils noch als Kind, oft nach Schulabschluss mit 14 oder 15 Jahren, kamen oft vor. Man suchte den Ausweg aus der Armut in der Fremde, suchte dort das Lebensglück.

Anton schreibt in seinen Erinnerungen, dass er als Jugendlicher Mitglied, 2. Vorsitzender und Schriftführer des Turnvereins „Vater Jahn" im Dorf gewesen ist. War wohl nicht der Verein seines Vaters, der seiner Schwester den Namen gab. Dazu berichtet er:

„Eines Tages kam ein früherer Schulkamerad, der die Realschule in Bad Salzungen besuchte, ins Dorf und brachte einen Fußball mit.

Innerhalb unseres Turnvereines bildeten wir sofort eine Fußballabteilung, hatten aber von den Spielregeln des Fußballspiels keine Ahnung.

Wir gingen zu zwölf auf eine Wiese in der Nähe des Rennsteigs, unweit des Luftkurortes Masserberg, und spielten auf unsere Art Fußball. Es wurden zwei Mannschaften in Stärke von je sechs Spielern aufgestellt. Vier Tannenpfähle bildeten die beiden Tore. Es war kein Fußballspielen, sondern ein Raufen um den Ball, was uns manche Schweißtropfen kostete.

Mit dieser Episode kann ich für meine Person stolz darauf sein, den ersten Fußballverein der Heimatgemeinde Gießübel mitgegründet und bei der ersten Fußballmannschaft mitgespielt zu haben."

Soweit diese Episode aus Antons Jugendzeit. Rückblickend sind seine Erinnerungen alles Mosaiksteinchen der Heimatgeschichte seines Geburtsortes, aber auch der Zeitgeschichte mit dem verheerenden Ersten Weltkrieg.

Sie fügen sich teils in die Zeit ein, die der Schullehrer Ernst Dahinten in der „Heimatgeschichte von Giehsübel 1906" [35] beschreibt. Auch Anton wurde von ihm unterrichtet.

Anton und die Geschwister litten sehr unter der Armut. Im Freundeskreis war diese oft ein Hindernis, gleichberechtigt und anerkannt aufzutreten, obwohl, wie er schreibt, er „ein guter Turner und Tänzer" gewesen ist.

Er klagt darüber, dass er immer wieder feststellen musste, dass er bei Damenbekanntschaften ausgegrenzt wurde, weil er den „Zukünftigen keinen anständigen Lebensunterhalt" bieten konnte.

Ob er wollte oder nicht, er musste sich mit dieser Situation abfinden. Anton erinnert sich:

„Deshalb entschloss ich mich, Soldat zu werden und, wenn möglich, nach meiner Dienstzeit nicht mehr in die Heimat zurückzukehren.

Nach meiner Lehrzeit ging ich aus beruflichen Gründen in die Fremde und habe vorübergehend Süd-, West- und Norddeutschland kennengelernt.

Ich atmete während dieser Zeit auf, weil ich bei allen Arbeitgebern und Menschen, die ich kennenlernte, geachtet wurde.

Ich musste natürlich in dieser Übergangsperiode aus dem geringen Einkommen meinen Lebensunterhalt bezüglich Kost, Logis, Kleidung usw. bestreiten.

Für Außergewöhnliches fehlte das Geld. Von meiner Mutter konnte ich wegen des bestehenden Notstandes keine finanziellen Zuschüsse verlangen; habe auch immer davon Abstand genommen. Mittlerweile habe ich das Alter erreicht, wo ich Soldat werden musste, und wurde auch bei meiner ersten Musterung zur Kavallerie gezogen.

Meine Einberufung erfolgte jedoch nicht, weil mein zwei Jahre älterer Bruder Albert bei seiner letzten Musterung gezogen wurde. Ich wurde aus diesem Grund zwei Jahre zurückgestellt.

Am 10. Oktober 1913 wurde ich zum Infanterieregiment, Kursächsisches von Wittich Nr. 83, 3. Bataillon, 11. Kompanie in Arolsen, Fürstentum Waldeck und Pyrmont, einberufen." [40]

Man kann es nicht anders sagen: Es begann für Anton ein neues Leben, eine Zeit, in der er begann, seine Träume zu verwirklichen, aber vor allem dem Ziel näherzukommen, eine neue gesellschaftliche Stellung zu erreichen, die ihn belastende Armut zu überwinden.

Doch der Anfang war nicht leicht. Er schreibt:

„Ich erinnere mich heute noch an den Abschied von meiner Heimat und den lieben Angehörigen, Freundinnen und Freunden.

Meine liebe Mutter hat bittere Tränen geweint. Sie tröstete sich aber mit meiner Einstellung und wusste, dass ich gerne Soldat wurde.

Meine Kameraden, mit denen ich in den ersten Tagen des Monats Oktober 1913 zum Militär einberufen wurde, waren aus Gießübel:

Otto Hesse, Albert Geier, Heinrich Witter und Magnus Voigt, welcher zur Artillerie nach Fulda einberufen wurde. ... Otto Hesse und Albert Geier blieben in Kassel. ...

Einige Tage nach Ankunft in Arolsen erfolgte die Vereidigung auf Kaiser und König von Preußen und die deutsche und preußische Reichsflagge, wo selbst wir zur Treue, Gehorsam und Pflichterfüllung besonders ermahnt wurden. ...

Den ersten Urlaub bekam ich Weihnachten 1913. Ich freute mich, wie es damals üblich war, in gutsitzender Uniform, die kurzen Urlaubstage in meinem Heimatdorf Gießübel im Kreis meiner Angehörigen zu verbringen. ... Ich muss hierzu erwähnen, dass zur damaligen Zeit ein Soldat als geachtete Respektperson betrachtet wurde." [40]

Man kann sich vorstellen, wie stolz Anton in seiner Uniform durch Gießübel spazierte.

Mit Kriegsbeginn marschierte Anton mit seiner Kompanie mit dem Ziel in Belgien ein, die Festung Lüttich zu erobern. Dies war mit großen Strapazen und Verlusten verbunden.

Recht detailliert schildert Anton aus seiner Sicht die Kriegszeit, die er als Unteroffizier erlebte. In Belgien gelangte er bis zu der Stadt Löwen.

Danach beorderte man seine Kompanie nach Osten, um die eindringende russische Armee zurückzudrängen. Er war an den Masurischen Seen, Königsberg, Krakau und in anderen Regionen.

Er beschreibt den Transport durch Deutschland als eine „Triumphfahrt". Man muss beachten, dass damals diese heute zu Polen gehörenden Gebiete zu Preußen gehörten.

Eine nicht zu starke Verwundung durch einen Kopfschuss erlitt er im November 1915 und kam in ein Feldlazarett in Wien und danach drei Wochen nach Gleiwitz.

Später konnte er zurück nach Kassel, wo man ihn in die 2. Genesenen-Kompanie versetzte.

Von hier aus trat er vom 10. Dezember bis Anfang Januar einen Heimaturlaub in Gießübel an. Danach begann, wie er schreibt, die schönste Zeit seines Soldatenlebens.

Er war Wachhabender in der Kaserne und bildete Rekruten aus, war also weit weg von der kräftezehrenden und gefährlichen Front. Vor allem – er hatte etwas zu sagen, gab den Ton an, war Vorgesetzter, Respektperson.

Doch im Januar 1917 wurde Anton erneut eingekleidet und zur 4. Kompanie, Reserve-Infanterie-Reg. Nr. 71, abkommandiert.

Nun war er wieder an vorderster Front, an der Westfront bei Artois in Frankreich.

Hier ereignete sich neben den Kämpfen eine für ihn äußerst schmerzhafte Episode, die er wie folgt erzählt:

„Als ich eines Tages in einem geräumten und unbewohnten Försterhaus eine große Menge Pulver für Schrotflinten

vorfand, wollte ich mir einen Spaß (Dummejungenstreich) erlauben.

Ich schüttete den Inhalt eines Gefäßes mit einer großen Menge Schrotpulver auf eine Bank, holte meine Streichhölzer aus der Tasche und schon stand ich beim Brennen des Streichholzes in Flammen.

Die erfolgte Explosion hatte bei mir eine Verbrennung im Gesicht und Händen hervorgerufen, wodurch ich in der Sonnenhitze unvergessliche Schmerzen aushalten musste.

Zumal ich auch noch den Fehler beging, indem ich an den naheliegenden Kanal rannte und meine Hände und Gesicht mit kaltem Wasser besprengte, um meine Schmerzen zu lindern. Ich habe natürlich das Gegenteil erreicht.

Hinzu kam noch, dass wir inzwischen von der uns verfolgenden feindlichen Artillerie schwer beschossen wurden. Und unser sofortiger Rückzug unvermeidlich war.

Man muss bedenken, dass mir inzwischen vom Truppenarzt der ganze Kopf und die Hände verbunden waren; ich neben den kaum auszuhaltenden Schmerzen nichts sehen konnte.

Zwei Kameraden nahmen mich in die Mitte und in diesem Zustand machten wir Vor- und Seitensprünge, um dem feindlichen Artilleriefeuer zu entgehen. ... Es war die Hölle auf Erden.

Unser Regiment war vollkommen aufgerieben. Wer nicht auf dem Schlachtfeld in Flandern gefallen war, kam in englische Kriegsgefangenschaft. ...

In den Großkampftagen vom 4.10. bis 9.10.1917 traf ich in der vordersten Front meinen jüngeren Bruder Ernst bei schwerem Artilleriebeschuss.

Wir reichten uns die Hände und Tränen liefen über die Wangen über die unverhoffte Freude einerseits, und die Sorge und den Schmerz um den Bruder auf der anderen Seite.

Es war ein Wiedersehen nach langer Trennung und ein kurzes Abschiednehmen in Ungewissheit, weil uns beiden der Heldentod bevorstand. Es ist traurig, aber wahr.

Bemerkenswert ist, dass wir fünf Brüder restlos ohne Ausnahme an der Front in vorderster Linie standen." [40]

Am 8. August 1917 wurde Anton zum Vizefeldwebel und Zugführer befördert, d. h. er erhielt die entsprechenden Kennzeichen auf der Uniform: den Auszeichnungs- und Sergeanten-Knopf sowie die Unteroffizierstresse am Kragen.

Des Weiteren, wie auf Abb. 124 zu sehen, die Offiziersseitenwaffe mit Portepee. Kurze Zeit später erhielt er das Eiserne Kreuz I. Klasse.

1918 wurde Anton in der Schlacht am Kemmelberg in Westflandern durch einen Granatsplitter am Kopf erneut verwundet.

Zur Behandlung wurde er in einem Lazarettzug nach Langensalza in Thüringen in das Reservelazarett transportiert. Nach

Abb. 124: Anton nach seiner Beförderung zum Vizefeldwebel, 1917. [41]

acht Tagen Behandlung verlegte man ihn nach Oberschlesien. Mitte Mai 1918 galt er als geheilt und wurde zum Ersatzbataillon nach Coburg entlassen. Im Juni schickte man ihn wieder an die Front in Frankreich.

Nachtmärsche über 40 km, mit voller Ausrüstung, dazwischen am Tag Verstecke im Wald aufgesucht, ab und zu Gefechte, verlangten von den Soldaten die letzte Kraft. Dazu immer die ständige Gefahr, getötet oder verwundet zu werden.

Eine Horrorvorstellung für mich, der im Frieden aufgewachsen ist, vergangene und aktuelle Kriege nur aus den Erzählungen und Fernsehberichten kennt.

Doch die letzten Jahre zeigen, die Menschheit hat nichts gelernt. Man vertraut den kriegslüsternen Volksverführern, die als große Kriegsherren in die Geschichte eingehen wollen. Das Schlimme dabei ist, man stumpft ab, gewöhnt sich an die schrecklichen Bilder der Zerstörungen, des Leides der im Kriegsgebiet lebenden Menschen.

Man fühlt sich machtlos etwas an der Situation zu ändern, hofft, dass diese Geschehnisse nicht in unser Land übergreifen. Wir nicht vom Kriegsgeschehen betroffen sind.

Man sieht jedoch die Gefahr, dass der Wunsch unserer Generationen, weiter in Frieden zu leben und den Frieden auch den Nachfahren zu erhalten, sehr gefährdet ist. Der Wunsch, etwas dagegen zu tun, wird bei vielen immer stärker.

Kehren wir zu Anton und seiner prekären Situation an den Fronten des Ersten Weltkrieges zurück. Anton erwischte es bald wieder. Ein Geschoss landete im Unterschenkel. Zum Verbandsplatz musste er unter großen Schmerzen mit Stock laufen.

Dort herrschte Chaos, denn etwa 20000 verwundete und verirrte Soldaten trafen sich dort. Im Lazarettzug fuhr man verschiedene Lazarette an; doch die meisten zeigten sich überbelegt. Erst in Lauterbach/Hessen nahm ihn ein in einer Turnhalle eingerichtetes Lazarett auf.

Nach fünfwöchiger Behandlung wurde er am 1. September 1918 zu einem dreiwöchigen Genesungsurlaub nach Gießübel entlassen. Danach ließ er sich nach Kassel versetzen, bestimmt in der Hoffnung, dass der Krieg bald endet. Doch es kam wieder anders.

Ich schildere Antons Militärzeit deshalb so ausführlich und habe die Fakten aus seinen Aufzeichnungen übernommen, da diese Berichte von ihm authentisch sind und recht genau die Zeit des Ersten Weltkriegs aus Sicht eines einfachen Soldaten widerspiegeln.

Berücksichtigen muss man, dass Anton gern Soldat geworden ist, sich auf Zeit verpflichtet hatte und damit empfand er anfangs vieles als normal, vielleicht auch notwendig.

Mit diesem Schritt ins Militär wollte er Anerkennung und ein regelmäßiges, den Lebensunterhalt sicherndes Einkommen erwerben, hoffte mit diesem Schritt auf berufliche Aufstiegsmöglichkeiten. Doch das Timing war schlecht. Das in

Friedenszeiten normale Kasernenleben, die hohe Anerkennung, die der Soldat damals in der Gesellschaft erfuhr, die Möglichkeit beruflich aufzusteigen – das war es, was Anton beim Militär anzog.

Doch all diese erstrebenswerten Möglichkeiten des beruf- und gesellschaftlichen Aufstiegs verflüchtigten sich jäh mit dem Beginn und der Ausweitung des Ersten Weltkrieges.

Nun bestimmten unplanbare Truppenverlegungen und Kämpfe an vorderster Front – immer den Heldentod vor Augen – seinen und seiner Kameraden Alltag.

Situationen, die man sich nicht vorstellen kann, mussten er und alle Soldaten erdulden – Tote und Verwundete, oft Freunde und Bekannte dabei. Er war auch selbst verwundet, dazu schlechte Verpflegung wegen Nachschubproblemen und die Unbilden des Wetters von Hitze, Eiseskälte und Stürme bis strömenden Regen ertragen.

Alles meist im Freien, schutzlos im Schlamm der Schützengräben, in einer Abnutzungsschlacht. An dieses Vokabular werden die Menschen heute durch den Ukraine-Krieg wieder gewöhnt.

Anton war gern Soldat, fühlte sich in jeder Situation seinem Eid für Gott, Kaiser und Vaterland verpflichtet. Ließ sich nach den Verwundungen immer wieder an die Front versetzen, glaubte lange Zeit an einen Sieg, zu lange, wie er später sich eingestand. Sehr spät, zu spät, kamen Zweifel, eigentlich erst nach Kriegsende.

Diese wurden noch genährt, als er am 10.11.1918 vom Bataillonskommandeur in Kassel beauftragt wurde, mit einem Zug Soldaten, ausgerüstet mit Gewehren und sechs Maschinengewehren, den Bahnhof Kassel gegen mit Zügen aus dem Norden ankommende Spartakisten abzusperren.

Anton berichtet: *„Nicht unerwähnt möchte ich lassen, dass die Bahnsteige sowie das gesamte Bahnhofsgelände mit tausenden Menschen angefüllt waren.*

Viele von diesen Neugierigen traten an mich heran und baten mich, von den befohlenen und bevorstehenden Kampfhandlungen Abstand zu nehmen, weil dadurch viele unschuldige Menschen nach bereits verlorenem Krieg ihr Leben lassen müssten. ... Nach reiflichen Überlegungen habe ich meine Gruppenführer, Unteroffiziere und Gefreiten ... zur Aussprache über die vorhandene Situation gerufen, um eine Entscheidung über unser Verhalten beim Eintreffen der angesagten Spartakisten zu treffen. ...

Wir wurden uns einmütig darüber klar, dass eine ernsthafte Gegenwehr aufgrund der Zeitverhältnisse unter allen Umständen vermieden werden müsste, um weiteres Blutvergießen zu verhindern." [40]

Doch es kam alles anders. Anton übergab die Befehlsgewalt an seinen Stellvertreter und legte sich nach Mitternacht zum verdienten Schlaf hin. Er berichtet:

„Gegen 3 Uhr morgens ertönte auf der an unserer Unterkunft vorbeiführenden Treppe ein überlautes Rufen und Getöse, dass ich wach wurde.

Ganz fremde Gesichter und Gestalten näherten sich mir, rissen Achselklappen und Frontabzeichen ab und schlugen auf mich ein. Ich wehrte mich, soweit es meine Kräfte zuließen. ...

Verletzt und blutend ließen mich die Häscher erbarmungslos liegen. Sie erklärten mir, dass meine gegen sie mobilisierte Truppe bereits entwaffnet und entlassen sei.

Ich schleppte meinen zermürbten Körper in einen Kellerraum des Bahnhofsgebäudes, um mich in Sicherheit zu bringen. ... Als eine Frau kam, um Kohlen zu holen, erzählte ich ihr meine unschuldig erlittene Drangsal und bat sie, mir zu helfen. Ohne zu zögern holte sie ein Waschbecken mit Wasser und Handtuch, desgleichen einen Männerrock, und zeigte mir den Ausgang. ...

Mit diesem schrecklichen Erlebnis habe ich für meine soldatischen Leistungen in der Zeit von 1913–1918 den Dank des Vaterlandes geerntet." [40]

Eine schlimme Demütigung für Anton, dessen Wunsch es war, Soldat zu werden.

Irgendwie schlug sich Anton fluchtartig zu seiner Kompanie durch und bat um Entlassung aus der Armee.

Doch der Kommandeur sah seine Zukunft anders. Das Ersuchen wurde nicht angenommen. Zunächst kam er in das in Bad Wildungen stationierte Wirtschaftskompanie-Infanterieregiment von Wittich. Er sollte seine Dienstzeit fortführen, und zwar als Stationsaufseher im Reservelazarett in Bad Wildungen.

Diese Chance auf den Weg in ein normales Leben nahm Anton selbstverständlich an, zumal ihn dort neben einem regelmäßigen Einkommen auch eine gute Unterkunft und Verpflegung erwartete.

Er beschrieb die neue, für ihn hoffnungsvolle Situation in Bad Wildungen so:

„Meine Abkommandierung in das Reservelazarett in Bad Wildungen erfolgte am 5. Dezember von der 3. Kompanie des Ersatzbataillons, dem Infanterie-Regiment Nr. 83. Diesem Truppenteil gehörte ich bis 31. Mai 1919 an.

Am folgenden Tag nachmittags fuhr ich nach Bad Wildungen und wurde in das katholische Krankenhaus ‚Liboriushaus‘ eingewiesen. Die Behandlung in dieser Lazarett-Abteilung war in jeder Hinsicht einwandfrei.

Endlich erlebte ich nach vielen entsagungsreichen Jahren ein menschenwürdiges Dasein.

Neben meiner Löhnung, guter Verpflegung und Unterkunft erhielt ich eine Zulage von 5 Mark. ...

Mit dem 30. Juni 1919 war meine Soldatenzeit in Krieg und Frieden beendet - mit einem Zivilentlassungsanzug und 50 Mark Entlassungsgeld.“

Ab jetzt war Anton wieder Zivilist, Mitarbeiter in der Versorgungsanstalt Bad Wildungen in der Abteilung für Verpflegung und Gebäudeverwaltung.

Rückblickend sagte er sich, dass er doch recht gut dieses Desaster des Weltkriegs überstanden hat.

Er sagt selbst, dass er bis zur Auflösung der Versorgungskuranstalt und seiner Entlassung am 31. Juli 1923 viel gelernt hat, was ihm später von großem Nutzen sein sollte.

Nur kurz nach seiner Entlassung war Anton ohne Arbeit. Nachfolgende Tätigkeiten waren Gehilfe bei einem befreundeten Glasermeister, Straßenmeister sowie Arbeiter im Steinbruch.

Doch als Hoffnung immer die Zusicherung im „Rücken“, vorrangig eine Tätigkeit in einer Behörde zu erhalten. Es bewahrheitete sich: In jedem Ende ist ein Anfang, und diesen nutzte er.

Die neue Aufgabe gefiel ihm - er lernte Büroarbeit kennen, arbeitete mit Menschen zusammen und gründete bald eine Familie.

Am 6.12.1919 heiratete er die im Jahre 1898 geborene Margarethe Ritter aus Naumburg, Kr. Wolfhagen. Er lernte sie in der Versorgungskuranstalt Bad Wildungen, seiner neuen Arbeitsstätte, kennen.

Er wohnte zunächst bei seiner Frau in Naumburg, deren Eltern eine kleine Landwirtschaft betrieben. 1920 wurde der Sohn Ernst geboren.

Doch lebte das junge Ehepaar zunächst weitgehend getrennt, denn Antons Arbeitsplatz war weiter in Bad Wildungen, wo er in der Klinik ein Zimmer bewohnte.

Anton suchte die Geselligkeit, war Gast am Stammtisch, Vereinsmitglied und wurde häufig an Wochenenden zu Festen bei Patienten in umliegenden Dörfern eingeladen.

Er liebte die Feste mit gutem Essen, Tanz und Humor, wie er in seinen Memoiren schrieb.

Die Kontakte zur Familie in Gießübel hielt er aufrecht. Überraschend erhielt er Anfang der zwanziger Jahre von seinem Cousin Oskar eine Einladung nach Leipzig.

Anton sollte ihn zur Messe bei der Standbetreuung für dessen Unternehmen „Holzwaren- und Thermometerfabrik" unterstützen – eine Aufgabe nach Antons Geschmack.

Er wohnte im Hotel, führte Unterhaltungen mit den Besuchern des Messestandes, war Ansprechpartner für die Präsentation und den Verkauf der Produkte seines Cousins Oskar aus Gießübel.

Er stand für wenige Tage wieder im Vordergrund, konnte die Sehenswürdigkeiten der sächsischen Metropole erkunden und abends ging man fein zum Essen, feierte Party in den Lokalen mit den Geschäftsleuten.

Im Hochgefühl dieser Aufgabe und der Erlebnisse in Leipzig kehrte er nach Hause zurück. Seine Frau hatte ihn um Hilfe bei der Einbringung der Ernte seiner Schwiegereltern gebeten.

Doch die Unruhe trieb ihn zur Umsetzung einer Idee bald in seinen Heimatort Gießübel zurück. Dort gründete er mit seinem Bruder Ernst ein kleines Kolonialwarengeschäft und wohnte zunächst bei ihm.

Der Handel schien gut anzulaufen, doch er verstand sich nicht mit seiner Schwägerin.

Auch rückte der Zeitpunkt der Geburt eines weiteren Kindes immer näher und er folgte dem Ruf seiner Frau, nach Naumburg zurückzukehren. Anton übergab das Geschäft seinem Bruder Ernst und kehrte zurück nach Hause.

Ende Juni 1925 wurde sein Sohn Edgar geboren.

Aufgrund seiner Militärdienstzeit war er nach wie vor anspruchsberechtigt für einen Dienst in einer Behörde.

So fand Anton 1925 eine zufriedenstellende Arbeit, zunächst im Bürgermeisteramt, befasste sich mit der Forstgeschichte im Ort und erhielt danach eine Anstellung im Arbeitsamt.

Endgültig hatte er die Armut, die seine Kindheit in Gießübel bestimmte, hinter sich gelassen. Nach dem Tod der Schwiegereltern (Vater +1925, Mutter +1927) führte seine Frau mit ihm die Landwirtschaft nebenbei zunächst weiter.

Seine Haupttätigkeit war seit 01.10.1928 die Anstellung im Arbeitsamt Kassel in der neu geschaffenen Reichsanstalt für Arbeitslosenvermittlung und -versicherung, als Verantwortlicher für den Kreis Wolfhagen.

Voraussetzung dafür war, dass er umfangreiche Schulungen absolvieren musste.

Das Pendeln zwischen Kassel und Naumburg belastete die Familie. Vielleicht auch deshalb nutzte die Familie die Wochenenden zu Ausflügen und Wanderungen in der waldreichen und landschaftlich reizvollen Umgebung.

1934 zogen sie nach Kassel in eines der dort umgangssprachlich genannten „Finanzhäuser". In den letzten Kriegstagen Anfang 1945 wurde das Wohnhaus bei einer Bombardierung zerstört und die Familie verlor ihr Hab und Gut.

Dazu kam, dass Anton seine Arbeit verlor und er in Naumburg, wo die Familie vorübergehend eine Unterkunft fand, einen Unfall erlitt. Dies führte dazu, dass Anton ab 1947 eine Pension und Ruhegeld wegen Arbeits- und Berufsunfähigkeit erhielt.

Abb. 125: Anton und Margarethe, um 1950. [40]

Der Sohn Ernst erlernte einen kaufmännischen Beruf. Nur kurz durfte er den Beruf in der Firma Henschel & Sohn in Kassel ausüben – es folgte 1941 die Einberufung zur Wehrmacht.

Die Dienstzeit endete Mitte 1945 in der amerikanischen Gefangenschaft. Nach Rückkehr als Kriegsbeschädigter aus der Gefangenschaft stellte Ernst den Antrag zum Dienst in der Städtischen Schutzpolizei.

Er heiratete Lieselotte Velte und vier Töchter gingen aus dieser Ehe hervor: Margit, Waltraut, Hannelore und Gabriele.

Der zweite Sohn Edgar erlernte bis April 1943 den Beruf eines Mechanikers. Nach Ende der Lehrzeit wurde er umgehend zum Arbeitsdienst nach Nagelschmieden/Oberschlesien einberufen.

Diese Episode endete nach wenigen Monaten, denn es folgte sofort die Einberufung zum Militär. Bereits im Sommer 1943 befand er sich bei der Panzer-Grenadier-Division in Frankreich, später zu Kämpfen in Italien.

Verletzt am Kopf im Januar 1945, geriet er im Mai 1945 in die amerikanische Gefangenschaft. Die Amerikaner gaben ihn 1946 an Frankreich weiter.

Er ist ein Beispiel dafür, dass im dritten Reich einer ganzen Generation die Jugend geraubt bzw. das Leben für immer genommen wurde.

Vermutlich angeregt durch seinen Cousin Oskar in Gießübel, eröffneten Edgar und sein Vater Anton 1949 eine Zweigniederlassung von dessen „Thermometer- und Kleiderbügelfabrik" mit Auslieferungslager. Edgar leitete nebenberuflich diesen kleinen Filialbetrieb (Abb. 126).

Aus Einzelteilen wurden hier die fertigen Thermometer und Kleiderbügel montiert und zum Vertrieb vorbereitet.

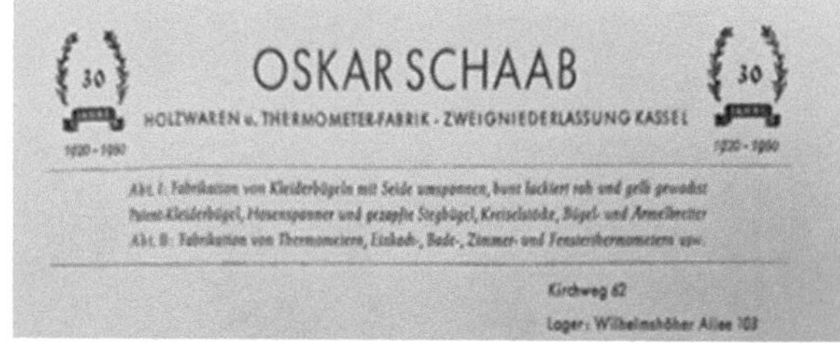

Abb. 126: Briefkopf der Zweigniederlassung Kassel des Gießübler Unternehmens von Oskar Schaab in Kassel. [40]

Mit angestellten Heimarbeitern lief die Firma anfangs zufriedenstellend, ausreichend zur Aufbesserung der Pension, aber schon 1951 gab es Probleme und das Experiment wurde eingestellt.

Gemeinsam mit den Eltern fasste Edgar den Beschluss, ein Eigenheim zu bauen. Man legte die Ersparnisse zusammen, nahm Kredite auf und am 26. Februar 1956 war das Haus bezugsfertig.

Edgar heiratete 1956 Gisela Heinzerling. Sohn Edgar vervollständigte die Familie, die mit den Eltern das Haus bewohnte.

Gern erinnerte sich Anton an seinen Heimatort Gießübel, der sich in den sechziger Jahren zu einem beliebten Urlaubsort entwickelte.

Immer mehr Urlauber, oft mit dem damals beliebten Wanderstock, besetzt mit „Stocknägeln", Erinnerungen an die besuchten Urlaubsorte in der Nachkriegszeit, bevölkerten die Dorfstraße und Wanderwege. Nur wenige Male reiste Anton nach dem Krieg in seinen Heimartort.

Abb. 127: Margarethe, Anton mit Waltraud, Margit, 1950. [40]

Anton starb 1972 und seine Frau Margarethe 1981.

Abb. 128: Antons Familie um 1954: Waltraud, Margarethe, Hannelore, Ernst, Gisela, Liselotte, Anton, Edgar. (von links). [40]

Abb. 129: Hochzeit Gisela und Edgar Schaab, 1956. [40]

Abb. 130: Lieselotte, Anton, Margit, Waltraud und Hannelore. [40]

180

15.13. Oskar Albert Ernst

Ernst war das jüngste Kind und wurde am 25.10.1896 geboren.

Er ging in einer Zeit zur Schule, in der die Lehrer Arnold aus Birkenheide, Güntzel aus Veilsdorf und Dahinten aus Jüchsen in Gießübel unterrichteten.

Lehrer Ernst Dahinten schrieb die „Heimatgeschichte von Giehsübel", in der man vieles über die historischen Ereignisse des 19. Jahrhunderts erfahren kann.

Ernst wurde in die 1900 fertiggestellte neue Schule in der neuen Rehbachstraße eingeschult und u. a. von dem gerade mal 19-jährigen Lehrer Ernst Dahinten bis 1907 unterrichtet.

In der Gießübler Schule lernte er zur damaligen Zeit mit etwa 240 weiteren Kindern.

Er wird wohl bald zum Militär einberufen worden sein, denn als er 18 Jahre alt wurde, hatte der Erste Weltkrieg be-

Abb. 131: Ernst Schaab, um 1914. [41]

Abb. 132: Ernst, rechts Bruder Anton um 1914. [41]

Abb. 133: Anna Geier. (41) **Abb. 134: Ernst Schaab. [41]**

reits begonnen. Das rechte Foto (Abb. 132) zeigt ihn mit seinem Bruder Anton, wahrscheinlich kurz nach der Einberufung beim ersten Urlaub aufgenommen.

Auf dem Foto der Abb. 134 trägt Ernst bereits das Eiserne Kreuz 2. Klasse und ist offensichtlich Sergeant bzw. Unteroffizier.

Ernst scheint bereits seit seiner Jugendzeit mit Anna Bertha Geier liiert gewesen zu sein, denn am 21.03.1916 wurde sein Sohn Magnus Otto Oskar in Gießübel unehelich geboren.

Durch den Krieg verzögerte sich die Heirat und erfolgte kurz vor Ende des Ersten Weltkrieges am 13.09.1918 in Gießübel.

Mit der Heirat der Tochter Anna des Dielenschneiders Wilhelm Edwin Geier, Mutter seines Sohnes, erkannte Ernst amtlich diesen als sein Kind an.

Trauzeugen waren der Kistenmacher Adolf Voigt und der Tagelöhner Edwin Geier.

Die Tochter Erna Frieda (*28.09.1922, oo 1945 mit Otto

Geier) vervollständigte die Familie. Die Familie von Ernst blieb zeitlebens in Gießübel.

Anna verstarb mit 78 Jahren am 31.03.1975 und Ernst am 03.06.1981 im 85. Lebensjahr.

Da Frau Dr. Anke Geier, eine Urenkelin von Anna und Ernst, sich mit der Familiengeschichte der Anna Geier befasst, möchte ich hier kurz Rechercheergebnisse zur Familie Geier nennen.

Wilhelm Edwin Geier, Annas Vater, wurde am 09.12.1852 in Gießübel geboren und heiratete am 26.12.1876 Karolina Gotthilda Mathilda Klein (*08.11.1855).

Abb. 135: Anna u. Ernst Schaab, um 1960, (Foto Grimm, Gießübel). [41}

Insgesamt acht Kinder wurden in der Ehe geboren:
Drei Jungen:
- Ferdinand Julius Oskar, *1877, +1959,
  oo 1900 mit Louisa Karolina Ida Eichhorn,
- Emil Oskar Hugo, *1880, +1958,
  oo 1934 mit Anna Marie Kahl,
- Magnus, *16.10.1891, +14.10.1914, in Polen gefallen.
Fünf Mädchen:
- Klara Rosalie Ida, *1882, +05.07.1941,
  oo 1909 mit Hans Eduard Welsch.
- Antonia Emma, *1884, +1967,
  oo 1906 mit Heinrich Alfred Henkel.
- Rosa Laura Meta, *1889, +1962,
- Louise Ida Emilie, *1894, +1895,
- Anna Berta, *1897, +1975,
  oo 1918 mit Oskar Albert Ernst Schaab.

Wilhelm Geier starb am 01.11.1941 mit 89 und seine Frau mit 70 Jahren am 03.02.1926.

Christian Benjamin Geier (*1825, +1871), Dielenschneider,
oo 1852 mit Rosaline Friederike, geb. Hopf, aus Heubach,
(*1829, +1892)
mit den Kindern:
– Wilhelm Edwin, *1852, +1941,
– Albin, *1854, +1871, Tod beim Brand der Schneidemüh-
le 1871,
– Friedrich Carl Albin, *1857, oo 1877,
– Anna Rosa, *1859, +1859,
– Emilie Karoline Rosa, *1861, +1873,
– Richard Magnus, *1865, +1885.

Georg Heinrich (Nicol?) Geier (*1779, +1840), Kraiser,
oo Gießübel 1806 mit Johanna Maria Hickfang aus Oberneubrunn. In der Ehe wurden acht Kinder – fünf Jungen
und drei Mädchen geboren.

Daniel Geier (*1742, +1805), Kleinbüttner,
oo Gießübel 1769 mit Martha Magdalena Tressel, (*um
1748 in Masserberg, + Gießübel 1816).

Georg Geier (*1713, + ?), Weißbüttner,
oo Gießübel 1740 mit Maria Elisabeth Amm (*1715, +?).

Johann Martin Geier,(*1681, +?), Weißbüttner,
oo Gießübel 1712 mit Catharina Elisabeth Möhring.

Hans Geier (d. Jüng.), (*1634, +?) Schubkärrer, Büttner,
oo I. Fischer, Anna (?),
oo II. Gießübel 1680 mit Margarethe Hauff.

Hans Geier, (*1607, +?),
oo Gießübel 1634 Agnes Bätz.

Wolff Geier

**Abb. 136: Kirche „Zur Heiligen Dreifaltigkeit" in Gießübel.
In dieser Kirche fanden die Taufen, Trauungen und Trauergottes-
dienste statt. Hier feierte man die Kirchenfeste. [47]**

Buch V

Auswanderungen im 19. Jahrhundert aus den Dörfern der heutigen Gemeinde Schleusegrund

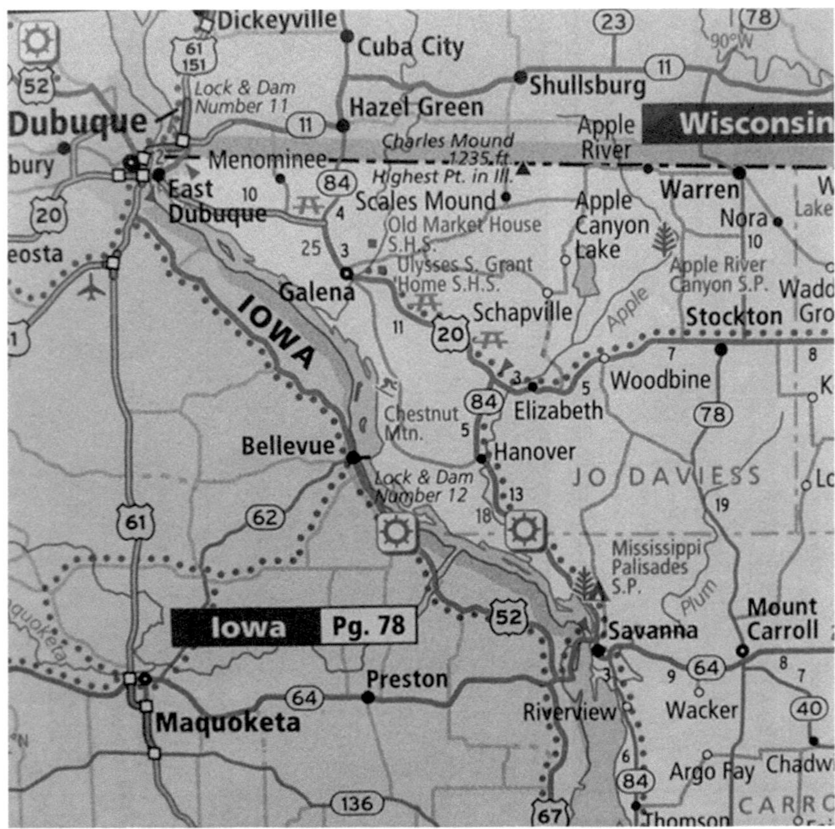

Abb. 137: Das Siedlungsgebiet vieler Angehöriger der „Schap-Auswanderer" aus Thüringen und der heutigen Nachfahren. Es befindet sich im nördlichen Zipfel von Illinois, angrenzend an Iowa und Wisconsin.
Ausschnitt einer Landkarte von Rand McNally, Road Atlas 2021, Chicago. [70] [75]

16. Auswanderungen im 19. Jahrhundert aus dem Schleusetal

Auch in der Region der heutigen Gemeinde Schleusegrund folgten viele Bewohner im 19. Jahrhundert den Versprechungen von besseren Lebensumständen in den USA, Südamerika oder Australien.

Es herrschte oft große Not in den Familien; man wusste nicht, wie das Leben weiter gehen sollte.

Diese ausweglose Situation vieler Menschen wurde von Agenturen der Reedereien auch in Thüringen ausgenutzt, um die Schiffe für die Überfahrten, insbesondere nach Amerika, zu „füllen".

495
496

14) Bevollmächtigt durch die Herren Schiffsrheder **C. D. von Buttel & Comp.** in **Bremen** contrahire ich die Zwischendeckspassage nach

New-York, Baltimore und New-Orleans

zum 15. April zu dem sehr niedrigen Satze von

Ein und neunzig Gulden 35 Kreuzer, am 1. und 15. Mai zu
Fünf und achtzig Gulden zwei und fünfzig Kreuzer

inclusive Beköstigung und Commutationsgebühren, wie dies überhaupt von Bremen ab üblich ist, und erwarte, daß dieses billige Anerbieten Auswanderungslustigen recht bald Anlaß zu Abschlüssen geben möge. — Das Passagiergut bitte ich durch Fuhrmann Johannes Weber in Coburg an meine Adresse abzusenden, und bin gern bereit, den sich an mich wendenden Passagieren die Expedirung an hiesiger Eisenbahnverwaltung zu den Platz greifenden Ermäßigungen gratis zu besorgen.

Gotha, 31. März 1854.

Julius C. Schack,
Kaufmann und Hauptagent genannter Firma.

15) Die Union,
allgemeine deutsche Hagel-Versicherungs-Gesellschaft in Weimar.

Grundkapital 3 Millionen Thaler,
wovon 2½ Millionen in Actien emittirt sind.

Diese Gesellschaft versichert gegen Hagelschaden Bodenerzeugnisse aller Art, wie Halmfrüchte, Hülsenfrüchte, Oelgewächse, Handelsgewächse u. s. w.

Dem Versicherten steht es frei, seine Boden-

16) **Auswanderer**
nach
New-York &c. und **Australien,**
befördert regelmäßig
Valentin Lorenz Meyer,
2, Steinhöft, Hamburg.

Näheres bei den bevollmächtigten Agenten Georg Witthauer in Coburg, Herrn Apotheker Springmühl in Hildburghausen.

Abb. 138: Auswanderungsanzeigen 1854 im Herzogtum Sachsen-Coburg. Anzeigen Nr. 14 und 16. [59]

Vertriebsagenturen warben offensiv für die Schiffspassagen nach Australien und in die USA sowie organisierten den Transport zu den Häfen an der Nordsee.

Es kam den Agenturen zugute, dass sich im Tal schnell die positiven Nachrichten vom geglückten Neustart in der

„neuen Welt" verbreiteten. Dies ließ die Hoffnung auf ein glückliches, nicht von Armut und Zukunftsangst geprägtes Leben in den fernen und unbekannten Ländern, insbesondere bei den jungen Menschen, oft noch im frühen Jugendalter, keimen.

Von den Mitarbeitern H. Pabst und E. Büchner des Thüringer Staatsarchivs wurden in den neunziger Jahren die Regierungsblätter für das Herzogtum Sachsen-Thüringen hinsichtlich der gemeldeten Auswanderungen ausgewertet. Frau Katharina Witter veröffentlichte das Ergebnis dankenswerterweise im Internet.

Dies ermöglicht Heimat- und Familienforschern, sich einen Überblick über die Auswanderungen zu verschaffen und diese für ihre Forschungen zu nutzen.

Als Ergebnis für die Ortsteile der heutigen Gemeinde Schleusegrund kann man Mitte des 19. Jahrhunderts von etwa 160 Auswanderern ausgehen. Entsprechend einer unvollständigen Übersicht wanderten aus den folgenden Dörfern in die USA aus:
- Gießübel zwischen 1852 und 1874 ca. 27 Personen,
- Oberneubrunn zwischen 1851 und 1889 ca. 52 Personen,
- Unterneubrunn zwischen 1854 und 1881 ca. 39 Personen.

Aus Haina im Grabfeld wanderten ab 1842 29 Personen nach Amerika aus.

Die Zahlen sind mit Unsicherheiten behaftet, da nicht immer die korrekte Anzahl in den Veröffentlichungen der Zeitschriften angegeben ist, sondern z. B. „mit Familie".

Es gab aber auch Fälle, dass Personen zwar eine Genehmigung einholten, aber die Reise nicht antraten oder im Einwanderungsland bei Ankunft, z. B. wegen Krankheit, abgewiesen und zurückgeschickt wurden.

Höhepunkt der Auswanderungen im 19. Jahrhundert war die Zeit zwischen 1850 und 1870.

Auch an den Tischen der Familien Schaab/Schab im Schleusetal scheint das Thema oft die Unterhaltung in dieser

Zeit beherrscht zu haben. Dies war geschuldet den immens steigenden Lebenshaltungskosten, teils durch Missernten verursacht.

Aber auch der zunehmende Einsatz von Maschinen und der oft damit verbundene Wegfall des Bedarfs an althergebrachten Handwerken verursachte eine zunehmende Verunsicherung der Zukunftserwartung bei den Menschen.

Vor allem aber die Ungewissheit nahm zu, wie man den Alltag bewältigen sollte, wie die immer klamme Haushaltskasse trotz schwerer Arbeit gefüllt werden konnte. Es herrschte täglich zunehmende Zukunftsangst.

In Sachsen gibt es ein Sprichwort, dass die Situation der Menschen in dieser Ausweglosigkeit, wie folgt zusammenfasste:

„Wer nichts erheiratet und nichts ererbt, bleibt ein armes Luder bis er stirbt."

Die Hoffnung auf ein menschenwürdiges Leben nährten Erfolgsberichte von ausgewanderten Verwandten und Nachbarn über das Leben in der neuen Heimat Amerika.

Doch der Entschluss zum Verlassen der Thüringer Heimat war das eine, das Aufbringen des Geldes zum Bezahlen der Überfahrt und zur Sicherung des Überlebens in den ersten Monaten nach Ankunft, war das andere Problem.

Die Anzeige Nr. 14 in der Abb. 138 wird in dieser Hinsicht konkret.

Es handelt sich dabei um Restplätze, denn das Angebot ist vom 31. März 1854 und die Abfahrten in Bremen sollten bereits am 15. April sowie am 1. und 15. Mai 1854 sein.

Für eine Überfahrt in die USA musste man mit 80 bis über 100 Gulden rechnen.

Dazu kamen noch weitere Ausgaben und Gebühren sowie möglichst ein größeres Startkapital für die Zeit nach der Ankunft in den USA. Für viele Familien mehr als ein kleines Vermögen.

Deshalb gab es früher auch den Spruch: Auswanderung muss man sich leisten können.

Es gab aber auch Verträge, in denen die Auswanderer sich

verpflichteten, die Kosten der Überfahrt im Einwanderungsland abzuarbeiten. Die Auswanderungswilligen, die sich in diese Abhängigkeit begaben, waren oft Jahre diesen Knebelverträgen ausgeliefert. Es erwartete sie schwerste Arbeiten, oft in den Minen, und eine geringe Bezahlung.

Besonders in der Familie des Zimmerermeisters und Dielenhändlers Johann Jacob Friedrich Schab (Kapitel 16.1), ein Bruder des späteren Müllermeisters in Gießübel, Johann Christian Schaab (Kapitel 13), scheint die Auswanderungssehnsucht der Kinder sehr groß gewesen zu sein.

Dies hängt aber auch mit den Schicksalsschlägen in der Familie und der frühen Auswanderung der Tochter zusammen. Im nächsten Kapitel werde ich etwas detaillierter darauf eingehen.

Abb. 139: Wohnhaus der Familie Schap in Schapville heute. [70]

Unsere hier genannten Auswanderer wurden nicht durch die Freiheitsstatue auf Bedloe's Island begrüßt, denn diese wurde erst am 28.10.1886 eingeweiht.

Wer sich einmal in die Situation der Auswanderer versetzen will, dem ist zu empfehlen, einmal das Auswanderermuseum in Bremen bzw. in Hamburg zu besuchen.

Die nach wie vor große Verbundenheit der Nachfahren der Auswanderer in den USA mit den Pionieren der ersten Stunde, wird, wie Patricia Ann Ryan erzählt, am „Memorial Day" deutlich.

An diesem Feiertag, immer am letzten Montag im Mai, treffen sich auch viele Angehörige der Familie Schap in Schapville, dem Dorf, wo sich Anton Schap mit seiner Frau Maria, geborene Winter, niederließ, die Familie gründete, das Wohnhaus und die Schmiede errichtete.

Man gedenkt aber auch den gefallenen Angehörigen der Streitkräfte.

Noch heute ist Schapville für die Nachfahren der Einwandererfamilien Schap, Winter (aus Üchtelhausen bei Schweinfurt) und anderer Familienangehörigen ein Ort der Erinnerung, des Gedenkens an die Pioniertaten der ersten Einwanderer der Familien.

Man geht, begleitet von Erinnerungen, über den Friedhof, verharrt an den alten Grabsteinen der eigenen Vorfahren und damaligen Nachbarn, besucht die Kirche mit dem von Anton und Maria gespendeten Fenster.

Abb. 140: Ausschnitt des von Maria und Anton gespendeten Kirchenfensters. (siehe auch Abb. 158). [70]

Abb. 141: Grabstein von Anton und Maria auf dem Schapville Zion Presbyterian Cemetery. [70]

Oft trifft man an diesem Tag Verwandte, die man fast aus den Augen verloren hat. Es ist eine Gelegenheit, diese den Kindern vorzustellen, die familiären Verbindungen zu erläutern, mit ihnen sich nach Jahren über „Gott und die Welt" zu unterhalten.

Man spaziert auch zum Gebäude „Alte Schmiede", wo heute ein Andenkengeschäft eingerichtet ist. In diesem gibt es auch eine Ecke, wo Dokumente und Fotos an den Gründer von Schapville, Anton C. Schap erinnern, unseren Anton Schab, geboren in Oberneubrunn.

Man begibt sich an diesem Tag auf eine Zeitreise zum Ursprung der Familie, erinnert sich an die Pionierzeit und -taten der Einwanderer und deren Nachfahren.

Hinweis: Der überwiegende Teil der Daten und Abbildungen in den nachfolgenden Abschnitten recherchierte und entnahm ich den Stammbäumen und Genealogien bei Familysearch.org, Ancestry, Wikitree, Findagrave und anderen Internetquellen. Diese stammen oft von Nachfahren der Oberneubrunner Auswanderer und deren eingeheirateten Familien.

Ich bedanke mich herzlich bei denjenigen, die die Familienfotos sowie behördlichen Urkunden und anderes im Internet zur Information für die Allgemeinheit einstellten.

Mein Dank gilt auch den Fotografen der Grabmale auf „Findagrave".

16.1. Johann Jacob Friedrich Schaab (*1804) und Catharina Maria Witter

Jacob war das dritte Kind von Johann Georg Schaab und Catharina Maria Engelhardt (siehe Kapitel 12). Geboren am 14.01.1804 in Oberneubrunn blieb er der Handwerkstradition der Familie treu und wurde Zimmermann.

Er heiratete mit 26 Jahren am 03.10.1830 die 21-jährige Tochter Catharina Maria des Gemeindevorstehers und Glasschneidemeister Theodor Witter in Oberneubrunn. Im KB heißt es dazu:

„Johann Jacob Friedrich Schaab, Junggesell Obern. Des ehrbaren Mstr. Johann Georg Schaab, Mitnachbar und Zimmermann ehel. Ältester Sohn wurde nach 3 malig Aufgebot mit seiner Verlobten Catherina Maria Witter, des Theodor Witter zu Obern. Mitnachbar Gemeindevorst. u. Schneider Gewerbbesitzer ältest. Tochter erster Ehe am Sontag den 3. October nach der Früh ... copuliert.“ [36]

Aus ihrer Ehe gingen acht Kinder hervor. Eines starb wenige Wochen nach der Geburt; alle sind in Oberneubrunn geboren. Dies waren:

1. Johann Martin Theodor, *15.01.1831, +14.06.1863 in Saargrund bei Eisfeld.
   Er heiratete am 13.07.1856 in Saargrund die 31-jährige Tochter Maria Barbara des bereits verstorbenen Büttners und Dielenschneiders aus Saargrund, Johann Heinrich Stammberger.
   Die Familie lebte in Oberneubrunn, denn alle vier Kinder sind dort geboren. Nur zwei Töchter überlebten die Kindheit:
   Reinholdine Amalia Georgina Friederike, *05.03.1858, und
   Auguste Christiane Elisabeth, *26.11.1862.
   Johann Martin Theodor starb mit nur 32 Jahren am 14.06.1863 im Heimatort der Frau, in Saargrund bei Eisfeld. Man kann nur vermuten, dass er sich dort auf einer

Reise befand.
Seine Witwe heiratete am 07.05.1865 in Oberneubrunn
den Weißbüttnermeister Martin Reinhold Edelmann.

2. Maria Augusta, *19.10.1832, +03.02.1895.
   Mehr zu ihr unter Kapitel 16.2.

3. Johann Christoph Heinrich, *24.11.1834, +19.11.1901
   in Coburg.
   Er arbeitete als Dielen- u. Holzhändler in Eisfeld und hei-
   ratete am 06.11.1866 in Eisfeld die 30-jährige Tochter
   Catharina Sophia des Metzgermeisters Georg Daniel Rass-
   mann aus Eisfeld.
   Fünf Kinder sind bekannt und in Eisfeld geboren:
   – Georgine, *10.09.1867,
   – Georg Carl, *27.09.1869,
   – Carl Heinrich, *28.07.1872,
   – Otto August, *01.10.1876,
   – Sophie, *22.12.1878. Sophie heiratete am 26.11.1901
     Hermann Johann Ewert.
   Mehr zu seinen Jungen im Kapitel 16.6.

4. Johann Christian, *10.01.1837, +27.06.1906 in Eisfeld.
   Er erlernte den Beruf Schmiedemeister und heiratete am
   27.11.1862 in Eisfeld Catherine Caroline Zapf.
   Drei Kinder, geboren in Eisfeld, sind bekannt:
   – Carl Gotthelf, *12.05.1864,
   – Anton Ernst, *10.06.1867, und
   – Johann Christian, *12.07.1869.

5. Emilie Theresa, *29.04.1839.
   Mehr zu ihrer Familie im Kapitel 16.3.

6. Johann Anton Christian, *11.12.1842.
   Mehr zu Anton im Kapitel 16.4.

7. Christian Bernhard, *16.01.1845, +28.04.1845.

8. Georg Friedrich, * 30.09.1847.
   Mehr zu ihm im Kapitel 16.5.

Von Jacobs Kindern ist nur der erstgeborene, aber früh verstorbene Theodor, in Oberneubrunn geblieben. Einige fanden in Eisfeld eine neue Heimat, doch die Mehrzahl wanderten in die USA aus.

Befördert wurde diese Entwicklung durch den frühen Tod der Eltern. Die älteren Kinder gingen bereits eigene Wege, die jüngeren wurden Waisenkinder. Sie suchten die Zukunft mit Unterstützung der Geschwister und Verwandten, selbst schon mit jungen Jahren in die eigene Hand zu nehmen.

Es ist aber auch ein Ausdruck dafür, dass einige von Jacobs Kindern in Oberneubrunn keine Zukunft sahen, mit den Lebensumständen unzufrieden waren. Die Anforderungen finanzieller Art für eine Auswanderung, wie ich schon erwähnte, waren nicht gering.

Als Beispiel möchte ich hierfür einen Brief (Seite 196, Abb. 142 und 143) zitieren, den der Elektromeister Michael Warlich bei dem Umbau des alten Müller-Wohnhauses nahe der Obermühle, neben dem ehemaligen Gasthof „Rautenkranz", in Gießübel fand.

Das Wohnhaus wurde nach der Insolvenz von Georg Moritz Schaab vom Bäckermeister Otto Brückner erworben, der später eine Bäckerei im Erdgeschoss einrichtete.

Es war ein Glück für das Haus, dass es in die Hände von Michael Warlich kam.

Dieser renovierte das Haus mit großem handwerklichen Geschick und viel Verständnis für dessen Geschichte, der Geschichte der Familien Hofmeister, Schaab, und Brückner.

Dankbar nahmen wir bei unseren Besuch in Gießübel sein Angebot an, die von ihm im Erdgeschoss eingerichtete Heimatstube zu besichtigen.

Sie enthält noch viele Zeugnisse aus der Zeit des Christian und Moritz Schaab. Dazu gehört auch der oben erwähnte Brief. Der Verfasser des Briefes war der Bruder Jacob des Müllermeisters Christian Schaab.

Der Brief war wohl unter die Fußbodendielen gerutscht. Er

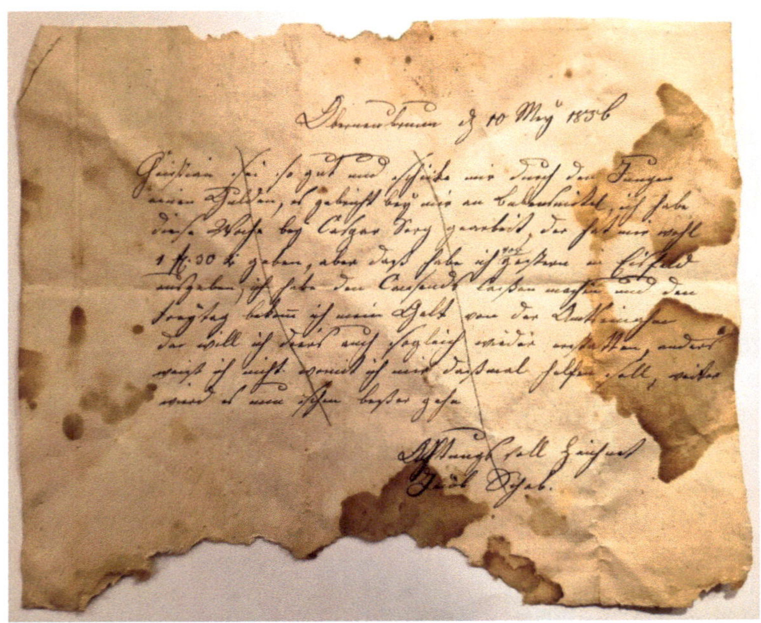

Abb. 142 und 143: Oben der Brief des Jacob Schab an seinen Bruder Christian vom 10. Mai 1856.
Unten der Umschlag dieses Briefes. [50]

überdauerte so etwa 160 Jahre und wurde zu einem Zeitzeugnis der Thüringer Geschichte.

Es ist ein wichtiges Dokument der damaligen Zeit, ein Beispiel für die Kommunikation innerhalb der Familie Schaab. Es zeigt aber auch, dass wahrscheinlich Christian durch sein Erbe derjenige in der Familie des Georg Schab war, der in Wohlstand lebte.

Seine Geschwister kämpften dagegen, wie die meisten Bewohner im Schleusetal, mit den vielen Problemen des Alltags und der Armut.

Jacobs Frau war schon verstorben. Er musste allein für die Kinder sorgen und den Lebensunterhalt sichern.

Wie man bei der Anschrift sehen kann, wusste Jacob scheinbar nicht, dass sein Bruder Christian im Gegensatz zu ihm den Familiennamen „Schaab" führte. Der Brieftext lautete:

„Oberneubrunn, den 10. Mey 1856
Christian sei so gut und schicke mir durch den Jungen einen Gulden, es gebricht bey mir an Lebensmittel, ich habe diese Woche bey Caspar Sorg gearbeitet, der hat mir wohl 1 fl 30 Xr. (Heißt: 1 Gulden 30 Kreutzer) geben, aber daß habe ich vorgestern in Eisfeld ausgeben, ich habe den Consents machen lassen und den Freytag bekomm ich mein Gelt von der Amtseinnahm dann will ich diers auch sogleich wieder erstatten, anders weiß ich nicht womit ich mir dießmal helfen soll, weiter wird es nun schon beßer gehn.

Achtungsvoll zeichnet
Jacob Schab" [50]

Der Brief zeigt, dass die Auswanderungswünsche seiner älteren Kinder Jacob Schab in finanzielle Not brachten, denn die für die notwendige Auswanderungsgenehmigung (Consents) erhobene Gebühr von 1 Gulden und 30 Kreuzer im Amt Eisfeld waren sehr viel Geld in damaliger Zeit.

Für wen die Genehmigung war, die Jacob im Brief nannte, ist unklar. Möglicherweise holte er diese im Nachgang der Auswanderung für seine Tochter Maria Augusta ein, die im

Juli 1855 von Oberneubrunn über Hamburg in die USA ausgereist war.

Es war nicht unüblich, dass schon die Kinder auf Reisen gingen oder geschickt wurden, um eine bessere Zukunft vor sich zu haben. Doch bei den Schabs traf dies nicht zu. Hier war es das Schicksal, das die Familie mit dem frühen Tod der Eltern hart traf.

Vergleiche hinsichtlich der Auswanderungen zur heutigen Zeit drängen sich bei den Migranten, die nach Europa kommen, auf.

Insgesamt sind vier Kinder des Jacob und der Caroline Schab in die USA ausgewandert:
- Maria Augusta, ausgewandert im Alter von 22 Jahren am 22. Juli 1855. (Kapitel 16.2)
- Emilie Theresa, ausgewandert mit Familie im Februar 1884. (Kapitel 16.3)
- Johann Anton Christian, ausgewandert mit 17 Jahren im Oktober 1860. (Kapitel 16.4)
- Georg Friedrich, ausgewandert mit 15 Jahren im Oktober 1862. (Kapitel 16.5)

Des Weiteren mindestens noch drei Enkel, die Jungen des Sohnes Johann Christoph Heinrich, der sich in Eisfeld niedergelassen hatte.

Ich werde nachfolgend versuchen, kurz den Weg der ausgewanderten Kinder und Enkel des Jacob Schab und anderer zu skizzieren, um zu zeigen, wie sie sich in die amerikanische Gesellschaft integrierten.

16.2. Maria Augusta Schaab, verheiratet mit Heinrich Arnold und August Brickner

Maria Augusta wurde als zweites Kind und erste Tochter in der Ehe von Johann Jacob Friedrich und seiner Ehefrau Catharina Maria, geb. Witter, am 19.10. 1832 in Oberneubrunn geboren.

Im Taufeintrag heißt es:

„Maria Auguste Schaab, geb. Freitag, den 19. Oct. 19 Uhr; hat der ehreng. Johann Jacob Friedrich Schab, Zimmergesell zu Oberneubrunn, die Mutter: Catherina Maria, geb. Witter, das Beids ehelich 2tes Kind.

Die Taufpathen: die Jungfer Johanna Rosina Hauptin, zu Obern. und der ehrs. Junggesell Johann Martin Witter, der Wöchnerin jüngster Bruder." [36]

Als älteste Tochter hatte sie schon im frühen Alter die Aufgabe, die Mutter im Haushalt zu unterstützen, aber auch die jüngeren Geschwister zu erziehen. Damit hatte sie nach der Schule bereits die besten Voraussetzungen zu heiraten.

Augusta lernte irgendwann den aus Poppenwind (ein etwa 13 km von Oberneubrunn entfernt befindliches kleines Dorf), stammenden Heinrich Arnold kennen und lieben.

Heinrich, der Sohn des Mitnachbarn und Webers Christoph Arnold, plante auszuwandern und konnte Auguste für diesen Plan gewinnen. Es ist aber auch möglich: Sie konnte ihn nicht von seinem Entschluss abbringen.

Damit entfachte sie auch die Auswanderungsdiskussion in ihrer Familie, bestimmt nicht zur Freude der Eltern.

Heinrich, 28 Jahre alt, reiste Anfang Juli 1853 nach Bremen. Die Anreisen der Auswanderungswilligen wurden wahrscheinlich von einem Agenten der Reederei organisiert und war im Preis der Reise enthalten.

Am 21.07. begann das Schiff „Rome" (Kapitän J. Groß, 307 Passagiere) die Atlantik-Überfahrt und erst nach knapp sieben Wochen, den Unbilden des Meeres und des Wetters ausgesetzt, wurde am 31. August 1853 das Ziel New York erreicht. Eine lange Zeit der Ungewissheit, des Zweifels und der Hoffnung für die Passagiere lag bei der Ankunft in Amerika hinter ihnen.

Es ist anzunehmen, dass Heinrich mit Vorsatz als Ziel seiner Auswanderung die Gemeinde Jo Daviess County in Illinois gewählt hatte.

Möglicherweise fanden bereits vor ihm Auswanderer aus Thüringen und seiner Region dort eine neue Heimat, vielleicht sogar frühere Bekannte, und er fühlte sich dort willkommen, konnte auf Unterstützung beim Neustart hoffen.

Zu Hause versprach sich das Paar die Treue und verabredeten, dass Augusta ihn so bald wie möglich folgen sollte. Doch Augustas Mutter starb unverhofft 1854 und als älteste Tochter musste sie nun für die Geschwister da sein und den Haushalt führen.

Schwer wird ihr der Entschluss gefallen sein, den Vater mit den Kindern allein zurückzulassen und ihrem Verlobten nach Amerika zu folgen.

Um diese Situation aufzuhellen, wäre es interessant, wenn noch Briefe aus dieser Zeit vorhanden wären.

Am 02.07.1855 verließ Augusta, 22-jährig, mit dem Segelschiff „Gennessee" den Hafen in Hamburg in Richtung USA. Fast acht Wochen dauerte die beschwerliche Reise, bis das Schiff endlich New York erreichte.

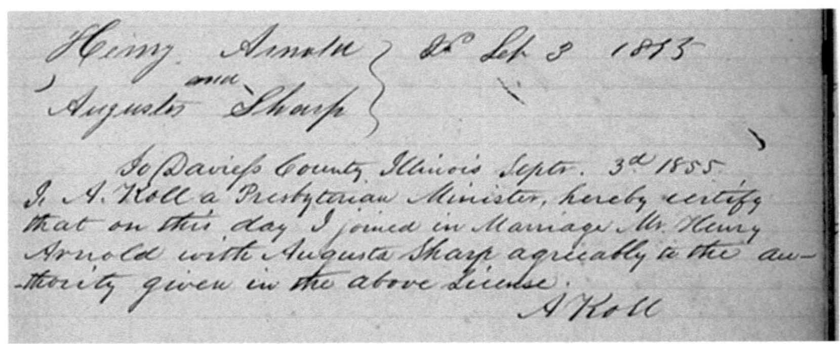

Abb. 144: Eintrag im Heiratsbuch von Augusta und Henry (Heinrich) Arnold, Heiratsbuch Jo Daviess, S. 441, 1855. [56]

Augusta kam am 25. August 1855 in New York an und am

03.09.1855 schloss sie bereits mit Henry (Heinrich) Arnold in Jo Daviess County im Staat Illinois (Abb. 144) die Ehe.

Da Augusta wohl als erste Person aus Thüringen mit dem Familiennamen Schab oder Schaab in Illinois einwanderte, ist sie mit dem Angestellten A. Koll, der die Heiratsbeurkundung durchführte, wohl der Ausgangspunkt dafür, dass der Familienname in Jo Daviess County nunmehr „Schap" (eigentlich ist der Name im o. g. Eintrag „Sharp") geschrieben wurde.

Abb. 145: Ansicht von Schapville mit den beiden Kirchen. [70]

Dies hatte weitreichende Folgen – bis hin zu einem Ortsnamen – Schapville (siehe auch Kapitel 16.4).

Sie hatten sich eine schöne Gegend ausgesucht. Der Wald erinnert sie an die Heimat in Thüringen. Zwei der Geschwister siedelten sich später auch hier an. Die Gegend wurde zu dieser Zeit durch große Blei- und andere Erzvorkommen bekannt.

Die Ehe bereicherten fünf Kinder:
- Frederick Anthony, *20.07.1859,
- Anthony, *23.12.1860,
- Emanuel G., *20.10.1862,
- Philip, *22.05.1865,
- Henry, *17.11.1866.

Für Heinrich erfolgte die Einbürgerung am 5.11.1864. Ob

dies auch für Augusta gilt, ist nicht belegt. Augusta wurde zur ersten Anlaufstelle ihres Bruders Anton, als dieser 1860 in die USA einwanderte. (Kapitel 16.4.)

Durch viel Fleiß und Geschick erarbeiteten Heinrich und Augusta sich eine gute Lebensgrundlage: Sie erwarben ein Grundstück, das zu einer angesehenen Farm wurde, die bald 77 Hektar Land umfasste.

Das Familienglück zerbrach jedoch durch den frühen Tod von Heinrich mit 41 Jahren am 27.06.1867.

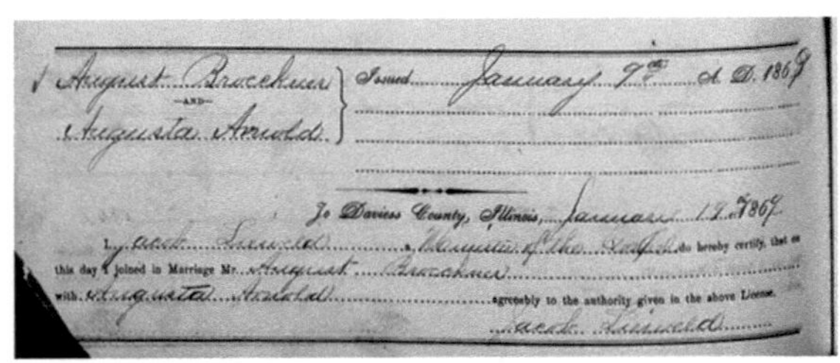

Abb. 146: Heiratseintrag der Witwe Augusta und August Brickner im Heiratsbuch von „Illinois, County Marriages, 1810-1940", S. 199, 1869. [56]

Augusta, nun Witwe, allein mit den Kindern, musste einen Neuanfang finden.

Sie heiratete am 9.01.1869 August Brickner, geboren am 29.05.1837 in Deutschland. Die Angaben zu seinem Geburtsort sind widersprüchlich.

Bei der Suche bei Archion fand ich keinen Hinweis auf Vorkommen seines Namens in den KB der genannten Orte. Deshalb bitte den Hinweis zur Biografie von August Brickner beachten.

August Brickner kam 1857 in die USA und fand Arbeit auf einer Farm. Im Traueintrag wird sein Nachname auch verunstaltet – man schrieb wohl nach Gehör: Broeckner.

Mit August Brickner hatte Augusta zwei Kinder:
– William, *14.10.1869, und
– Amanda, *1872.

August trat Ende des Jahres 1882 eine Besuchsreise zu seiner Familie in Deutschland an. Der Zweck einerseits, die Eltern und Verwandten besuchen, andererseits diente die Reise bestimmt auch dazu, Familienmitglieder nachzuholen.

Dabei stellt sich die Frage, ob man sich mit Elisabeth Schwarz abgesprochen hatte. Augusta, die Frau von August

Brickner, war ihre Tante und Elisabeth wanderte auch mit diesem Schiff aus. (Kapitel 16.3)

253 Marie Dahnhof 5 . child Prussia
254 Conrad Winter 39 male farmer U.St.
255 Aug. Brückner 45 . .
256 Wilh. Grebner 20 . cartwright/Bavary
257 Jul. Wiese 21 . workman Prussia

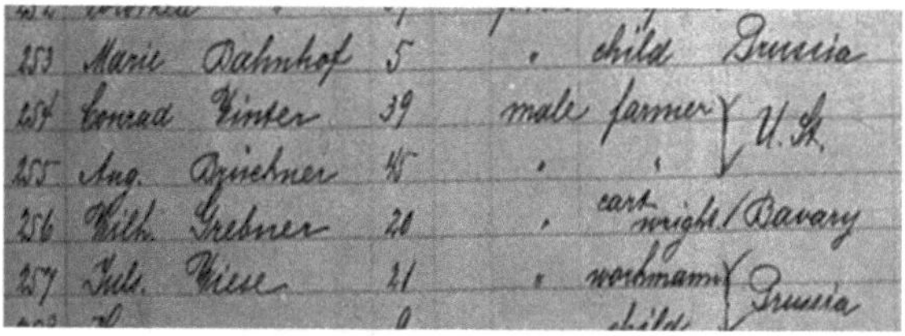

Abb. 147: Ausschnitt aus der Passagierliste des Schiffes „Wieland“, Abfahrt Hamburg, Ankunft New York - 5.3.1883. [56]

In der Passagierliste (Abb. 147) der Rückreise mit dem Schiff „Wieland“ (Abb. 148) aus Hamburg mit Zwischenhalt in Le Havre, ist zu sehen, dass unter den Nummern 254-256 neben August Brickner (auf der Liste Nr. 255 heißt er Brückner), auch Conrad Winter (Bruder der Frau von Anton Schap) und Wilhelm Grebner (ein Verwandter der Frau des Andreas Winter, Vater der Marie) aufgeführt sind.

Zumindest den 20-jährigen Wilhelm Grebner nahm man als Auswanderer mit. Das Dampfschiff „Wieland“ begann am 14.02.1883 in Hamburg seine Überfahrt und erreichte mit 606 Passagieren an Bord am 05.03.1883 New York.

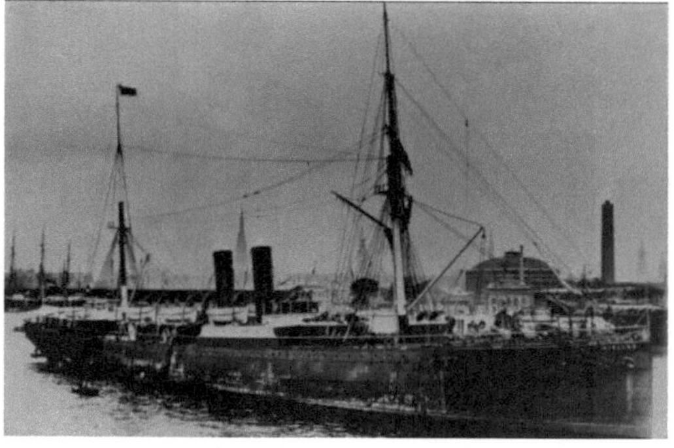

Abb. 148: Dampfschiff „Wieland“ im Hafen von Hamburg. Quelle: Internationales maritimes Museum Hamburg. [61]

Das Schiff war also nur etwa drei Wochen unterwegs. Mit diesem Schiff verkürzte sich die Zeit der Überfahrt gegenüber einem Segelschiff um etwa die Hälfte.

Das Schiff der HAPAG war komfortabler als die Auswanderer-Segelschiffe. Es gab bereits Kabinen anstatt der üblichen großen Schlafsäle. Das Baujahr war 1875 und 1895 brannte es in Singapore aus.

1884 traf die Familie ein schwerer Schicksalsschlag. Augustas jüngster Sohn aus erster Ehe, Henry, arbeitete nach der Schule vorwiegend auf Farmen in der Region um Irish

Abb. 149: Arbeiter am Zugang zu einer Mine in der Gegend der Muldoon Mine Ende des 19. Jahrhundert. [60]

Hollow, Elizabeth u. a. in Illinois.

Doch bald folgte Henry dem Beispiel seines älteren Bruders Frederick, der bereits einige Jahre in der Muldoon-Mine Little Wood River, die um 1880 erschlossen wurde, arbeitete.

Sie folgten dem Ruf derjenigen, die im Goldrausch nach Idaho reisten, um in den Minen nach Gold, Silber, Blei und Kupfer oft unter menschenunwürdigen Bedingungen zu schuften.

Der Antrieb dafür: In kurzer Zeit reich werden. Dies gelang nur wenigen, vor allem denen, denen die Claims (ein Claim etwa neun Hektar) gehörten und die Ausbeutungsrechte der Mine besaßen.

Henry bezahlte das Abenteuer mit seinem Leben. Die als Ursache für den Arbeitsunfall genannte Drehscheibe wird dazu gedient haben, um die Loren zum Transport der Erze oder des Abraums horizontal zu drehen. So konnte man diese dem richtigen Gleis zuordnen.

Auf Abb. 149 ist ein historischer Mineneingang aus der Region, wo Fred und Anthony arbeiteten, abgebildet.

In einer Todesanzeige der Zeitung „Salt Lake Tribune" vom 04.08.1884 konnte man u. a. lesen:

„Henry Arnold, 18 Jahre alt, starb am Montagmorgen, 4. August 1884, im Holy Cross Hospital.

Letzten Frühling verließ er Scales Mound, Illinois, für Muldoon, Idaho, wo sein Bruder Fred einige Jahre gelebt hat.

‚Harry', wie er genannt wurde, arbeitete in der Muldoon-Mine in Wood River und wurde am 28. Juni in der Drehscheibe der Mine verletzt. Dies führte zu einem Lendenabszess, der eine Blutvergiftung und den Tod zur Folge hatte. Dr. Fowler hat gestern zusammen mit Dr. Hall und Bascom eine Obduktion durchgeführt, die das obige Ergebnis zeigt." [60]

Diese Information wurde in den Online-Sammlungen der digitalen Zeitungen von Illinois gefunden.

Ich nehme an, dass man in diesen Sammlungen, wo auch die „Galena Daily Gazette" zu finden ist, viele weitere Informationen zum Leben unserer Thüringer und anderer Auswanderer finden kann.

Augustas zweitältester Sohn Anthony zeigte schon in den Jugendjahren unternehmerische Qualitäten.

Er ging um 1880 nach Silver Lake und baute ein Hotel in Lake Park, Iowa (Abb. 150).

Abb. 150: Das von Anthony Arnold um 1880 erbaute Hotel. [60]

Auf der Website der Gemeinde City of Lake Park, steht in der Geschichte des Ortes dazu u. a.:

„Das Pionierhotel wurde von Anthony Arnold erbaut und von ihm bis 1888 geführt, bis er es an Major EP Ring verkaufte, der es verbesserte und mehrere Jahre lang leitete."

Augustas Sohn Philipp promovierte und heiratete am 17.11.1891 Catharina Stevenson Eadie. Er praktizierte als Arzt in seiner Heimatgemeinde.

Die Ehe scheint kinderlos geblieben zu sein. Er verstarb mit nur 43 Jahren in Hanover, Jo Daviess County.

Augusta starb am 03.02.1895 in Schapville, Jo Daviess County.

Ihr Mann August heiratete nochmals, und zwar Margaretha Anschütz in Thompson Townschip, Jo Daviess, Illinois.

Diese Frau starb am 19.01.1924. August Brickner starb kurz nach ihr, am 11.02.1924.

16.3. Emilie Theresa Schab

Emilie Theresa war das 5. Kind bzw. die zweite Tochter der Familie und wurde am 29.04.1839 geboren.

Pate bei ihr war Cordula Müller, Ehefrau des Friedrich Müller, Weißbüttnermeister in Oberneubrunn.

Nach der Schule arbeitete sie, wie viele der Mädchen als Magd. Sie heiratete am 09.02.1864. Da Emilie Theresa keine Eltern mehr hatte, fand die Trauung im Wohnort des zukünftigen Ehemannes statt.

Im Trauregistereintrag Sachsendorf heißt es:

„Johann Georg Joseph Schwarz, Sachsendorf (Hinweis von mir: vermutlich bei Neuhaus), *Handarbeiter, ledig, weil. Bernhard Friedrich Schwarz, Handarbeiter, Emilie Therese Schab, Oberneubrunn, ledig, weil. Jacob Schab, Zimmermann, geheir. in Sachsendorf mit Proclam."* [36]

Dazu die Bemerkung im Traueintrag Sachsendorf:

„Die Braut zieht hierher und bleibt noch bis (Juni)? in ihrem Dienste als Magd."

In ihrer Ehe wurden fünf Kinder in Sachsendorf geboren:
– Elisabeth. *13.04.1864,
– Bertha Auguste, *22.04.1867, +04.11.1867,
– Friedrich Anton, *29.08.1869. +24.02.1970,
– Elise Christine, *10.06.1879,
– Carl Friedrich Wilhelm, *01.04.1875, +als Kind (?).

Bestimmt mit ihrem Leben unzufrieden, hörte bzw. las Theresa in Briefen, die sie von ihren ausgewanderten Geschwistern erhielt, wie gut diese in den USA Fuß gefasst hatten und ein erfülltes glückliches Leben führten – trotz mancher Schicksalsschläge.

Nach 20 Jahren Ehe fasste sie mit ihrem Mann den Entschluss, eine glückliche Zukunft für sich und die beiden Töchter in den USA zu suchen. Zunächst folgte die Tochter Elisabeth mit 19 Jahren den Verlockungen der Verwandten aus Illinois.

Sie wanderte am 13.02.1883 ab Hamburg mit dem Schiff

„Wieland" aus und kam am 05.03.1883 in New York an. Sie war in der Passagierliste der „Wieland" unter Nr. 445 registriert. Es ist anzunehmen, dass sie auf dem Schiff August Brickner, ihren Onkel, traf, der sie mit nach Illinois nahm. (Siehe Kapitel 16.2.)

Für die zunächst daheim gebliebene Familie begann die Reise in Bremen am 13.02.1884.

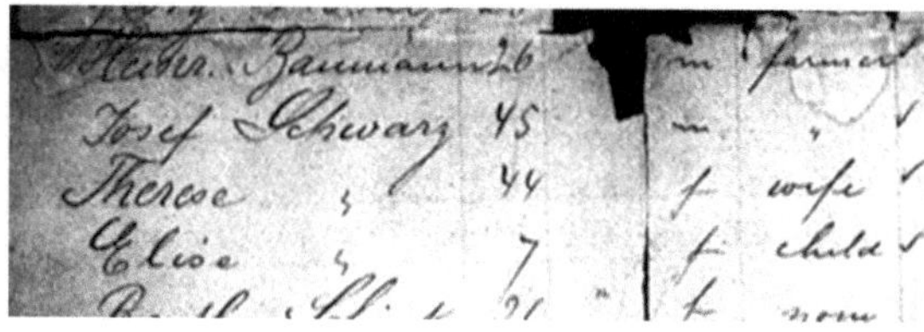

Abb. 151: Auszug aus der Passagierliste des Schiffes „Hohenstaufen" bei Ankunft in New York, gefunden in Familysearch. [56]

Gemeinsam mit ihrem Mann und der Tochter Elise bestieg Therese dort das 1874 gebaute Dampfschiff „Hohenstaufen". Sie kamen am 28.02.1884 in New York an.

Josef hat sich mit der Tätigkeitsbezeichnung „farmer" (Bauer) in der Passagierliste eingetragen. Die Familie ist unter den Listennummern 33 bis 35 zu finden.

Die „Galena Daily Gazette" berichtet am 18. März 1884 von ihrer Ankunft in Galena:

„Herr Joseph Schwarz und Familie sind aus Deutschland angereist. Herr Schwarz ist ein Schwager der Herren Schap und August Bruchner" (gemeint Brickner).

Nachdem die Familie wieder vereint war, heiratete Elisabeth am 24.06.1884 den 24 Jahre alten Albert Hartwick (Hartwig).

Alberts Eltern sind auch Einwanderer aus Deutschland gewesen, die jedoch 1859 in Jo Daviess County, Illinois, heirateten.

Der Heiratseintrag ist wieder ein Beispiel dafür, wie bei der Behörde man Namen veränderte, sagen wir

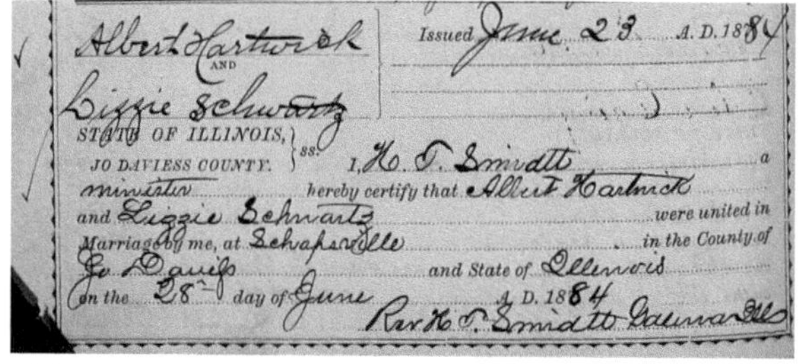

Abb. 152: Heiratseintrag von Albert Hartwick und Elisabeth Schwartz vom 23.06.1884, Jo Daviess County. [56]

„amerikanisierte", dem neuen gesellschaftlichen Umfeld anpasste – aus Elisabeth wurde Lizzie. Ob der Ausgangspunkt bei dem Beamten oder in diesem Fall den Brautleuten lag, ist unklar.

Zumindest beim Nachnamen scheint der Verursacher des „t" in Schwarz der Beamte zu sein.

Auch bei Albert ist hier der Name „Hartwick", aber sein im Alltag verwendeter Name war Hartwig. Auf seinem Grabstein (Abb. 153), dem seiner Ehefrau und seiner Eltern steht „Hartwig".

In der Ehe wurden vier Kinder geboren: der Sohn Henry sowie die Töchter Amanda, Alice und Tillie.

Das Schicksal meinte es nicht gut mit ihnen. Elisabeth starb im blühenden Alter von 33 Jahren. Das Glück, das sie suchten, war nur von kurzer Dauer.

Abb. 153: Grabstein von Elisabeth Schwarz, verh. mit Albert Hartwig. 1897 aus „Find a Grave, Old Country Roots". [56]

Albert blieb allein, widmete sich den Kindern und starb mit 91 Jahren.

In dem Nachruf der örtlichen Presse von 1952 heißt es u. a.: *„Albert Hartwig. Die Woodbine* (ist ein Ort in Jo Daviess)*-Trauerfeier für Albert Hartwig, 91, findet Donnerstag um 15 Uhr in der Zion Presbyterian Church in Schapville statt.*

Herr Hartwig, der älteste Einwohner von Woodbine und dort mehr als 40 Jahre Telefonist, starb am Dienstagmorgen in seinem Haus. Er hatte vor einer Woche einen Schlaganfall erlitten.

Herr Hartwig wurde am 22. Oktober 1860 in der Nähe von Schapville als Sohn von Henry und Barbara (Hess) Hartwig geboren. Er bewirtschaftete mehr als 45 Jahre lang Landwirtschaft in der

Gegend von Schapville und kam nach Woodbine. Er heiratete Elisabeth Schwartz am 24. Juni 1884. Er ist seit 55 Jahren Witwer.

Es überleben ein Sohn Henry Hartwig, Freeport; drei Töchter: Mrs. Henry (Amanda) Boettner, Woodbine; Frau Otto (Alice) Nieman, Apple River; und Frau William (Tillie) Mayer, Scales Mound; sieben Enkel und neun Urenkel.

Rev. William Tjaden wird den Gottesdienst leiten und die Beerdigung erfolgt auf dem Friedhof von Schapville. Freunde können bis Donnerstagmittag im Nadig Funeral Palour, im James McCormick-Haus in Hanover vorbeischauen."

Diese ehrenvollen Nachrufe in der Presse für die Verstorbenen gehören in den USA zum Abschiednehmen dazu.

In den Vereinigten Staaten ist es auch üblich, dass die Grabsteine keine Begrenzung der Standzeit haben, sondern Generationen überdauern.

16.4. Johann Anton Christian

Anton wurde am 12.12.1842 als sechstes Kind und vierter Junge der Eltern Jacob und Catharina Schab geboren.

Als er etwa zehn Jahre alt war, begann die Diskussion in der Familie über die Auswanderungen vieler Nachbarn und Thüringer nach Amerika.

Angeheizt wurden die Gespräche im Familienkreis durch Augusta und ihren aus Poppenwind stammenden Freund. Dieser schien sich bereits entschieden zu haben, Thüringen zu verlassen.

Augusta liebte ihn, wollte ihn heiraten und war entschlossen, ihm möglichst bald zu folgen (Kapitel 16.2).

Trotz des Schicksalsschlages des frühen Todes der Mutter am 07.06.1854 im Alter von 45 Jahren, folgte Augusta ein Jahr später ihrem Verlobten Heinrich nach Amerika.

Für den zwölfjährigen Jungen Anton begann eine sehr schwere Zeit. Die Schwester Augusta in den USA, der Vater allein mit den Kindern, eine schwierige familiäre Situation. Dies und die Gespräche in der Schule sowie im Bekanntenkreis über die Auswanderungswelle im Dorf werden den Jungen viel beschäftigt haben.

Er lernte nach der Schule Schmied. Bestimmt schrieb seine Schwester manchen Brief über ihr neues Leben in Illinois in die Heimat – an den Vater und die Geschwister.

Der nächste Schicksalsschlag traf die Geschwister mit dem Tod des Vaters am 17.04.1859.

Anton, nunmehr ein Waisenkind, lebte zunächst in einer fremden Familie, die ihn aufgenommen hatte. Das Familien-Anwesen ging zunächst in die Verantwortung eines Vormundes.

Nachdem die Erbangelegenheiten weitgehend geregelt waren, packte Anton, gerade 17 Jahre alt, seine Sachen, nahm von den Verwandten, den Bekannten und den Geschwistern Abschied. Das Abenteuer in ein neues Leben begann.

Sein Entschluss auszuwandern, seiner Schwester zu folgen, wurde Realität – er fuhr nach Bremen. Hier wartete das

Schiff „Ocean" mit Kapitän Klöpper auf die 265 Passagiere: Abfahrt – 28.08.1860 und Ankunft nach 56 Tagen am 23.10.1860 im Hafen von Baltimore. Auf der Passagierliste wurde Anton unter Nummer 85 geführt.

Aus seiner Biografie geht hervor, dass Antons Weg zunächst nach Jo Daviess County in Illinois führte, wo seine Schwester Augusta mit ihrer Familie wohnte.

Abb. 154 und 155: Anton C. Schap (Schab) und seine Frau Marie Margarethe, geb. Winter. [70]

Bei Familysearch und in anderen Internetquellen sind viele Fotos und anderes historisches Material über Anton und seine Nachfahren zu finden.

Dies zeugt von der Hochachtung für die Leistung des aus Deutschland eingewanderten Anton nicht nur für die Familie, sondern für die Gesellschaft in seiner neuen Heimat. Es zeigt aber auch, dass sich viele seiner Nachfahren mit ihrer Familiengeschichte befassen.

In den USA war es früher üblich, in regionalen Büchern Bürgerbiografien zu veröffentlichen. Diese Einträge wurden von den Bürgern selbst bezahlt.

Aus dem Inhalt eines solchen Schriftstückes über die Familien von Anton und Augusta (Original in Google-Übersetzung unter Anlagen 18.1.) werde ich versuchen, Antons Weg nach seiner Ankunft in Baltimore nachzuzeichnen.

Er wird um 1889 als lebensfroh und fröhlich bezeichnet, als Meister seines Fachs, der ausgezeichnete Arbeit leistet und von den Nachbarn geachtet wird. Doch der Beginn in seiner neuen Heimat verlief nicht problemlos.

Als er in Baltimore ohne englische Sprachkenntnisse ankam, traf er zunächst auf Gauner, die ihn beim Kauf eines Bahntickets nach Chicago um sein weniges Reisegeld brachten.

Gut, dass es bereits eine direkte Eisenbahnverbindung zwischen den Großstädten gab. Die Eisenbahnfahrt in seiner neuen Heimat, die ihn zunächst nach Chicago am Michigansee führte, stellte sich als abenteuerlich heraus.

Sein Ziel, Galena (heute etwa 3300 Einwohner, Mitte des 19. Jahrhunderts um die 10000), wo seine Schwester Augusta lebte, war etwa 1400 km von Baltimore entfernt.

Für einen Jungen, der bisher nur das Tal der Schleuse im Thüringer Wald kannte, eine unvorstellbare Entfernung und die Eisenbahnfahrt ein großes Abenteuer.

Er beschaffte sich in Chicago Geld, traf nette Leute, die ihn verköstigten und ihm halfen, seine Reise fortzusetzen.

In Galena angekommen, suchte er tagelang nach Augusta in dem Ort Guilford Township. Groß war die Freude, als er sie endlich in die Arme schließen konnte.

Bei einem Fest traf er Henry Winter, einen aus dem heutigen Bad Berleburg stammenden Auswanderer, der ihn einlud, vorübergehend in seinem Haus zu bleiben. Dies sollte für sein Leben bestimmend sein.

Als der Präsident der USA, Abraham Lincoln, Soldaten-Werber ins Land schickte, bewarb sich Anton umgehend. Am 11. April 1862 begann für drei Jahre sein Dienst im 96. Illinois-Infanterieregiment unter Kapitän Greene.

Aus einer Übersicht der Veteranen kann geschlossen werden, dass auch Henry Winter sich anwerben ließ und beide in dem Regiment dienten – Anton in der Kompanie F und Henry Winter in der Kompanie A.

Eine leichte Verwundung folgte für Anton und durch Zufall erkannte man seine handwerklichen Fähigkeiten. Nach der Genesung wurde er deshalb zum Dienst in eine Abteilung abkommandiert, wo die Pferde und Maultiere beschlagen wurden. Als gelernter Schmied für ihn kein Problem.

Wieder erlitt er eine Verletzung, diesmal eine schwere. Am 10.06.1865 wurde Anton als Korporal ehrenvoll aus der Armee entlassen. Er pflegte weiter den Kontakt zu den alten Kameraden und nahm an den Veteranentreffen der 96. Illinois Kompanie, u. a. im Jahre 1886 und auch später teil.

Er lernte den Schmied Andreas Winter kennen, arbeitete bei ihm in der Schmiede, wozu auch der Wagenbau gehörte (Kapitel 16.6).

Am 11.02.1866 heiratete er dessen 17-jährige Tochter Marie, die als Kind im Alter von acht Jahren um 1857 mit ihrer Familie von Zell, Üchtelhausen (bei Schweinfurt), nach Amerika kam.

Die Familie wohnte zunächst in Galena, zog dann Anfang des Jahres 1867 in die Nähe von Mill Creek im Thompson Township. Anton gründete dort auf seinem jetzigen Bauernhof eine Schmiede mit Wagenbau (Abb. 156 und 157).

Da das Geschäft gut lief, die Schmiedearbeiten und der Wagenbau aufgrund der guten Qualität seiner Arbeit gefragt waren, er und seine Frau hilfsbereite und freundliche Menschen gewesen sind, bauten immer mehr Menschen ihre Häuser rund um ihre Schmiede.

Ende des 19. Jahrhunderts hatte das Dorf etwa 24 Häuser mit cà. 50 Einwohnern, dazu zwei Kirchen und Friedhöfe. Das heutige Schapville ist eine nicht rechtsfähige Gemeinde.

Anton zu Ehren, der sich mit seiner Frau sehr um die Probleme der kleinen Ansiedlung kümmerte, aber auch sich um die Kirche verdient gemacht hatte, als glühender Anhänger der Republikanischen Partei galt, wurde der neu entstandene Ort in den siebziger Jahren des 19. Jahrhunderts „Schapville" benannt.

Man kann davon ausgehen, dass in Schapville und Umgebung sich bestimmt weitere Auswanderer aus seiner ehemaligen Heimat niederließen und eine neue Existenz aufbauten.

Geht man von den bei Familysearch in den Genealogien angegebenen Geburtsorten von Antons Kindern aus, dann ist nur bei Henry Galena als Geburtsort angegeben. Alle anderen Kinder wurden „Schapville" geboren.

Abb. 156: Anton in der Mitte auf dem Rad sitzend. Seine Frau Marie, 2. von rechts. Hinter Anton links Barbara Winter, die sechs Jahre im Haus der Familie lebte. [70]

Abb. 157: Die Schmiede von Anton um 1900. [70]

In Maria und Antons Ehe wurden zehn Kinder geboren:

1. Henry Anthony, *25.02.1867. +04.03.1942,
   oo 1891 mit Elisabeth J . Stafford.
2. Amanda M., *30.10.1868, +13.05.1882.
3. Georg, *27.09.1870, +1877.
4. Caroline Gertrude, *17.10.1873, +14.02.1932,
   oo 1896 mit George Edward Schroeder.
5. Martin, *27.10.1874, +12.1950,
   oo 1902 mit Christina Bruechert.

Abb. 158: Anton Schaab (Name in USA Schap) aus Oberneubrunn/Thür., (ausgewandert 1860), mit seiner Familie um 1886. Von links vorn: George, Anton, Anthony, Maria mit Joseph, Fred.
Hintere Reihe: Henry, Martin, Caroline Gertrude, Augusta (Gussi genannt). [70]

6. Augusta „Gussi", *30.12.1876, +20.03.1955,
   oo mit Clifford Earl Hurlbert.
7. George Jacob, *02.05.1879, +10.07.1953,
   oo 1907 Elsie L. Parker.
8. Fred, *24,02,1881, +1949,
   oo 1916 Winnie Humphry Jones.

9. Anton, auch Anthony,*07.03.1883, +12.1956,
   oo 1907 mit Emma Maria Hamann.
10. Joseph, *08.10.1886, +1954,
   oo Josephine Harris.

Anton verkaufte am 24.03.1879 der Kirchgemeinde ein Stück seines Landes. Damit wurde der Bau einer Kirche im Dorf ermöglicht.

Er und seine Frau unterstützten schon frühzeitig die Kirche, ergriffen mit die Initiative zu deren Bau.

Abb. 159: Schapville, Zion Presbyterian-Kirche. Foto: Patricia Ryan. [70]

Abb. 160: Glasfenster, Stiftung für die Kirche. [70]

Ein Fenster in der Kirche ist ihr Denkmal für die Nachwelt, die Erinnerung an eine Familie, die aus Thüringen/ Deutschland einwanderte, sich integrierte und deren Mitglieder zu geachteten Staatsbürgern der Vereinigten Staaten von Amerika wurden.

Das farbige Bleiglasfenster (Abb. 140 und 160) für die Schapville Zion Presbyterianische Kirche stifteten Anton und Maria.

Es enthält oben als Zeichen seines Handwerks einen Hammer und eine Zange. Ganz unten am Rand befindet sich die

Inschrift „ANTON C. & MARIA SCHAP". Diese Spende ist auch ein Zeichen von Marias und Antons Frömmigkeit.

Beide besaßen auch einen ausgeprägten Geschäftssinn. Man kann annehmen, dass Anton dort, wo er sich ansiedelte und seine Schmiede erbaute, eine sehr große Fläche des Landes nach und nach erworben hatte, sodass er und seine Kinder später einiges davon wieder verkaufen konnten.

Er nahm so Einfluss auf die Besiedlung des späteren Ortes Schapville, baute sich ein kleines Vermögen auf und errichtete für sich und seine Familie ein gemütliches Heim.

Anton erwarb aber auch immer wieder neue Grundstücke, veräußerte diese irgendwann wieder, wie es auch Immobilienmakler heute tun. Hinweise dazu findet man in Berichten der „Galena Daily Gazette".

Auf diese Weise kaufte auch David Rury von ihm ein Gebäude mit 15 ha Land, richtete sich seine Farm mit Stallungen ein und betrieb Landwirtschaft. Die Familie Rury ist noch heute stark in Schapville vertreten.

Kenneth Rury, ein Enkel, schreibt über das zu dieser Zeit von Anton erworbene Grundstück in seiner Familienchronik:

„Auf dem Bauernhof gab es Zapfsäulen, eine alte Schmiede und im Obergeschoss wurden sogar Särge hergestellt.

Die Zapfsäulen wurden später entfernt. David züchtete Schweine. Als David sich von der Landwirtschaft zurückzog, verwandelten sie in den 60er Jahren die Schmiede in ein Lebensmittel- und Futtermittelgeschäft mit dem Namen DAVID RURY FEED. ...

Sie führten eine große Auswahl, von Penny-Bonbons, Eiscreme, Brot und anderen Lebensmitteln bis hin zu Getreide aus Seetang, Salzblöcken, Manamar-Futter, Bindfäden und anderen landwirtschaftlichen Bedarfsartikeln.

Dort traf man sich, um sich am Dickbauchofen aufzuwärmen, Geschichten zu erzählen, Karten zu spielen und zu klatschen. Später verkaufte David das gesamte Vieh und konzentrierte sich auf den Laden." [56]

Dies gibt einen interessanten Einblick in das Leben des Dorfes unseres Anton, wie auch die zwei Bücher („Farm Boy", „Neighbors") des Fotografen Archie Liebermann.

Dass Anton eine anerkannte Person war, zeigt sich u. a. in seiner Wahl 1884 zum Direktor des Schulbezirks 3 für die Dauer von drei Jahren in Thompson.

Es ist interessant, wie sehr detailliert neben diesen öffentlichen auch private Angelegenheiten, wie Reisen, Besuche, Geschäftsbeziehungen, Familienereignisse u. ä. in der örtlichen Presse (siehe Kapitel 17.1.) publiziert wurden.

Hier ein kleines Beispiel zu Anton und seinem Bruder: *„Herr Anton Schap aus Schapsville hat sein Wohnhaus neu streichen lassen und neue Jalousien anbringen lassen, wodurch das Haus fast wie neu aussieht und zu einem der schönsten Wohnhäuser im Dorf gehört. ...*

Herr Fred Schap und Sohn John aus Dubuque, die einige Monate in unserer Stadt verbracht haben, sind nach Hause aufgebrochen."

Dies war wohl der engen Vertrautheit geschuldet, die aufgrund der gemeinsamen Erfahrungen der Auswanderung und des Einlebens in die neue Umgebung und die amerikanische Gesellschaft entstand.

Man stand sich bei Alltagsproblemen bei, nahm Anteil an den Freuden und auch dem Leid der Nachbarn.

Das Bindeglied in dieser „Gründer- und Einlebensphase" bildete dabei die Kirche. Hier liefen oft die „Fäden" zusammen, traf man Entscheidungen für das Zusammenleben, auch z. B. über den Bau und Betrieb einer Schule.

Dazu noch ein passendes Zeitungszitat der „Galena Daily Gazette" zu unserem Auswanderer Anton aus Oberneubrunn vom 21.09.1897: *„Anton Schap, der geniale Schutzpatron des Dorfes Schapville, war heute in Galena."*

Dies beschreibt treffend seine Stellung in den Dörfern um Schapville.

Anton starb am 26.05.1925 an den Folgen eines Schlaganfalles.

Vielleicht ertönten als Ausdruck der Trauer aus seiner Kanone, die im Garten stand, Salutschüsse – wer weiß es, aber zuzutrauen wäre es ihm.

Seine Frau überlebte ihn neun Jahre und starb am 12.02.1934 in Thompson Township.

Es ist sehr bemerkenswert, wie ein Thüringer aus der heutigen Gemeinde Schleusegrund und seine große Familie in Illinois Geschichte geschrieben haben.

Dies könnte eigentlich ein Anlass für die Gemeinden sein, die Partnerschaft zu suchen. Viele Bürger der beiden Orte werden weitläufig verwandt sein, gemeinsame Gene besitzen.

Nun wenden wir uns kurz noch Antons nicht in den Kinderjahren verstorbenen Kindern zu.

1. Henry Anthony (*25.02.1867)

Er lebte mit seiner Familie in Jo Daviess, Illinois, davon zwei Jahre in Stockton. Mit seiner Frau Elizabeth Jane, geborene Stafford, hatte Henry Anthony mindestens den am 06.01.1892 geborenen Sohn Thomas Henry.

In der Galena Daily Gazette heißt es am 29.07.1889:

„Herr H. A. Schap fährt ein hübsches Gespann alter Sauerampferponys. Sie sind ein gut eingespieltes Team, ... und es ihnen ermöglicht, Doppel- oder Einzelspänner zu fahren.

Henry Schap ist ein Pferdekenner Nr. 1, und wer ein schickes Pferdegespann kaufen möchte, tut gut daran, sich an Henry zu wenden.“

Das Zitat deutet darauf hin, dass Henry neben der Schmiede in Stockton auch Landwirtschaft, Pferdezucht und ein Kutschunternehmen betrieb, sowie Fuhrleistungen ausführte.

Also alles das, was man in einer landwirtschaftlich geprägten Region benötigte.

Abb. 161: Auschnitt aus einer alten Postkarte. Rechts: Das erste Haus ist der Blacksmith Shop von Schap. [56]

Henry Anthony starb 1942 im Alter von 75 Jahren und seine Frau drei Jahre später. Sie wurden in Stockton

Township, Jo Daviess, Illinois, USA, unter großer Anteilnahme begraben.

1917 wurde sein Sohn Thomas H. für den Militärdienst aufgrund des Ersten Weltkrieges erfasst. Interessant, dass die ethnische Zugehörigkeit auf der Erfassungskarte mit „Caucasian" angegeben wird. Dies ist in den USA die übliche Bezeichnung für „europäisch-stämmige weiße Menschen".

Thomas H. trat im September 1917 in den Militärdienst ein und ging nach Camp Grant. Er diente als Unteroffizier im Air Services Signal Corps. Am 8. Februar 1918 ging er nach Übersee. Seine Entlassung erfolgte am 10. Juli 1919.

Abb. 162. Thomas Henry Schap. [60]

Thomas heiratete lt. Nachruf am 24.07.1917 Mona Jeffries Webber in Cedar Rapids, Linn, Iowa.

Sie hatten einen Sohn Robert und drei Töchter - Marion, June und Betty, die in Stockten lebten. Thomas führte den Blacksmith-Shop (Abb. 162).

Thomas H. starb 1947 im Alter von 55 Jahren in Freeport, Stephenson, Illinois.

2. Caroline Gertrude („Carrie", *17.10.1873)

1888 ging Caroline nach Elizabeth, um dort den Beruf einer Schneiderin zu erlernen. [66]

Im Alter von 21 Jahren heiratete sie am 02.10.1895 in Jo Daviess George Edward Schroeder (*aus Bellevue, Jackson, Iowa). Dieser arbeitete als Straßenkommissar. Im Census 1890 wird für sie als Tätigkeit auch Lehrerin angegeben.

Die Familie lebte in Stockton und hatten vier Kinder:
- Gertrude Marie, verheiratet um 1921 mit dem 1895 geborenen Albert Freeman Heindel.
- Norma Louise, verheiratet mit Dr. Thomas L. Jones und lebte 40 Jahre in West-Chicago. Nach dem Tod ihres Mannes 1963 zog sie zu ihrer Tochter Diana und den 5 Enkelkindern in Reistertown in Maryland.
Sie starb 1970 in Baltimore.

– Colin Edward heiratete 1932 Alice Caroll. Sie hatten drei Kinder.
– Carl M., geboren am 26.03.1910, heiratete Dorothy Lucylle "Doris" van der Heyden (*28.08.1904).

Carrie starb am 14.02.1932 im Alter von 57 Jahren.

Abb. 163: Grabplatte von Carrie Schroeder, geb. Schap. Foto von M. Patterson, Findagrave. [56]

3. Martin (*27.10.1874)

Martin erwarb mit seinem Bruder Henry Anfang 1901 den Blacksmith Shop (Schmiede) von Charles Hartwig in Stockton, um dort eigenständig ihrem Handwerk nachzugehen.

Es scheint so, dass Martin vorrangig sich zunehmend mit dem Wagenbau und den Schmiedeleistungen befasste, da sein Bruder Henry noch andere Tätigkeiten ausübte (siehe S. 218, Nr. 1).

Mit 28 Jahren heiratete Martin am 20.05.1902 Christina Bruechert.

Sie hatten drei Kinder: Edwin Martin, Melvin Frederick und Ruth Margaret.

Martin starb im Alter von 85 Jahren.

4. Augusta, genannt „Gussi" (*30.12.1876)

Gussi Schap wird auch öfters in der „Galena Daily Gazette" erwähnt. Sie war oft zu Besuchen bei ihren Geschwistern.

Einzelnen Meldungen der regionalen Presse ist zu entnehmen, dass sie künstlerisch begabt und auch

Abb. 164: Augusta Schap und Cliffort Hurlbert, um 1908. [56]

tätig gewesen ist. Augusta heiratete mit 31 Jahren den am 03.02.1880 geborenen Clifford Earl Hurlbert. Im Census 1930 ist für ihren Mann die Tätigkeitsbezeichnung „Manager" angegeben. Zu Kindern in der Ehe ist nichts bekannt.

Gussie starb 1955 und Clifford 1958 in Rockford, Illinois.

5. George Jacob (*02.05.1879)

Auch George hatte den Beruf des Schmiedes erlernt und arbeitete im elterlichen Betrieb.

George heiratete am 10.01.1907 Elsie Lenore Parker in Stockton, Jo Daviess County. Sie feierten mit den Freunden im Haus der Schwester Gussi.

Ihre Kinder waren zwei Mädchen: Thelma und Mary. Im Census 1940 wurde mit Reginald ein 13-jähriger adoptierter Sohn erfasst.

George starb 1953 und seine Frau Elsie 1956.

6. Fred (*24.02.1881)

Er war lange Jahre Single, was daran lag, dass er als Handelsvertreter doch sehr viel in den Staaten unterwegs war.

1899 wird er als Mitglied eines Clubs zur „Verbesserung und Kultivierung des Geistes" in Schapville in der Zeitung benannt. Es heißt u. a. in dem Artikel:

„Interessante Literatur und musikalische Unterhaltung in Schapville. Schapville, Illinois, 18. Dezember 1899.

Die Bewohner unseres blühenden Dorfes und des angrenzenden Landes wurden am Samstagabend mit einem interessanten literarischen und musikalischen Programm verwöhnt.

Das Haus war bis auf den letzten Platz gefüllt und die vielen, die mangels Stehplätzen abgewiesen wurden, verpassten eine seltene Freude.

Ziel war es, Geld für die Gründung einer Schulbibliothek zu beschaffen und die Einnahmen in Höhe von siebzehn Dollar werden hierfür verwendet."

Soweit eine kleine Exkursion in das damalige kulturelle

Leben von Schapville.

Fred heiratete mit 35 Jahren in Harrisson, Iowa, am 12.05.1916 die 30-jährige Winnie Humphry Jones. Deren Eltern, James Taylor und Elenor, geborene Wilson, stammten aus der Region Newcastle in England.

Abb. 165: Hotel „Sanford" Omaha, Nebrasca. Foto von Ammodramus. [67]

Seine Registratur zur Einberufung zum Militärdienst 1918 wurde bei einem Aufenthalt in Omaha, Nebraska, vollzogen. Er wohnte zu diesem Zeitpunkt mit seiner Frau im „Sanford Hotel".

7. Anton John (*07.03.1883)

Auch er lernte beim Vater den Beruf eines Schmiedes und Wagenbauers.

Mit 24 Jahren heiratete Anton John am 18.09.1907 die 1885 geborene Maria Emma Henriette Hamann.

Ihre Familie wanderte aus dem kleinen Ort Wandrum ein, der heute zur Gemeinde Wittenförden in Mecklenburg-Vorpommern gehört.

Abb. 166: Emma Hamann, 1902. [56]

Anton scheint ein beliebter und humorvoller Handwerker in Schapville gewesen zu sein. Als er 1956 starb, erschien am 3.12.1956 ein doch recht ungewöhnlicher Nachruf in der Zeitung „Freeport Journal-Standard".

„Anton J. Schap war eines der zehn Kinder von Anton C. und Maria Schap, nach dem Schapville benannt wurde.

Anton trat hier im Black Smith Shop in die Fußstapfen seines Vaters als Schmied und All-round-General. Hier ist er im Jahr 1934 abgebildet, wie er am selben Schornstein steht, der heute sein Bild trägt. Dieses Foto scheint seinen Charakter einzufangen (Hinweis: Siehe Foto 169). Das Einzige, was

Abb. 167: Emma Hamann und Anton J. Schap. [56]

Abb. 168: Emma, abendliche Arbeit im hohen Alter. [70]

Abb. 169: Anton J. Schap 1934 in der Schmiede. [70]

Dies wird nur deshalb erwähnt, weil viele leere Flaschen dieser besonderen Marke versteckt in den Dachsparren des Gebäudes gefunden wurden.

1956, im Alter von 73 Jahren, wurde seine Leiche auf dem Hügel der Schapville Road auf dem Friedhof der Zion Presbyterian Church beigesetzt.

Aber sein Geist blieb zu Hause. Denn nach Einbruch der Dunkelheit kann man in seltenen Fällen Anton Schap genau dort stehen sehen, wo man jetzt ist, wo früher die Schmiede war, immer noch mit seiner Zigarre, unwillig, den Ort und die Zeit zu verlassen, die seine Seele

Heimat nennt. Ja, tatsächlich; zuverlässige Quellen berichten, dass in diesem Gebäude der Geist von Anton Schap gesichtet wurde.

Sie können es glauben oder nicht. Aber glauben Sie es!

Die Ureinwohner von Schapville verschwinden nie. Schapville wird immer ihr Zuhause sein.

Um diese skurrile Gemeinschaft namens Schapville zu bilden, braucht es all ihre Weisheit, ihren Geist, ihre Sturheit, ihren Humor, ihren Intellekt oder auch das Fehlen davon sowie ein paar Schrottautos.

Fragen Sie einen Schapvillianer, und er wird Ihnen sagen, dass es diese verdammten Leute aus Chicago sind, die das gute Gleichgewicht ihres süßen Zuhauses durcheinander bringen.

Wenn Sie also aus Chicago kommen, ist Schapville ein schöner Ort für einen Besuch und ein erfrischender Schritt zurück in die Zeit, aber es kann niemals Ihr Zuhause sein. Zuhause ist, wo man nie weggeht, wie Anton Schap." [70]

Emma befasste sich, wie es damals üblich war, während ihr Mann in der Schmiede arbeitete, mit der Erziehung der Kinder, führte den Haushalt und nähte auch (Abb. 168).

Emma starb am 13.02.1980 im gesegneten Alter von 95 Jahren in Dubuque.

Ihre drei Söhne und die Töchter heirateten wie folgt:
- 1941 heiratete Sohn Haldor A. (*1916) in Grundy, Iowa, Phyllis Eileen Turner (*1920). Sie hatten den Sohn Gary Hal.
- Die Tochter Mildred, (*1912), heiratete 1932 Frederick John Langenberg (*1903) in Bay, Gasconade, Missouri.
- Clyde Carson (*1920) heiratete 1949 in Fort Atkinson in Wisconsin Priscilla (Cilla) Joan Oettmeier (*1925).
- Norman Wayne (*1923) führte 1948

Abb. 170: Clyde Schap mit Cilla Oettmeier Hochzeit 1949. [56]

Gloria Maria Heinz (*1926) in Dubuque, Iowa, zum Trau-
altar. Sie hatten drei Söhne und eine Tochter:
David Wayne, Ronald, Terry und Nancy.
Stefanie, die Tochter von Ronald, heiratete Gene Eason.
Beide sind auf der Veteranenübersicht zu sehen.
David stellte diese Übersicht der Militärveteranen anläss-
lich eines „Memorial Day" als Hommage an die Mitglieder
der Familie Schap, die beim Militär gedient haben, zusam-
men. Diese wurde in zwei Zeitungen in Iowa veröffentlicht.
Norman verstarb 2013 und seine Frau 2014 in Dubuque.
David heiratete Patricia Ann Ryan.
Zwei Kinder Krista Ann und Anton John Norman vervoll-
ständigten die Familie.

8. Joseph (*08.10.1886)

1886 geboren, heiratete er die 1890 in Rush Township geborene Josephine Harris. Sie war das jüngste Kind von insgesamt zehn Kindern. Ihre Mutter scheint aus Hessen zu
stammen.
Joseph starb 1954.

Zum Schluss noch eine Ergänzung zu der in den USA sehr
großen Verehrung der Kriegsveteranen. Einiges dazu findet
man in den Kapiteln gerade im Zusammenhang mit dem
Bürgerkrieg zwischen Süd- und Nordstaaten, den Konföderierten und den Unionisten, der Armee des Präsidenten Lincoln.
Die Konföderierten Staaten waren sieben Südstaaten
(South Carolina, Mississippi, Florida, Alabama, Georgia,
Louisiana und Texas), die sich nach der Wahl Abraham Lin-
colns zum Präsidenten, von der Union der Vereinigten Staaten abspalteten. Der Kampf der Unionisten richtete sich
auch gegen die Sklaverei, für die Freiheit aller Bürger.
In dieser Zeit kamen unsere Auswanderer in den USA an.
Meist recht mittellos, noch wenig Sprachkenntnisse, auf der
Suche nach dem richtigen Weg, sich in der neuen Heimat
eine Zukunft aufzubauen. Die Werber für die Unionisten

hatten so recht leichtes Spiel, gewannen handwerklich gut ausgebildete Soldaten, viele dienten schon in Deutschland.

Es wurden sogar Regimenter aufgestellt, in denen weitgehend deutschsprachige Soldaten dienten. Unsere Auswanderer sahen dies als Chance und hatten Recht damit.

Sie erhielten Sold, lernten die Sprache und die Mentalität der Einwohner kennen.

Dabei fanden sie schnell heraus, welche Schwerpunkte des Einlebens in der amerikanischen Gesellschaft sie beachten mussten.

Was auch wichtig war, nach der Entlassung waren die Soldaten automatisch vollwertige Mitbürger, fanden ihren Platz in den Veteranenvereinen, waren anerkannt in ihren Wohnorten.

Der Militärdienst war auch von Vorteil für die angestrebte Einbürgerung.

Diese Achtung der Veteranen ist bis heute geblieben, drückt sich in dem „Memorial Day" aus und ist in vielen Familien Herzenssache.

Man ist stolz auf „seine" Familienmitglieder, die für die amerikanische Nation bei der Armee Dienst tun oder dort dienten. (Abb. 171)

Abb. 171: Militärveteranen der Familie Schap. Aus der Zeitung „Telegraph Herald/Dubuque". [70]

16.5. Georg Friedrich

Georg Friedrich Schab, in den USA auch Fred oder Frederick Schap genannt und bei den Behörden geführt, war das jüngste Kind von Johann Jacob Friedrich Schab aus Oberneubrunn (Kapitel 16.1).

Geboren am 30.09.1847 in Oberneubrunn erlernte er den Beruf des Schmiedes und Wagenbauers.

Mit sieben Jahren verlor er die Mutter, mit zwölf den Vater und als er acht Jahre alt war, wanderte seine große Schwester nach Amerika aus.

Was sollte er tun – der ausgewanderten Schwester folgen oder irgendwie im Schleusegrund bei einem Vormund leben und in eine ungewisse Zukunft gehen?

Lange wird ihn dieses Problem beschäftigt haben, schlaflose Nächte inbegriffen.

Trotz seiner erst 15 Jahre nahm er das Geld aus dem Erbe und entschloss sich zur Auswanderung. Am 14. Oktober 1862 verließ er mit dem Schiff „Tuisko" von Bremen aus Deutschland.

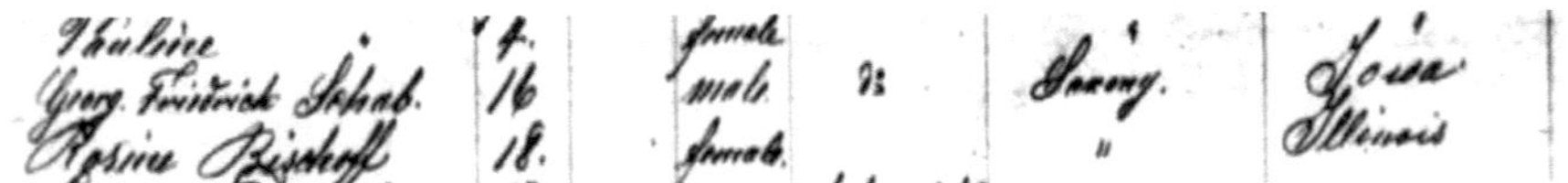

Abb. 172: Ausschnitt aus der Passagierliste des Segelschiffs „Tuisko" mit Eintrag von Georg Friedrich. [56]

Als Ziel gab er in der Passagierliste Iowa an. Sein Alter rundete er auf 16 Jahre auf.

Es zeugt schon von großem Selbstbewusstsein, wenn man sich mit 15 Jahren schon als Schmied bezeichnet.

Während der Recherche hat man schnell gemerkt, dass in dieser Zeit man in den USA wenig Wert auf exakte Daten wie Geburt, Herkunft, Beruf usw. gelegt hat.

Selbst bei Heirat musste nur das Alter, egal ob es stimmte oder nicht, angegeben werden.

Auf Grabsteinen findet man oft auch falsche Geburtsdaten. Alles das war der Pionier- und Gründerzeit der Masseneinwanderung in die USA geschuldet, da zählten andere

Prämissen. Andererseits steckte der Aufbau der Verwaltung noch in Kinderschuhen. Eine Zeit im Aufbruch.

Weshalb Georg als Reiseziel nicht die Geschwister in Illinois angab, ist nicht bekannt.

Doch er wird sich zunächst dort aufgehalten haben, denn er heiratete am 01.10.1869 in Galena, Illinois, die aus Schleswig-Holstein stammende Fredericke Bunyer.

Abb. 173: Dubuque in Iowa um 1859, Stahlstich. [63]

Ihren Wohnsitz nahmen sie in Dubuque, Iowa.

In der Ehe wurden fünf Kinder in Dubuque, Iowa, geboren:
- John, * 1870, + 1891.
- Augusta, *1872, +1907.
- Florence Dorothea, *1877, +1958.
- Norma Alvina, *1879, +1966.

Sie heiratete Hyde Russel Galbraith um 1922.
- Arthur Frederick, *1883, +1965.

In den Census-Unterlagen, das ist die Volkszählung in den USA, werden Frederick, wie Friedrich in der neuen Heimat genannt wird, als Wagenmacher und Fredericke als Hausfrau geführt.

Ende der achtzehnhundertachtziger Jahre erkrankte Friedrich an Krebs, vermutlich Lungenkrebs.

Am 23. Mai 1888 schreibt die „Galena Daily Gazette“: *„Herr Fred Schap aus Dubuque, Bruder von A. Schap in Schapville, der sich in einem schlechten Gesundheitszustand befindet, verbringt den Sommer im Land, um seiner Gesundheit zu helfen, in der Hoffnung, dass er davon profitieren wird.“* [66]

Vor seinem Tod verfasste er ein Testament, das in Teilen bei Ancestry einzusehen ist.

Zum Leben der Frau mit den Kindern ist wenig bekannt. Doch im Adressbuch auf Seite 426 von Dubuque von 1899 wird man fündig und man erfährt etwas zu ihren Tätigkeiten.

– Fredericka ist als Witwe von Fred eingetragen.

– Arthur ist Fuhrmann.

– Augusta ist Schneiderin.

– Norma arbeitet als Lehrerin in der Prescott School.

Abb. 174: Stampfer Building in Dubuque. Foto: Temu08, Wikipedia. [56]

– Florence ist Verkäuferin bei Sullivan & Stampfer, einem renommierten Kaufhaus. Dies wurde um 1896 erbaut und ist heute als „Stampfer Building" oder „Security Building" bekannt. Es war das erste Gebäude im modernen Baustil in Dubuque.

Norma Schab nutzte ihr künstlerisches Talent und wirkte in verschiedenen Laienveranstaltungen mit, trug auch oft Rezitationen zu Festlichkeiten vor.

In der „Galena Daily Gazette" vom 31. Mai 1907 gab es eine Kritik zu einer Opernaufführung in Galena, in der sie mitwirkte:

„,Das Glockenspiel der Normandie', präsentiert von Dubuque Talent.

Ungefähr sechzig Damen und Herren, die den Chor der Dubuque Symphony Society bildeten, führten mit Unterstützung von Miss Elizabeth Lay aus Chicago am Donnerstagabend im Turner Ballon die komische Oper ‚The Chimes of Normandy' auf. Sie wurde schon mindestens zweimal in Galena gesehen, zeichnete ein großes Haus und war allgemein zufrieden.

Miss Lay als Sopranistin und Miss Norma Schab als Germaine übernahmen die Hauptrollen der Damen.

Miss Lay zeigte mehr als gewöhnliches Talent, gepaart mit einer süßen und klaren Stimme. Frau Schab hatte auch eine sehr angenehme Stimme, obwohl ihr Schauspiel weniger künstlerischer Natur war."

Die Lehrerin Norma engagierte und versuchte sich in verschiedenen kulturellen Bereichen einzubringen und war damit vermutlich auch oft unterwegs und anerkannt.

So veranstaltete sie für die Schüler und Interessenten in der Oper von Stockton Liederabende.

Ihre Mutter Fredericka scheint auch eine anerkannte Bürgerin in Dubuque gewesen zu sein, wie in einem Nachruf nach ihrem Ableben am 4. Januar 1907 zu lesen ist.

Am Montag, dem 5. August 1907, veröffentlichte die Zeitung „Der Telegram-Herold" in Dubuque, Iowa, folgenden Nachruf für Fredericks Witwe:

„Frau Fredericka Schab ist tot. Der Tod einer bekannten Frau verursacht Trauer in der Gemeinde.

Frau Fredericka Schab, 324 West Locust Street, starb am Sonntagabend um 17 Uhr im Finley-Krankenhaus.

Am Dienstagabend wurde sie krank und es wurde schlimmer, bis es offensichtlich wurde, dass nur eine Operation ihr Leben retten würde.

Sie wurde am Sonntag ins Krankenhaus gebracht, wo am Sonntagmorgen um 11 Uhr die Operation stattfand. Sie erlag aber während der Operation.

Die Nachricht von ihrem Tod wurde in der Nachbarschaft mit Trauer aufgenommen, in der sie seit über zwanzig (20) Jahren lebte, sowie in der ganzen Stadt, wo ihr Verlust deutlich zu spüren sein wird.

Frau Schab geht.

Drei Töchter: Augusta aus Dubuque, Iowa,

Florence aus Dubuque, Iowa,

Norma aus Dubuque, Iowa,

und

ein Sohn, Arthur, aus Wyoming.

Die Bestattungsvorbereitungen sind noch nicht abgeschlossen." [56]

16.6. Kinder des Johann Christoph Heinrich Schaab aus Eisfeld

Johann Christoph Heinrich war das 3. Kind von Jacob und Catharina Maria (siehe Kapitel 16.1). Seine Frau Catharina Sophia Bertha Rassmann (*17.07.1835) heiratete er am 06.11.1867 in Eisfeld. Fünf Kinder sind bekannt:

Georgina, *10.09.1867, Georg Carl *27.09.1869, Carl Heinrich, *28.07.1872, Otto August, *01.10.1876 und Sophia, *22.12.1878.

Seine Jungen wurden zeitig mit dem „Auswanderungsvirus" infiziert, wollten, wie ihre Verwandten aus Oberneubrunn und Sachsendorf, das Glück in dem fernen Amerika suchen.

Man kann davon ausgehen, dass zwischen den Familien in Oberneubrunn, Eisfeld, Sachsendorf u. a. ein reger Briefwechsel und auch Besuche stattfanden. Aber auch der Kontakt nach den USA war vorhanden.

Der Vater wird sehr von den Jungen bedrängt worden sein, die notwendigen Behördengenehmigungen für eine Auswanderung einzuholen.

Georg Carl, noch keine 14 Jahre alt, vielleicht gerade die Schule beendet, wanderte im Jahre 1883 nach Amerika aus.

Auch er ließ sich im Umfeld der Oberneubrunner Schab-Familie in der Region Galena, Jo Daviess County, in Illinois, nieder.

1892 erhielt Georg Carl seine Einbürgerungspapiere und somit wurde er Bürger der USA.

Das scheint ihn veranlasst zu haben, seine Eltern und Geschwister in Thüringen zu besuchen. Wohlwollend wird dies am 18.12.1893 in der „Galena Daily Gazette" den Lesern in der Region mitgeteilt:

„Herr George K. Schab ist nach Deutschland aufgebrochen, um seine Eltern zu besuchen, die in Eisfeld im sächsischen Meiningen leben.

Herr Schab lebt seit zehn Jahren in diesem Landkreis und

hat sich gut entwickelt, so dass er beschlossen hat, diesen Winter in seiner Heimat zu verbringen."

Anfang 1894 kaufte Georg sich eine Farm in der Nähe von Schapville und heiratete am 2. April in Dubuque, Iowa, die 22-jährige Lena Droegmiller (*16.02.1872). Nach nur drei Jahren verließ das Glück die Familie.

Gerade als Georg mit seinen Verwandten M. Winter und W. Bruckner ein neues Projekt, die Gründung der Firma Schapville Creamery (Schapviller Molkerei), auf den Weg bringen wollte, schlug das Schicksal hart zu.

Drei Monate nach der Geburt von Georgs Sohn Ira John (*27.05.1897) starb seine Frau im Alter von nur 25 Jahren am 27.08.1897.

Die Trauer war groß. Georg wollte nicht in dem Haus des verlorenen Glücks bleiben. Im Januar 1898 verpachtete und später verkaufte er die Farm an John Dittmar aus Woodbine.

Er ging nach Perry in Oklahoma und erwarb in der Nähe eine Farm. Doch auch hier holte ihm das Unglück ein und er infizierte sich mit Typhus.

Georg starb an dieser Krankheit am 3. November 1902 in Perry.

Im Nachruf der „Galena Daily Gazette" vom 11.11.1902 heißt es:

„Sein Bruder Otto Schab war nach Oklahoma gegangen, um bei der Pflege zu helfen. Er erreichte seinen schwerkranken Bruder nur zwei Tage vor seinem Tod.

Otto Schab kehrte dann mit den sterblichen Überresten seines Bruders nach Elizabeth, Illinois, zurück und kam am 5. November hier an.

Die Beerdigung fand am 6. November 1902 in der Polchow-Residenz statt und die Beerdigung erfolgte auf dem Schapville Presbyterian Cemetery, Rev. Breuchard leitete die Gottesdienste.

Der Verstorbene war Mitglied der Presbyterianischen Kirche in Schapville, Illinois. Er war in der gesamten Grafschaft weithin bekannt und genoss bei seinen vielen Freunden große Wertschätzung.

Die sehr große Teilnahme an der Beerdigung war eine

Würdigung seines Verdienstes. Mit diesen Freunden trauert sein einziger fünfjähriger Sohn, eine Mutter und zwei Schwestern in Deutschland, zwei Brüder in diesem Land, Henry aus New York City und Otto, der in Elizabeth, Illinois, lebt."

Damit erfahren wir erstmals, dass sein Bruder Otto August (*01.10.1876) in Elizabeth, einem Dorf nahe Schapville lebte.

Vieles deutet darauf hin, dass Otto nach dem Besuch Georgs in der Heimat mit ihm nach Illinois ausgewandert ist. In einem Census ist das Ankunftsjahr mit 1893 angegeben.

Für Otto erfolgte die Einbürgerung am 20.02.1899.

Der Verlust des Bruders war für Otto und dessen Frau hart. Er entschloss sich, nach Salem in McCook County, South Dakota, umzuziehen.

Der Zeitpunkt ist unklar. Aus der Volkszählung 1910 geht hervor, dass er um 1907 heiratete (Olli M., *1888, aus Iowa, Nachname unbekannt) und zwei Töchter zur Familie gehörten: Mary *1908, und Bertha, *1909.

Abb. 175: Grabstein von Otto August Schab. Foto: Khoward. [56]

Doch auch Otto war das Glück nicht hold, denn er starb mit 31 Jahren am 25.11.1910 und wurde auf dem Wildwood Cemetery in Salem, McCook County, South Dakota, beigesetzt.

Interessant wäre zu wissen, weshalb der Grabstein mit Weinlaub verziert ist. Es könnte darauf hindeuten, dass Otto Weinbau und/oder Weinhandel betrieb.

Sein Bruder Carl Heinrich, geboren am 28.07.1872 in Eisfeld, wanderte bereits 1886 mit dem Schiff „Aller" aus. Er hatte das Glück mit einem neuen in Glasgow, Schottland, gebauten Schnelldampfer zu reisen.

Das Schiff absolvierte seine Jungfernfahrt am 24. April

1886 mit 191 Passagieren. Diese werden wohl eine bessere Verpflegung und Unterhaltung an Bord gehabt haben, als Heinrich, der auf der nächsten Fahrt am 22.05.1886 mit 575 Passagieren die Überfahrt nach New York antrat.

Abb. 176: Briefmarke der Deutschen Post von 2010 mit dem SS „Aller". [67]

Schon am ersten Juni kam die „Aller" in New York an.

Trotz seines jugendlichen Alters von 14 Jahren scheint Henry, wie er in New York nun meist genannt wurde, zielgerichtet seine Zukunft in die Hand genommen zu haben.

Es galt, schnellstens die Sprache zu erlernen und eine Arbeit aufzunehmen, um das Geld zum Überleben zu verdienen.

Zunächst arbeitete er wohl bei einem Bäcker, fand Freude an der Tätigkeit und erlernte diesen Beruf.

1895 besuchte er seine Eltern und Geschwister in Eisfeld. Sein Name mit der Berufsbezeichnung „Baker" findet sich auf der Passagierliste unter Nr. 62 vom 01. Mai 1895.

Er kam als USA-Bürger auf der Rückreise an diesem Tag, mit dem Schiff „Teutonic" aus Liverpool kommend, in Ellis Island, New York, an, diesmal begrüßt von der Freiheitsstatue, was die Abfertigung für ihn bedeutend erleichterte.

1896 heiratete er die 23-jährige Bertha Minnie Wassermiller (Wassermüller). In der Ehe wurden die Kinder Henry (*15.11.1896) und Martha Eliese (*1898) geboren. Ihre Wohnung und wahrscheinlich auch die Bäckerei waren in Manhattan.

Im Census 1900 (Volkszählung) gibt Heinrich (Henry) als Beruf Bäcker an. Die Adresse sollte die First Avenue Nr. 1214 gewesen sein. Die Straße ist etwa zehn Kilometer lang.

Zu diesem Zeitpunkt wurde auch sein Bruder Georg erfasst, der zur Aushilfe in der Bäckerei anwesend war. Dies erfährt man auch aus der Zeitung in Galena. Auch ein

Zeile	Nr.	Nachname Vorname	Beziehung	Farbe	Geschl.	geb.	Alter	Stand
20		Nicholas	Son	W	M	Sept 1891	8	S
21	1214 25 225/224	Shaab Henry Cg	Head	W	M	May 1872	28	M
22		Bertha	Wife	W	F	July 1872	27	M
23		Henry	Son	W	M	Nov 1896	3	S
24		Martha	Daughter	W	F	July 1898	1	S
25		Klank Minnie	Servant	W	F	May 1873	27	S
26		Schmidt Rudolph	Cousin	W	M	Jan 1883	17	S
27		Schaab George	Brother	W	M	May 1870	30	S
28	226/224	Weiss Cha...	46-15-28	W	M	Apr 1866	34	M
29		Elm...			F	... 1818	27	M

Abb. 177: Teil-Ausschnitt aus Erfassungsbogen des Census 1900, New York, aus Familysearch.org . [56]

Klank wird eine Hausangestellte gewesen sein (Abb. 177).

Doch auch ihn traf ein Schicksalsschlag, denn seine junge Frau starb um 1904. Er allein mit den beiden Kindern Henry Heinrich (*15.11.1896) und Martha (*1898), heiratete am 06.03.1905 in zweiter Ehe die Witwe Marie Wilhelmine Wrede, geborene Zubeck.

Im Census 1905 gab Henry als Beruf „Restaurant" an. Vielleicht hat er die Bäckerei um ein Restaurant erweitert oder er hat sich beruflich umorientiert.

Man wohnte jetzt auch in der Cooper Square 37 in Manhattan. Zum Zeitpunkt der Zählung waren die Geschwister seiner Frau, William (*1883) und Henry (*1887) Zubeck anwesend.

Henry (Carl Heinrich) starb mit 90 Jahren 1963. Seine Frau war bereits 1959 verstorben.

Sie fanden ihre letzte Ruhe auf dem Beaches Bridge Cemetery Watson, Lewis County, New York, USA.

Abb. 178: Grabstein von Minni und Henry Schaab. Foto: KB Manning. [56]

16.7. Erna und Fritz Schab

Die beiden Kinder von Helene und Albert Schab (Kapitel 15.11) wanderten erst spät aus – Erna 1957 und Fritz 1958.

Erna, geboren am 16.03.1920 in Gießübel, hatte bereits zwei Söhne, Konrad Georg (*1943 in Gießübel) und Klaus (*1948).

Sie stammen aus der ersten Ehe (um 1942) mit Kurt Reissenweber aus Coburg. Wann sie nach Coburg gezogen sind, konnte ich nicht ermitteln, aber ich denke um 1945.

Zumindest ist Konrad nicht in Gießübel eingeschult worden. Er hätte mit Ilona in einer Schulbank sitzen können. Nach anfänglich

Abb. 179: Konrad, Erna, Klaus, Kurt Reisenweber, um 1950. [72]

unbeschwertem Leben der Familie endete dies abrupt. 1957 starb Kurt, der Vater und Ehemann.

Dieser Schicksalsschlag des frühen Verlustes des Mannes scheint Erna bewogen zu haben, das Leben neu zu beginnen. Allein mit ihren beiden Söhnen entschied sie sich einvernehmlich mit Konrad und Klaus zu einem drastischen Schritt: Sie wanderten nach den USA aus.

Welche Gedanken werden die Mutter mit ihren zwei Kindern bewegt haben, als sie am 25. Juni 1957 in ein Flugzeug der KLM stiegen und Deutschland für immer Ade sagten?

Es wird wohl eine Mischung von Hoffnung auf ein glückliches Leben und der Ungewissheit, wie man sich in der neuen Heimat einleben wird, gewesen sein.

Zwei amerikanische Genealoginnen halfen mir, den Verbleib von Erna und Fritz Schab zu lösen.

Erna heiratete 1962 in Clinton, Iowa, den Witwer und Bäcker Adolph Fleissner, vielleicht war dieser zu der Zeit schon im Ruhestand (*03.06.1894 in Asch, Böhmen). Über seine Familie sind im Census 1935 in Chicago u. a. folgende Angaben aufgenommen: Adolph Fleissner, seine Frau Frieda, geb. Häring, die Töchter Elise, Veronica und Helen sowie der Sohn Edward. Adolf, so unterschreibt er, wanderte 1921 mit der Familie in die USA ein.

1964 stellte Erna den Antrag auf Einbürgerung.

Erna und Adolf lebten in Dundee, Kane County, Illinois, also in dem Staat, wo viele Auswanderer auch aus Thüringen eine neue Heimat fanden. Adolf starb hier 1970 im Alter von 94 Jahren.

Erna scheint irgendwann nach Fort Myers, Florida, gegangen zu sein, wo viele Senioren den Lebensabend verbringen. In Alachua heiratete sie am 24.09.1988 John Edward Stevens jr., der schon seit 1966 in Florida lebte.

John Edward Stevens starb am 4. April 2003 in Cape Coral. Aus dem Nachruf geht hervor, dass er einen Sohn John Edward und eine Tochter, Shirley Isham, hinterließ.

Beruflich diente er 20 Jahre bei der US-Navy und danach nochmals 20 Jahre im US-auswärtigen Dienst als Offizier.

Erna starb am 16. September 2019 nach einem ereignisreichen und erfüllten Leben mit 99 Jahren in Brookfield, Illinois.

Abb.180: Ausschnitt aus Klassenfoto 1960 der Dundee Community High School. Hinten Mitte: Konrad Reissenweber.[69]

Ernas Söhne Konrad und Klaus hatten sich gut in der neuen Heimat eingelebt, gingen dort zur Schule, fanden schnell Freunde.

Fotos von Zeitungsberichten aus der Jugendzeit von Klaus und Konrad bestätigen diese Aussagen.

Sie integrierten sich offensichtlich schnell in den Schulalltag und wurden zu anerkannten Schulkameraden.

Konrad ist verheiratet mit Susan Göpfert und lebt in Riverside in Illinois.

Klaus absolvierte ein Elektronik-Studium. Dies wurde in einer regionalen Zeitung dokumentiert. Der Text unter dem Foto lautete:

„Wir bereiten uns auf den bevorstehenden Tag der offenen Tür im technischen Zentrum von ECC vor. (von links nach rechts) Klaus Reissenweber, Elektronikstudent im zweiten Halbjahr; Rick Cox, Zeichenstudent im zweiten Jahr und Vorsitzender des Tages der offenen Tür, und Jack Gualdoni, Elektroniklehrer."

Abb. 181: Elektronik-Student Klaus Reissenweber 1970, links. [69]

Klaus war sportlich aktiv und Mitglied des „Track-Teams" Dundee (Abb. 186).

Nun noch einige Bemerkungen zu Ernas Bruder Fritz Albert (*07.09.1923 in Gießübel). Von Beruf Maschinenbauer heiratete er 1948 Margarete Rauh (*30.07.1927 in Großbreitenbach).

Sie wanderten auch in die USA aus, kamen am 25.10.1958 mit dem Schiff „Maasdam" in New York an. Die Einbürgerung erfolgte 1966. Sie lebten u. a. in Arizona.

Abb. 182: links Fritz Schab, Klaus u. Konrad Reissenweber. [72]

Abb. 183: Margarete und Fritz Schab mit Kindern und Enkel. [74]

Abb. 184: Erna und Konrad um 1944. [72]

Abb. 185: Erna, Kurt, Klaus und Konrad Reissenweber. [72]

Track

Abb. 186: Ausschnitt aus Bericht einer Universitätszeitung der Dundee-Universität 1967. Leichtathletik-Team mit Klaus Reissenweber 3. Reihe, dritter von links. [69]

16.8. Georg Heinrich Hofmeister

Die Familie Hofmeister in Gießübel ist durch Heirat und andere Verwandtschaftsbeziehungen mit unserem Familienzweig Schab im Schleusetal eng verbunden.

Noch heute gibt es als Nachfahren dieser Familie den Bäckermeister Manfred Hofmeister mit seiner Frau Ilona, geb. Krannich, und seine Kinder Torsten und Ines.

Auch mit ihm sprach ich über unsere Familie Schab, denn trotz seiner 85 Jahre kennt er seine ehemalige Kundschaft und hat sich mit der Geschichte der Familie Hofmeister befasst.

Seine Bäckerei befand sich in unmittelbarer Nähe des ehemaligen Wohnhauses der Müllerfamilie Hof-

Abb. 187: Manfred Hofmeister (links) und Gerd Pechstein. [47]

meister bzw. Schaab (später Bäckerei Otto Brückner) und der Obermühle, im „Dreieck der Gießübler Gastlichkeit" – ‚Schwarzer Adler', ‚Rautenkranz' und ‚Braunes Ross'.

Zwischen den Familien Schaab/Schab und Hofmeister gibt es zwei Verbindungen.

Die erste Verbindung bestand durch die Schwestern Engelhardt:

– Eva Margaretha, verheiratet 1797 mit Georg Schab (Kapitel 12), und

– Catharina Maria verheiratet 1804 mit Johann Nicol Hofmeister (Kapitel 13), die die Mühlen an Christian Schaab vererbten.

Eine zweite Verbindung, dies betrifft den Familienzweig von

Manfred Hofmeister, gibt es durch die Ehen von zwei Töchtern des Johann Christian Schaab (Kapitel 13) mit dem Gießübler Dielenschneider Gottlieb Christoph Hofmeister, *09.08.1839, +26.05.1900.

Er heiratete in erster Ehe am 28.11.1865 Sophia Maria Dorothea Rosamunde Wilhelmine Schaab und nach deren frühen Tod in zweiter Ehe am 20.04.1875 ihre Schwester Pauline Mathilde Schaab.

Dieser Gottlieb Christoph hatte noch zwei Brüder:
– Martin (*23.07.1832, +25.09.1906). Dieser war verheiratet mit Rosalie Christliebe Philippine Christiane Vogt (oo I 26.07.1863). Dies sind die Urgroßeltern von Manfred Hofmeister.
– Georg Heinrich (*14.02.1836). Dieser wanderte 1854 nach den USA aus. Seinen Weg in der neuen Heimat, dem Staat Pennsylvania, wollen wir ein wenig verfolgen.

Noch vor den Kindern der Familie des Jacob Schab befasste sich Georg Heinrich mit dem Gedanken, sein Glück in der „Neuen Welt" zu suchen.

	Names	Age	Sea.	Occupation	The country to which they severally belong.	The country in which they intend to become inhabitants
Zwischen deck	Louis Vogt	17½	1 Person	Arbeitsmann	Gießübel	Pensylvanien
d.	Heinr: Hofmeister	18.	1 a.	Tischler	d.	d.
a.	Wilh: Sauerstein	11.	1 a	Schuhmacher	Grumbach	Philadelphia
a.	Heinr: Büttner	26.	1 a.	Schmidt	d.	d.
a.	Henriette Klobe	23.	1 a.	Dienstmädchen	d.	d.
a.	Emilie a.	11.	1 a	Dienstmädchen	a.	d.
a.	Emil Wieter	19.	1 a.	Böttger	Ober-Neubrunn	New York
a.	Adolph Winkler	20.	1 a.	Schlosser	Erfurt	d.
a.	Fried: Amm	25.	1 a.	Tischler	Gießübel	Pensylvanien
a.	Fried: Henn	11.	1 a.	Hausdiener	a.	d.

Abb. 188: Ausschnitt aus der Passagierliste Seglschiff „Raleigh", Abfahrt Hamburg 1854, Familysearch.org .[56]

Mit drei weiteren Gießübler und einem Oberneubrunner Jungen buchte er 1854 die Überfahrt mit dem Segelschiff „Raleigh" ab Hamburg nach New York. Seine Mitreisenden waren:
– Friedrich Amm, 25 Jahre, Tischler, Gießübel,

– Friedrich Henn, 18 Jahre, Handelsmann, Gießübel,
– Louis Voigt, 17 Jahre, Arbeitsmann, Gießübel,
– Emil Wieter, 19 Jahre, Böttger, Oberneubrunn.
Alle gaben als Reiseziel Pennsylvania an.

Das Schiff begann seine Reise am 28. April 1854 und kam nach 46 Tagen am 12. Juni 1854 in New York an. Ihre Unterkunft war im Zwischendeck.

Aufgrund des Reisezieles ist anzunehmen, dass bereits Auswanderer aus dem Schleusetal in Pennsylvania ein neues Leben begonnen hatten und man sich von denen Unterstützung versprach.

Seine Vornamen variierten: Georg H., Henry, Heinrich und der Nachname auch mit Doppel-f. Ich verwende den amerikanisierten Namen Henry.

Über das Leben nach der Ankunft in den USA fand ich nichts. Erst bei [wikitree.com] gab es den Hinweis, dass Henry am 14.10.1861 der Unionsarmee, in die 7. Pennsylvania Kavallerie, 2. Bataillon, Kompanie E, beitrat. Dies war ein Freiwilligenheer, das 1861 aufgestellt wurde.

Henry wurde wahrscheinlich von Colonel Wynkoop rekrutiert.

Die Regimenter wurden damals auf Kosten der Offiziere zusammengestellt. Man traf sich im Lager Camp Cameron bei Harrisburg. Die Soldaten erhielten Kleidung, Waffen und Pferde.

Abb. 189: Henry (Georg Heinrich) Hofmeister als Kavallerist um 1862. Wikitree.com, Bevery Benfer. [56]

Am 18. Dezember 1861 wurden den Regimentern die Fahnen überreicht, was bedeutete, dass man bereit war, in den Kampf zu ziehen. Wer mehr über die Kämpfe dieser Armee

erfahren möchte, wird auch dazu im Internet fündig:
https://www.pa-roots.com/pacw/cavalry/7thcav/7hca-vorg.html

Am 1. März 1864 wurde Henry zum Corporal befördert und am 23. August 1865 mit der Kompanie ausgemustert.

Nach dem Krieg diente er als Mitglied der GW Moyer Post, Nr. 379, eine Art Bruderschaft der Veteranen der Unionsarmee (Grand Army of the Republic). Er meldete sich als Veteran, was eine Voraussetzung für spätere Pensionsansprüche war.

1867 heiratete Henry die in Lycoming County, Pennsylvania, am 10.05.1848 geborene Mary Elisabeth Bower.

Vier Kinder wurden in der Ehe in Clinton County geboren, doch nur die Töchter erreichten das Erwachsenenalter.
- Margaret ("Maggie") Lydia, *31.01.1868.
- George, *29.07.1870, +21.02.1873.
- Charles Edward, *03.05.1872, +03.09.1873.
- Elsi L., *08.02.1883.

Die beiden Söhne wurden auf dem Saint Paul's Evangelical Lutheran Cemetery in Loganton, Clinton County, Pennsylvania (PA) bestattet.

In der Volkszählung (Census) 1870, Green Townschip, Clinton County, gibt Henry als Tätigkeit Zimmermann (Carpenter) an. In seinem Haushalt wird noch ein B. Zimmermann (42 J.) aus Bayern aufgeführt, was darauf deutet, dass Henry evtl. einen Handwerksbetrieb gegründet hatte und dies ein Mitarbeiter von ihm gewesen ist.

Im Census 1880 gab er als Tätigkeitsbezeichnung Laborer (Arbeiter) an.

Seine Wohnorte waren:
- 1861 - Clinton County, PA.
- 1870–1880 – Gemeinde Greene, Clinton County, PA.
- 1890 - Carroll Township, Clinton County, PA.

Georg Heinrich starb als Invalide am 24.07.1894 und seine Frau am 03.11.1910. Ihre Töchter sorgten dafür, dass eine große Zahl an Enkeln und Urenkeln an sie erinnern und die Gießübler Gene erhalten bleiben.

Margaret heiratete am 22.03.1886 aus der Nachbarschaft den 20 Jahre alten Scott Samuel McClellan Barner. Sie wohnten in Greene Township Loganton Borough.

Aus ihrer Ehe ist eine Tochter Carrie Mae (*02.09.1886, +1965) bekannt, die seit 12.03.1904 mit Harvey Clayton Lupold verheiratet war. Elf Kinder wurden in der Ehe geboren.

Elsi L. heiratete am 16.11.1901 Bruce E. Fritz. Aus ihrer Ehe sind sechs Kinder hervorgegangen, davon zwei Jungen. Sie erreichte ein gesegnetes Alter von 100 Jahren. Sie starb am 15. April 1983, ihr Mann bereits 1946.

In einer Gratulation in einer regionalen Zeitung heißt es unter der Überschrift „Pflegeheimbewohner 100":

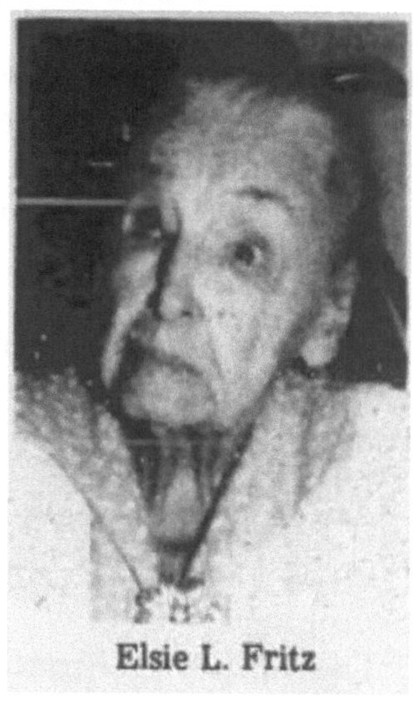

„Frau Elise L. Fritz, seit sieben Jahren Gast im Buffallo Valley Lutheran Village Lewisburg, wird am Dienstag ihren 100. Geburtstag feiern. Sie stammt aus Carroll, Clinton County, und wurde am 8. Februar 1883 als Tochter von Mary Elizabeth Bower und George Henry Hofmeister geboren.

Frau Fritz arbeitete in ihrer Jugend als Haushälterin. Ihr Ehemann Bruce E. Fritz, ein Eisenbahner und Bauer, starb 1947. Frau Fritz lebte früher in Montgomery, wo sie das älteste Mitglied der United Methodist Church, Maple Hill, war.

Ihr verstorbener Vater diente während des Bürgerkriegs in der Kompanie „E" der 7. Pennsylvania Kavallerie.

Abb. 190: Foto von Elsi L. Fritz, im Nachruf der „The Daily Item, Sunbary, Pa, Fri., April 15, 1983". [69]

Sie hatte sechs Kinder, von denen zwei noch leben:

Frau Hazel Wuestner und Frau Helen Foresman, beide aus Allenwood. Es gibt 22 Enkelkinder, 62 Urenkel und 36 Ururenkel.

Frau Fritz erhielt einen Blumenstrauß von Präsident Reagan."

16.9. Auswanderer der Familie des Christoph Leonhard Müller

Eine Verbindung zwischen den Familien Schab und Müller aus Oberneubrunn ergab sich mit der Heirat der Catharina Elisabeth Müller mit Johann Michael Schab am 24.11.1762 (Kapitel 11).

Die Enkel und Urenkel von Catharina Elisabeths Bruder Johann Peter (1748-1792) suchten das Lebensglück, wie viele andere auch aus dem Schleusetal, mit der Auswanderung in das ferne Amerika in die eigenen Hände zu nehmen.

Zunächst wanderten zwei Söhne des Christoph Leonhard Müller aus, denen wir uns später zuwenden.

Christoph Leonhard Müller (*14.04.1810 in Oberneubrunn), lernte Metzgermeister und führte eine Pachtgaststätte bis um 1847 in Oberneubrunn.

Mit 34 Jahren heiratete er die 19-jährige Chirurgentochter Carolina Friederika Theresia Brückner.

Um 1847 zog man nach Ernstthal und Christoph wurde Pachtwirt in Unterneubrunn.

Von den zwölf in der Ehe geborenen Kindern starben sieben im Kindesalter.

Die einzige Tochter Elisabeth Hedwig (*11.06.1839) heiratete am 31.05.1860 den Hufschmied Thimotheus Grambs (*13.07.1831). Sie zog zu ihrem Mann nach Schalkau bei Sonneberg.

Die Söhne Heinrich Hermann (*11.01.1841) und Adolph Martin (*28.12.1842) wanderten 1859 bzw. 1866 in die USA, in den Staat Ohio, aus.

Trotz ihres fortgeschrittenen Alters entschlossen sich Christoph und Carolina mit den Kindern Caspar Armin Raimund (*26.07.1853) und Heinrich Wilhelm (*09.12.1858) den älteren Söhnen in die USA zu folgen.

Am 20.10.1869 bestiegen sie die MS „Leipzig" in Bremen und erreichten am 05. 11.1869 Baltimore.

In der Passagierliste sind sie unter den Nummern 281 bis 284 eingetragen.

Sie überquerten den Atlantik im unteren Zwischendeck,

	Wilhelm Wenking			Westphalen
280	Friedrich Meyer	9m	m	Westphalen
281*	Christian Muller	27	m	Westphalen
282*	Caroline Muller	66	m	Meiningen
283*	Raimund Muller	50	f	Meiningen
284*	Wilhelm Muller	16	m	Meiningen
285	Henrite. Schmidt	8y6m	m	Meiningen
286	Ernst Schmidt	28	f	Meiningen
287*	Philipp Hutten	6	m	Meiningen
288*	Elisabeth ...	20	m	Meiningen

labourer
butcher

Abb. 191: Auszug aus der Abschrift der Passagierliste der MS „Leipzig" nach Ankunft in Baltimore. [68]

das preisgünstig und für wenig Komfort bekannt war. Die Suche nach dem Termin der Überfahrt erschwerte der falsche Vorname „Christian". Die Berufsangabe „Metzger – butcher" stimmte überein.

Ihr neues Leben begann die Familie in der Nähe ihres Sohnes in der Stadt Columbus, wo Christoph als Metzger umgehend eine Arbeit fand.

Sie wurden im Census 1870 (Volkszählung) in Columbus/Franklin im Staat Ohio erfasst.

Abb. 192: Unter 18 (2. Spalte) ist die Familie Müller (=Miller) mit teils amerikanisierten Vornamen der Kinder aufgeführt: Raimund=Lyman, Wilhelm=William. [56]

Nach Auskunft des amerikanischen Hobbygenealogen Gschwind (dessen Recherchen sind einige der Informationen zu den Auswanderern Müller zu verdanken [57]), wohnten sie damals in der „E. Side of East Public Lane, S. of Friend", heute „Parsons Street".

Nach seinen Angaben muss Christoph um 1877 und seine Frau nach 1883 verstorben sein.

Als erstes Familienmitglied wanderte 1859 der 18-jährige Sohn Heinrich Hermann (*10.01.1841) aus. Er ließ sich in

Philadelphia nieder, arbeitete zunächst als Konditor.

Wie viele deutsche Auswanderer meldete er sich nach Ausbruch des Bürgerkrieges im Mai 1861 zur Armee. Mit seinem Infanterieregiment nahm er an verschiedenen Schlachten teil.

In der Schlacht bei Shenandoah Valley in Virginia im Mai 1862 wurde sein linker Unterarm von einer Gewehrkugel zerschmettert und musste amputiert werden.

Danach arbeitete er als Marketender (Händler beim Militär) bis zu seiner ehrenvollen Entlassung am 28.09.1862 aus der Armee.

Am 24.02.1863 heiratete er die irisch stämmige Mary Jane Hunt und betrieb danach ein Restaurant. Sein amerikanischer Name lt. Heiratsdokument war nun Henry Herman Miller. In der Ehe wurden wohl neun Kinder geboren – drei Jungen und sechs Mädchen.

1868 zog die Familie nach Dayton in Ohio, wo Heinrich Hermann wieder als Kneipenwirt arbeitete. Doch die Arbeit tat ihm nicht gut, er bekam Alkoholprobleme.

1875 zogen sie in die Nähe seines Bruders Adolf nach Columbus, Franklin, in Ohio. Hier verstarben Henry 1904 und seine Frau Mary 1913.

Abb. 193: Grabstein Henry H. Mueller, +1904, Foto: Leona. [46]

Adolf Martin Müller, ein jüngerer Bruder von Hermann, *18.12.1842, wanderte 1866 nach Ohio aus.

Er heiratete am 17. März 1869 in Franklin, Ohio, Nettie Seyn. Aus ihrer Ehe sind sieben Kinder bekannt.

Im Census 1870 sind noch keine Kinder erwähnt. Seine Tätigkeit ist als Brauereiarbeiter angegeben.

Adolf Martin gründete 1880 eine Kanzlei zur Beratung und Vermittlung von Renten. Er half also Rentenanspruchsberechtigten, insbesondere Bürgerkriegsveteranen und deren Witwen, die vom Staat gewährten Pensionen zu beantragen.

Er scheint seine Rentenkanzlei bald wieder aufgegeben zu haben, denn im Census 1900 gibt er als Tätigkeit Arbeiter und 1910 Braumeister an.

1880 wohnte die Familie in der Livingston Avenue 363, 1890 in der Sycamore Street 407, 1910 und 1920 in der Forest Street 498 in Columbus.

Alle Wohnungen befinden sich in der Nähe des Livingston Parks und in Nähe einer Brauerei, die heute zu einer modernen Apartmentanlage umgebaut wurde.

Zuletzt wohnte hier Adolfs Frau Nettie mit ihren beiden Söhnen William und Adolph.

In der Brauerei arbeitete Adolf fast die gesamte Zeit seines Arbeitslebens.

Er starb am 16.01.1912. Seine Frau überlebte ihn 16 Jahre und fand, wie ihr Mann und fast alle ausgewanderten Müllers, auf dem Green Lawn Cemetery, Columbus, Franklin, die letzte Ruhe.

Caspar Armin Raimund wanderte mit seinen Eltern aus. Er erlernte wie sein Vater den Beruf des Fleischers und heiratete um 1881 Elisabeth Pfau, die aus Nassau 1873 eingewandert sein soll.

Aus seiner Ehe sind drei Töchter bekannt:
- Hilda, verheiratet 1901 mit George Leo Westinghausen.
  Zwei Kinder, die jedoch jung gestorben sind, sind bekannt.
- Clara. Sie blieb unverheiratet und war wohl Schauspielerin.
- Pauline Louise, verheiratet 1916 mit Henry W. Schumacher mit den Kindern Ruth und John.

Raimond Miller (amerikanisch) starb mit 79 Jahren am 05.08.1932 und seine Frau mit 80 Jahren am 17.01.1936 in Columbus, Franklin, Ohio.

Zu dem am 09.12.1858 geborenen Heinrich Wilhelm Müller, der mit seinen Eltern auswanderte, konnte ich keine Hinweise zum Verbleib finden. Nach Hinweis von Gschwind soll er nach 1887 als Buchhalter in Columbus tätig gewesen sein.

17. Anlagen

17.1. Lebensbeschreibungen und Nachrufe zu den Familien Schap [31]

Zu beachtende Hinweise:

Die Lebensbeschreibungen sind frühere Google-Übersetzungen und entnommen dem Buch „Portrait and Biographical Album of Jo Daviess and Carroll Counties, Illinois" von 1889, Autor Carrol Parrish, Verlag Chapman Brothers, Chicago. [58]

Diese sind veröffentlicht unter:

https://genealogytrails.com/ill/jodaviess/biosS.html

Nachfolgend möchte ich diese in Google-Übersetzung zitieren, geben sie doch einen guten Überblick über das Leben dieser Personen in der Zeit vor 1889.

Ich weise jedoch daraufhin, dass die Beschreibungen verschiedene unrichtige Aussagen und falsche Übersetzungen enthält, die ich hier nicht korrigiere, um die Originalität zu bewahren. Nur sehr missverständliche Übersetzungsfehler habe ich geändert.

Die im Buch V zuvor enthalten Daten sind teils das Ergebnis der Recherche der auf Familysearch und Ancestry eingestellten Genealogien und Aufzeichnungen und auch aus den nachfolgenden Veröffentlichungen.

Anton C. Schap, Schapville (Kapitel 16.4.)

„CORPORAL ANTON SCHAP
nach dem Schapville benannt wurde, hat mehr für diese Stadt getan als jeder andere Mann.

Er ist ein großherziger, vollherziger Herr, sehr liberal und offenherzig, zuvorkommend und höflich, ein Mann mit überdurchschnittlichen Fähigkeiten, einem sensiblen Wesen und einem kultivierten Geschmack.

Er genießt die wärmste Wertschätzung einer Vielzahl von Freunden und ist einer der geselligsten Männer, die der Biograph je kennengelernt hat. Für das Land, in das er adoptiert wurde, empfindet er die tiefste Zuneigung.

Er hat dies durch seinen Dienst in der Unionsarmee signalisiert und setzt dies durch seine Treue zur Republikanischen Partei fort.

Sein Beruf ist der eines Schmieds, und in dieser Branche ist er bemerkenswert geschickt und fertigt einige der besten Arbeiten an, die je in Nord-Illinois zu sehen waren.

Dadurch konnte er Kompetenzen aufbauen und genießt mit seiner intelligenten Familie ein angenehmes und attraktives Zuhause, das alle Annehmlichkeiten und Bequemlichkeiten des modernen Lebens vereint.

Bevor wir fortfahren, ist es vielleicht sinnvoll, einen Blick auf die Familiengeschichte unseres Mannes zu werfen.

Er ist der fünfte Sohn von Jacob und Catherine (Witter) Schap, die aus dem Königreich Sachsen stammten. Der Vater war gelernter Mechaniker, Mühlenbauer und Zimmermann.

Ihre Familie bestand aus neun Kindern, sechs Söhnen und drei Töchtern. Alle letzteren sind verstorben und nur vier der Söhne leben. John und Gustav leben weiterhin in ihrem Heimatland Deutschland.

Frederick lässt sich in Dubuque, Iowa, nieder.

Anton, unser Proband, wurde am 12. September 1842 in Operneuprunn im Kirchspiel Hieldburghausen, Sachsen, geboren; und in Deutschland wurde er John Anton Christian Schap genannt.

Sein fröhliches und lebensfrohes Wesen zeigte sich schon in jungen Jahren, als er lachend in seiner Wiege lag.

Als etwa sechsjähriger Junge wurde er gemäß den Gesetzen und Gebräuchen seines Heimatlandes in die Schule geschickt und setzte seine Studien bis zu seinem vierzehnten Lebensjahr recht regelmäßig fort.

In der Zwischenzeit erlitt er mit dem Tod seiner Mutter einen unwiederbringlichen Verlust, als er elf Jahre alt war, und drei Jahre später war er durch den Tod seines Vaters Vollwaise.

Das kleine Anwesen wurde in die Hände eines Vormunds

gegeben und Anton wurde im Haus eines Fremden aufgenommen. Mit fünfzehn Jahren trat er in ein Kunstatelier ein und beschäftigte sich zweieinhalb Jahre lang mit den ersten Grundlagen der Malerei und Bildhauerei.

Dies entsprach zwar völlig seinem feinen Geschmack, brachte ihm aber nicht die nötige finanzielle Vergütung ein, und so wandte er seine Aufmerksamkeit widerstrebend dem praktischeren Geschäft der Schmiedekunst zu.

Er war damals etwas über siebzehn Jahre alt und es hatte ihm bereits der Wunsch gepackt, nach Amerika auszuwandern.

Da er nun den Entschluss fasste, die Reise anzutreten, verabschiedete er sich von seinen alten Kameraden und schiffte sich in Bremen auf dem Segelschiff „Ocean" ein.

Die Reise war voller Prüfungen und Abenteuer, und er landete allein, als Fremder auf fremdem Boden, der kein Wort Englisch sprechen konnte.

In der Stadt Baltimore gelang es einigen Schaffnern, an das wenige Geld zu kommen, das er besaß, indem sie ihm für sein Ticket nach Chicago zu viel berechneten.

Bei seiner Ankunft in dieser damals unbedeutenden Stadt gelang es ihm, Mittel zu beschaffen, mit denen er nach Galena gelangen konnte.

Er hinterließ sein Gepäck in Chicago als Pfand, bestieg den falschen Zug, wurde vom Schaffner entdeckt und an den letztgenannten Ort zurückgeschickt.

Nachdem er eine Zeit lang nichts gegessen hatte, war er hungrig und, wie wir vermuten können, ziemlich entmutigt.

Ein gutherziges Mädchen im Bahnhof, das wahrscheinlich sein niedergeschlagenes Aussehen bemerkte und die Wahrheit vermutete, lud ihn ein, hineinzugehen und etwas zu essen.

Aber seine Bescheidenheit verhinderte, dass er diese freundliche Einladung annahm, und stattdessen legte er sich auf eine Liege und schlief bald darauf tief und fest.

Während sich unser Held in völligem Tiefschlaf von seinen Sorgen erholte, kam der Hauswirt vorbei, deckte ihn zu, und als er aufwachte, servierte er ihm ein großzügiges Frühstück.

So war er für die vor ihm liegende Reise gestärkt und machte sich voller Freude auf den Weg nach Galena.

Er wich jedoch von seiner ursprünglichen Absicht ab, hier anzuhalten, und fuhr weiter nach East Dubuque.

An diesem Punkt war er unentschlossen und wusste nicht, welche Schritte er als nächstes unternehmen sollte.

Glücklicherweise traf er jedoch auf einen seiner Landsleute, der ihm einen sanften Tadel für seinen offensichtlichen Mangel an Geschäftstalent erteilte, ihn wieder auf den richtigen Weg brachte und er schließlich in Galena ankam.

Er hatte keine genaue Vorstellung davon, was er mit sich anfangen sollte, sondern wanderte tagelang ziellos umher und suchte in Guilford Township nach seiner Schwester, Mrs. Arnold. Es ist kaum nötig zu erwähnen, dass er sehr erleichtert war, als er sie endlich fand.

Am letzten Abend nach der Ankunft von Herrn Schap fand in Galena ein großer Fackelzug statt, und er traf einen seiner Landsleute, der ihn zum Abendessen in ein Restaurant mitnahm und versuchte, ihm den Grund für all diesen Lärm und Heiterkeit zu erklären.

Der junge Schap war jedoch so erschöpft, dass er am Tisch sitzend einschlief.

Schließlich ließ er sich bei Henry Winter nieder, einem Schmied in Guilford Township.

Und als Präsident Lincoln 300.000 Mann forderte, war der junge Schap einer der ersten, der reagierte und sich am 11. April 1862 für drei Jahre in die Kompanie F der 96. Illinois-Infanterie unter Kapitän Greene einschrieb.

Er wurde im Stadthotel in Galena zum Dienst einberufen, und noch am selben Tag begannen sie mit den Übungen auf dem alten Rummelplatz. Sie übten dort drei Wochen lang und ebenso lange in Rockford.

Den folgenden Winter verbrachten sie in Covington, Kentucky, und in Nashville, Tennessee, und sie trafen in einigen lebhaften Gefechten auf den Feind.

Später nahm unser Mann an den Schlachten von Chickamauga und Lookout Mountain teil und kämpfte anschließend am Lookout Mountain über den Wolken. Danach war er in Chattanooga, der Belagerung von Atlanta, und in Rockyface Mountain, Georgia, und wurde verwundet, wenn auch nicht ernsthaft.

Nach einiger Zeit, als seine Fähigkeiten als Schmied entdeckt wurden, wurde er zum Beschlagen von Pferden und Maultieren abkommandiert und erlitt dabei eine Verletzung, von deren Folgen er sich wahrscheinlich nie mehr erholen wird.

Der junge Schap leistete tapfere Arbeit bei der Verteidigung seines Wahllandes und wurde zunächst zum Korporal und später zum Color Guard befördert.

Er ertrug alle Entbehrungen und Nöte, die das Leben in der Armee mit sich bringt, ohne sich zu beschweren, und nach der Kapitulation Lees wurde er am 10. Juni 1865 in Nashville, Tennessee, ehrenhaft entlassen.

Kurz nach seiner Rückkehr aus der Armee heiratete Herr Schap am 11. Februar 1866 Miss Maria Winter, die, wie ihr Ehemann, deutscher Herkunft und Abstammung ist und als Kind im Alter von acht Jahren nach Amerika kam.

Aus dieser Verbindung gingen zehn Kinder hervor. Die beiden Ältesten, Amanda und George, starben in jungen Jahren. Die anderen, Caroline Gertrude, Martin, Augusta, Georgie, Freddie, Anton und Joseph, sind zu Hause bei ihren Eltern.

Herr und Frau Schap begannen ihr Eheleben in Galena, wo sie etwa ein Jahr lebten, und zogen im Frühjahr 1867 in die Nähe von Mill Creek im Thompson Township.

Herr Schap gründete auf seinem jetzigen Bauernhof eine Schmiede, um die herum im Laufe der Zeit das Dorf entstand, das ihm zu Ehren benannt wurde.

Er wurde bald als Bürger von herausragendem Wert anerkannt, als ein Mann, dessen Wort ebenso gut war wie sein Bund, während seine Bereitschaft, den weniger Glücklichen zu helfen, Scharen von Freunden um sich zog.

Er besitzt und bewohnt ein geräumiges zweistöckiges Fachwerkhaus, und seine häuslichen Angelegenheiten werden auf bewundernswerte Weise von seiner geschätzten, freundlichen und fleißigen Frau geleitet, deren Küchenboden weitaus sauberer ist als die Tische vieler Menschen.

Die Kinder wachsen in einem gepflegten Umfeld auf, sind gebildet und musikalisch begabt, aufgeweckter und gut aussehend als sonst.

Die älteste Tochter ist ziemlich hübsch und die Eltern haben allen Grund, stolz auf die ganze Gruppe zu sein.

Die Eltern und Kinder sind alle mit der Presbyterianischen Kirche verbunden.

Herr Schap beweist bei jeder Gelegenheit seinen soliden Republikanismus und hat an der Hauptstraße des Dorfes einen hohen Freiheitsmast aufgestellt.

Er kaufte auch eine Kanone, die zu besonderen Anlässen eingesetzt wird, um seinen patriotischen Gefühlen Nachdruck zu verleihen und alle Siege der Republikaner zu feiern.

Es ist kaum notwendig zu sagen, dass es in der Umgebung von Schapville und Umgebung nicht wenig Lärm gab, als das Ergebnis der Präsidentschaftswahl von 1888 bekannt wurde."

August Brickner (2. Ehemann von Augusta Arnold, geb. Schab, Kapitel 16.2.)

Hinweis: Es handelt sich um die Google-Übersetzung eines Aufsatzes von Carol Parrish und es sind teils unkorrekte Aussagen enthalten. So auch der Name Bruckner, richtig Brickner. Es ist aber auch möglich, dass der richtige deutsche Name „Brückner" gewesen ist.

„AUGUST BRUCKNER
dieser wohlhabende deutsche Bürger aus Guilford Township ist unter seinen Landsleuten in dieser Region besonders bekannt und eine der Säulen der Presbyterianischen Kirche in Schapville, in der er als Diakon fungiert und großzügig zu deren Unterstützung beiträgt.

Das von dieser Gesellschaft und ihren Freunden errichtete Gebäude ist eines der schönsten Bauwerke seiner Art im Landkreis. Die Familie von Herrn Bruckner besteht aus seiner Frau und zwei Kindern, einem Sohn und einer Tochter, die bemerkenswert klug und intelligent sind und die Freude und den Stolz ihrer Eltern im Herzen tragen.

Frau Bruckner ist die Schwester von Corporal Anton Schap, dem Gründer und Wohltäter von Schapville.

Sie ist eine sehr geschätzte Frau und die ganze Familie versteht sich gut in ihrer Gemeinschaft.

Das Bruckner-Gehöft umfasst 160 Acres gutes Land in Abschnitt 25 in Guilford Township, und Herr Bruckner besitzt 45 Acres in Thompson Township.

Aus der Familiengeschichte unseres Probanden erfahren wir, dass seine Eltern Jacob und Helena Bruckner waren, gebürtig aus Wittenburg, Deutschland, wo der Vater erfolgreich Landwirtschaft betrieb und 1870 im Alter von 73 Jahren starb.

Die Mutter war ihrem Mann in das stille Land vorausgegangen und starb 1856, als sie dreiundfünfzig Jahre alt war.

Ihre Familie bestand aus acht Kindern, sechs Söhnen und zwei Töchtern, von denen August der vierte in der Reihenfolge der Geburt war.

Am 29. Mai 1837 öffnete er zum ersten Mal seine Augen für das Licht auf dem Anwesen seines Vaters in der Nähe von Wittenburg.

Er besuchte die Schulen seiner Heimatstadt und wurde sorgfältig in den Lehren der Kirche erzogen, der seine Eltern angehörten, und wurde im Alter von vierzehn Jahren konfirmiert.

Er blieb bis nach dem Tod seiner Mutter zu Hause, begann dann auf einem Bauernhof zu arbeiten und trat, als er volljährig war, in die Armee ein und diente sechs Jahre lang.

Nach seiner Entlassung aus dem Militärdienst machte sich Herr Bruckner 1857 auf den Weg nach Amerika und sicherte sich auf seinem Weg in diese Grafschaft eine Anstellung auf einer Farm.

Nicht ganz zwei Jahre später nahm er sich eine Frau und eine Gehilfin, Miss Augusta Schap, und sie begannen ihre gemeinsame Lebensreise in einem bescheidenen Zuhause.

Die aus dieser Verbindung geborenen Kinder sind William

und Amanda. Sie wurden sorgfältig erzogen und gut ausgebildet und legen großen Wert auf die Ausbildung ihrer Kinder.

Herr Bruckner stieg nach und nach in eine gute soziale und finanzielle Position auf und wurde für seine Ausdauer und seinen Fleiß belohnt.

Ihr Zuhause ist eines der angenehmsten und gastfreundlichsten in Guilford Township, ein Ort, an dem sowohl Freunde als auch Fremde herzlich willkommen geheißen werden und „Ruhe und Erfrischung" erhalten.

Herr Bruckner ist der zweite Ehemann der geschätzten Dame, die jetzt seinen Namen trägt.

Sie war zunächst mit einem Herrn Arnold verheiratet und wurde Mutter von fünf Kindern. Als Witwe besaß sie 77 Hektar Land, für das Herr Bruckner ihren Kindern 1.000 Dollar zahlte. Als nächstes kaufte er 1876 45 Acres; und 80 Acres im Jahr 1882.

Im Jahr 1883 überquerte Herr Bruckner erneut den Atlantik ins Vaterland und verbrachte drei Monate sehr angenehm im Kreise der Freunde und Gesellschaft seiner Kindheit.

Als er eingebürgerter Staatsbürger wurde, identifizierte er sich mit der Republikanischen Partei, deren gewissenhafter Unterstützer er ist.

Die Familienresidenz wurde 1880 erbaut und vereint alle Annehmlichkeiten des modernen Lebens. Der Hof ist ansonsten gut ausgebaut und verfügt über eine gute Auswahl an Vieh und Maschinen.

Es ist eines der Häuser, die so wesentlich zum Ruf von Jo Daviess County beigetragen haben."

Hinweis: In den USA gibt es ein genealogisches Buch [30] über die Familien Arnold, Schap, Winter, Brickner, Wickler, Kritzburg, Shipton, Rensink, Hatton und Bruechner von Dorothy Elaine Arnold. Der Inhalt ist mir nicht bekannt.

S. Gertrud Winter, geb. Grebner. (Mutter von Antons Frau Marie.)

NACHRUF vom 16.01.1907, Galena Daily Gazette.

„Gertrud Winter wurde am 17. März 1817 in Deutschland geboren und starb am 17. Januar 1901 im Alter von 85 Jahren und 10 Monaten. 1837 heiratete Gertrude Grebner Andrew Winter und 1858 kamen sie nach Amerika und ließen sich in Thompson nieder, wo sie lebten als geehrte Bürger, bis sie in ihr stilles Zuhause gerufen wurden.

Ihnen wurden zehn Kinder geboren, von denen sechs ihrer Mutter zum Grab vorausgingen, nämlich Frau Gottlieb Stadel, Frau Rachel Bahr und Frau Chris. Duerstein, Frau Caroline Hauser, Martin und Andrew.

Zwei ihrer Söhne, Conrad und Andrew, dienten im Bürgerkrieg. Letzterer starb, als er von denselben zurückkehrte.

Die überlebenden Kinder sind: Conrad, ehemaliger Vorgesetzter von Thompson, Frau Nicholas Grebner, Frau John Winters, Jr., Frau Anton Schap, alle von Thompson, außerdem 56 Enkelkinder, 18 Urenkel und zwei Ururenkel Enkelkinder.

Ihr treuer Ehemann wurde 1861 in sein ewiges Zuhause berufen. Seitdem lebte sie 24 Jahre lang mit ihren Kindern bei ihrer Tochter, Frau Schap, und die letzten 6 Jahre verbrachte sie mit ihrem Sohn Conrad.

Sie war immer ein treues Mitglied der Deutschen Presbyterianischen Kirche, und man kann mit Fug und Recht sagen, dass Frau Winter eine gute, wohltätige und vorbildliche Frau war, die bereit war, jedem in Not eine helfende Hand zu reichen, und obwohl ihr Gesicht unserem Blick verborgen bleibt, werden ihr Name und ihre edlen Taten in goldenen Buchstaben in unser Gedächtnis geschrieben.

Sie war nur ein paar Tage vor ihrem Tod krank, und alles, was liebevolle Hände tun konnten, wurde von ihren pflichtbewussten Freunden und freundlichen Nachbarn erledigt, aber ohne Erfolg.

Sie ist am genannten Datum friedlich eingeschlafen. Ihre sterblichen Überreste wurden am 19. Januar auf dem Presbyterianischen Friedhof beigesetzt, wobei Rev. Bruechert die Gottesdienste leitete. Die Beerdigung war gut besucht und zeigte die hohe Wertschätzung, die ihr von allen entgegengebracht wurde.

Die Herren Chris Stadel, Martin Winter, George Schap, Ben Bahr, Louis Winter und Leonard Grebner, Enkel des Verstorbenen, fungieren als Sargträger. GS"

Einige interessante Veröffentlichungen zur Familie Schap aus der „Galena Daily Gazette" 1873-1953, die Einblick in das Leben von Personen der Familie geben.

„GOLDENE HOCHZEIT GEFEIERT

Herr und Frau Anton Schap feierten kürzlich 50 Jahre glückliches Eheleben. (17. Februar 1916)

Fröhlichste Zusammenkunft der Söhne und Töchter zu Ehren dessen.

Was für eine freudige Zusammenkunft, wenn sechs Söhne und zwei Töchter mit ihren jeweiligen Ehefrauen und Ehemännern aus den verschiedenen Ecken unseres großartigen Landes nach Hause kommen, um das ungewöhnliche Fest zu feiern – den fünfzigsten Jahrestag der Hochzeit ihrer Eltern. Eine solche Heimkehr fand letzte Woche am Freitag, dem 11. Februar, im malerischen Dörfchen Schapville, 17 Meilen südlich von Scales Mound, statt.

Die Leute fragten sich, was es bedeuten könnte, wenn ein Auto nach dem anderen in das Dorf kam. Es bedeutete die Feier der Goldenen Hochzeit des Mannes, nach dem das Dorf benannt ist – Mr. Anton Schap und seine Begleiterin, Frau Schap, geb. Winter.

Als Herr Schap seine junge Braut nach Hause brachte, existierte das Dorf Schapville noch nicht. Aber der junge Bräutigam war ein Mann voller Können und Energie. Er baute ein Haus, eine Schmiede und ein Geschäft und machte seinen Wohnsitz zum Zentrum für Zusammenkünfte auf dem Land.

Gott, der Allmächtige, segnete seine Bemühungen und auch sein Familienleben mit zehn Kindern, von denen zwei vor langer Zeit in die Herrlichkeit eingegangen sind.

Herr Schap war schon immer ein Mann, der den großen Wert der Zeit erkannte, jeden Tag mit ehrlicher Arbeit verbrachte und an ein einfaches Leben glaubte.

Auch heute noch erfreut er sich bester Gesundheit und man kann ihn stundenlang in seiner Schreinerei antreffen, während er sein Schmiedehandwerk an seinen zweitjüngsten Sohn, Herrn S. Schap, Jr. , übergab.

Frau Schap ist eine vorbildliche Mutter, die nicht nur von ihren Kindern und Enkelkindern aufrichtig geliebt und geehrt wird, sondern auch von allen, die es hier wissen, insbesondere den Mitgliedern ihrer Kirche – der Presbyterianischen Zion-Kirche von Schapville. Sie und ihr Mann. sind sehr treu im Kirchenbesuch und aktiv in der Kirchenarbeit.

Die Kinder überraschten ihren alten Vater bei der Feier seiner Goldenen Hochzeit, was die ganze Angelegenheit noch angenehmer machte.

Mittags erschien der Pfarrer, Pfarrer Albert Kinzler, und sprach im Namen unseres Gottes über das glorreiche Wiedersehen der Familie Schap und sagt: ‚Es ist nicht gut, dass der Mann allein ist.‘

Wie schön und angemessen ist es, wenn der Pfarrer der willkommene Freund in einem Haus und der geehrte Gast bei einem Anlass wie diesem ist! Was für ein tolles Beispiel für viele jüngere Paare, die es vorziehen, ohne den Pfarrer fröhlich zu sein.

Danach im feierlichen Teil des Programms überreichte der älteste Sohn, Herr Henry Schap, im Namen der Söhne und Töchter den Eltern ein Geschenk zur Goldenen Hochzeit in Form einer goldenen Uhrenkette für ihren Vater und eines goldenen Rings für die Mutter.

Danach versammelten sie sich um einen äußerst einladenden Tisch, dessen großzügige Gaben dem denkwürdigen Anlass alle Ehre machten.

Herr A. Schap kam 1860 aus Sachsen und Meiningen in Deutschland in dieses Land und diente im Aufstandskrieg von 1862 bis 1865 im 96. Regiment von Illinois.

Wenn der alte Herr in Erinnerungsstimmung ist, gibt es

für ihn nichts Schöneres, als von den Schlachten zu erzählen, in denen er gekämpft hat, und von den Strapazen, die er mit zwei seiner Schapville-Kameraden durchgemacht hat, um zum Erhalt der Union beizutragen.

Den Nachmittag und Abend verbrachten alle Anwesenden auf eine äußerst angenehme und erfrischende Art und Weise, sowohl für Jung als auch für Alt.

„The Schaps" nutzten ihre musikalischen Talente gut.

Nachfolgend die Namen der nächsten Verwandten, die bei der Goldenen Hochzeit anwesend waren:

Herr Henry Schap und Sohn Thomas Stockton,
Frau Carrie Schroeder mit ihrer Tochter und zwei Söhnen.
Herr und Frau Martin Schap mit Kindern.
Herr und Frau C. Hurlburt, Stockton, III.
Herr und Frau George Schap, Woodbine. Ill.
Herr Fred Schap, Omaha, Neb.
Herr und Frau Anton Schap Jr. und Kind von Schapville.
Herr und Frau Joe Schap, Stockton Ill.
Frau B. Winter. Frau J. Schwarz,
Frau G. Stadel mit ihren drei Töchtern und
Herr und Frau F. Boettner.
Ein Gast."

Neuigkeiten aus SCHAPVILLE,
Aus „Galena Daily Gazette", 1873-1930
Unfall von Anton Schap
Schapville, 5. Januar 1891 –

„Anton Schap, einer der bekanntesten Bürger von Schapville, brach sich am Samstagabend auf dem Heimweg von Galena sein Bein und zog sich weitere Verletzungen zu.

Herr Schap verließ sein Zuhause am Freitagmorgen nach Dubuque und verließ Galena am Samstagnachmittag nach Hause. Als er einen Hügel hinunterging, brach anscheinend der einzelne Baum an einem der Pferde ab und verursachte einen Ausreißer, und Herr Schap wurde hinausgeworfen.

Ob der mit Kohle beladene Wagen sein Bein überrollte, ist nicht bekannt. Als er gefunden wurde, lag er jedoch mit gebrochenem linken Bein auf der Straße und war fast bewusstlos. Seine beiden kleinen Söhne wurden 200 Meter weiter unten gefunden, nicht schwer verletzt.

Dr. Arnold, ein Neffe von Herrn Schap, wurde schnell gerufen, fand den unglücklichen Mann jedoch in einem so schlechten Zustand, dass Dr. Weirich aus Galena gerufen wurde.

Dies führte zu einer Verzögerung und als das Bein eingestellt wurde, litt Herr Schap unter starken Schmerzen. Es geht ihm so gut, wie man es erwarten kann."

Auswahl weiterer Nachrichten, Familie Schap betreffend:

„Miss Gussie Schap ist nach ein paar Monaten Besuchen in Stockton, Hanover und Elizabeth nach Hause zurückgekehrt."

„Herr Andrew Reifsteck aus Hannover war letzte Woche zu Gast in Schaps Hotel. Herr Geo. J. Schap machte letzte Woche eines Tages einen Ausflug nach ‚Betsy'."

„Herr Jacob Staues und sein Sohn Lenord wickelten am Dienstag Geschäfte bei Elizabeth ab. Herr Martin Schap besuchte am Sonntag Freunde in Hannover."

„Dr. Philip Arnold war am Samstag ein Anrufer in unserer Stadt. Frau Val Grebner steht auf der Krankenliste."

„Geo. J. Schap und Miss Elsi Parker, beide aus Stockton, überraschten ihre Freunde etwas, indem sie letzten Donnerstag heirateten.

Das Paar besteht aus Stocktons beliebten jungen Leuten und hat eine Vielzahl von Freunden, die ein langes und glückliches Eheleben wünschen.

Sie heirateten im Haus der Schwester des Bräutigams, Frau CE Hurlbert, amtierender Pfarrer EO Rife. Die Braut ist eine Tochter von Herrn und Frau W. C. Parker."

17.2. Ahnenübersichten

Anmerkungen:
Geburts- können Taufdaten und Sterbedaten Bestattungstermine sein. Lese-,Tipp- und Übertragungsfehler bitte ich zu entschuldigen.

Im Kindesalter verstorbene Personen wurden aus Platzgründen in den Ahnenübersichten meist nicht berücksichtigt.

Der Verfasser ist daran interessiert, dass die Daten weiter vervollständigt werden. Deshalb sind Ergänzungen, Änderungen und andere Hinweise immer willkommen.

Die neueren Angaben beruhen dankbarerweise auf freiwilligen Informationen der Familienmitglieder, Archivunterlagen und Angaben in Genealogien, die deshalb auch nicht Anspruch auf Vollständig- und Richtigkeit erheben.

Auch sonst handelt es sich um eine Stichtagsübersicht, da immer neue Daten in die Datenbanken der Internetarchive aufgenommen werden, auch Stammbäume der Hobbygenealogen.

In dem Kirchenbucharchiv „Archion" enden die Recherchemöglichkeiten meist im Jahr 1875.

Einsicht in die Standesamtsbücher, die teilweise in den regionalen Archiven vorhanden sind, können unter Beachtung der gesetzlichen Datenschutzfristen auf Anfrage eventuell u. a. von Familienangehörigen eingesehen werden.

Bei Interesse kann der Verfasser auf Anfrage Käufern des Buches gratis (mit E-Mail) Quellen übergeben, auch Stammbaumübersichten und Ahnenlisten. Ich beantworte auch gern andere mit der Familienforschung zusammenhängende Fragen.

Es sind auch umfangreiche Daten zu angeheirateten Familien vorhanden, die im Buch nicht aufgenommen werden konnten.

Die Kontaktadresse ist: g.pechstein@gmx.de oder über den Kontakt der Homepage
https://pechsteins-buecher.jimdofree.com.

A1. Ahnenübersicht: Generation 1 bis 4 - Peter bis Johannes Schab (Kapitel 4 bis7)

Hinweis: Unsere Ahnen sind mit grauen Hintergrund versehen.

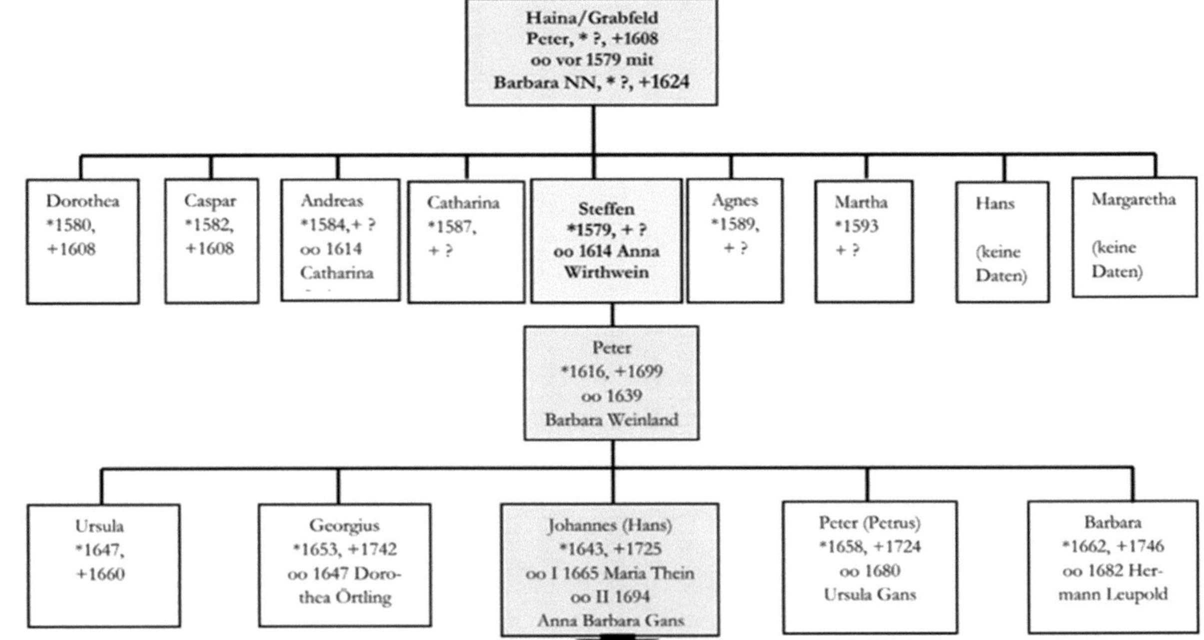

A2. Ahnenübersicht: Generation 5 und 6 - Michael bis Johannes Schab (Kapitel 8 und 10)

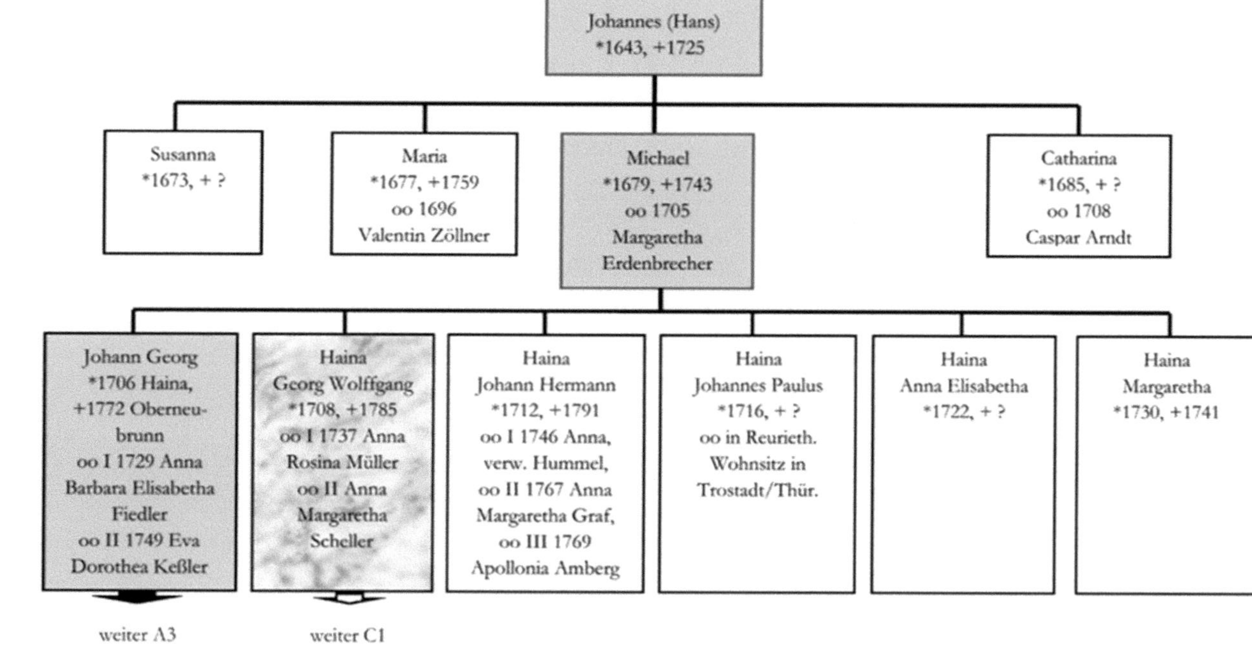

A3. Ahnenübersicht: Generation 7 und 9 – Johann Georg bis Johann Christian Schab (Kapitel 11 und 13)

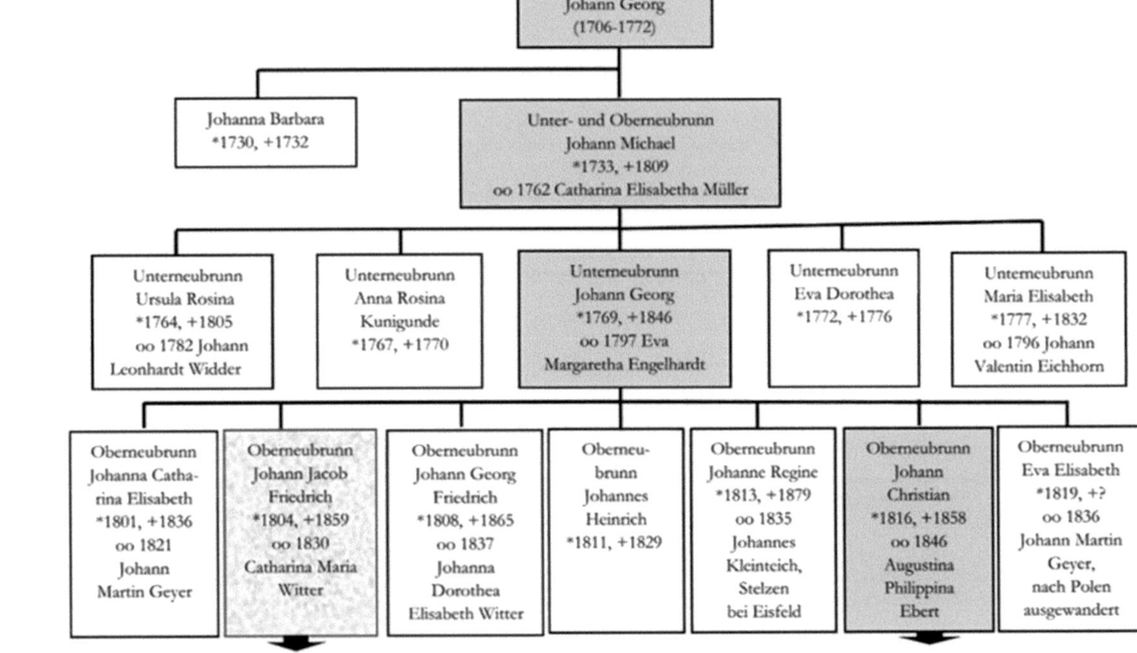

A4. Ahnenübersicht: Generation 7 und 9 – Johann Christian bis zu Kindern von Georg Moritz Schab/Schaab (Kapitel 14 und 15)

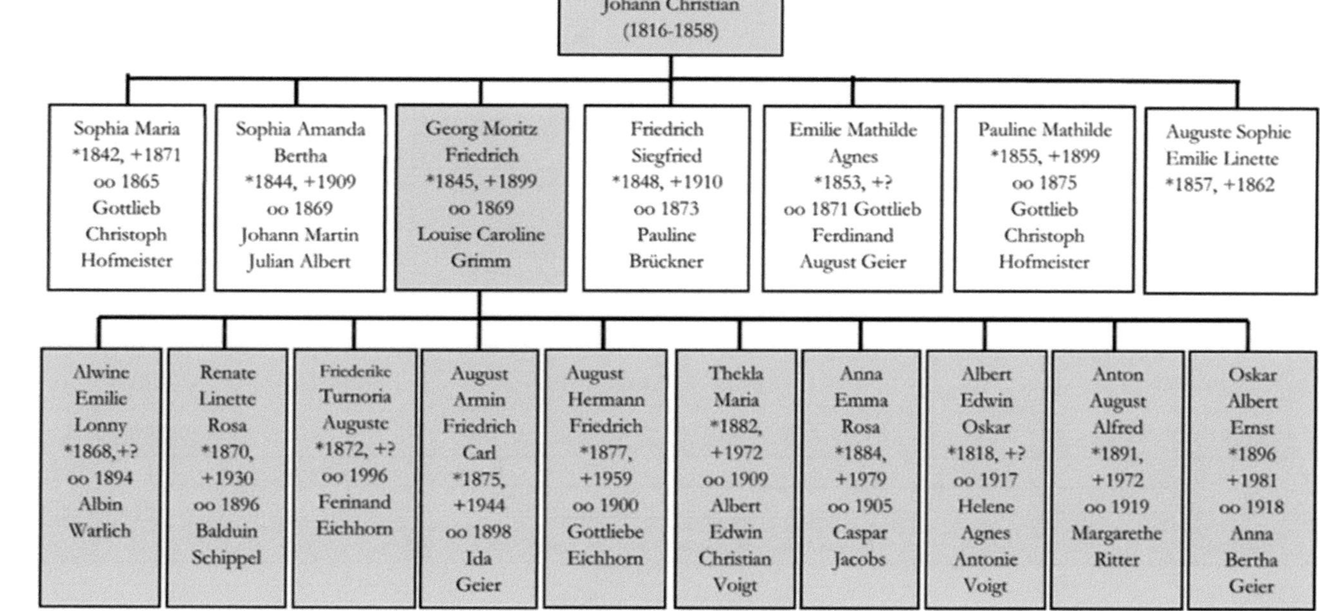

B. Ahnenübersicht: Generation 10 und 11: – Nachfahren von Johann Jacob Friedrich (Kapitel 16)

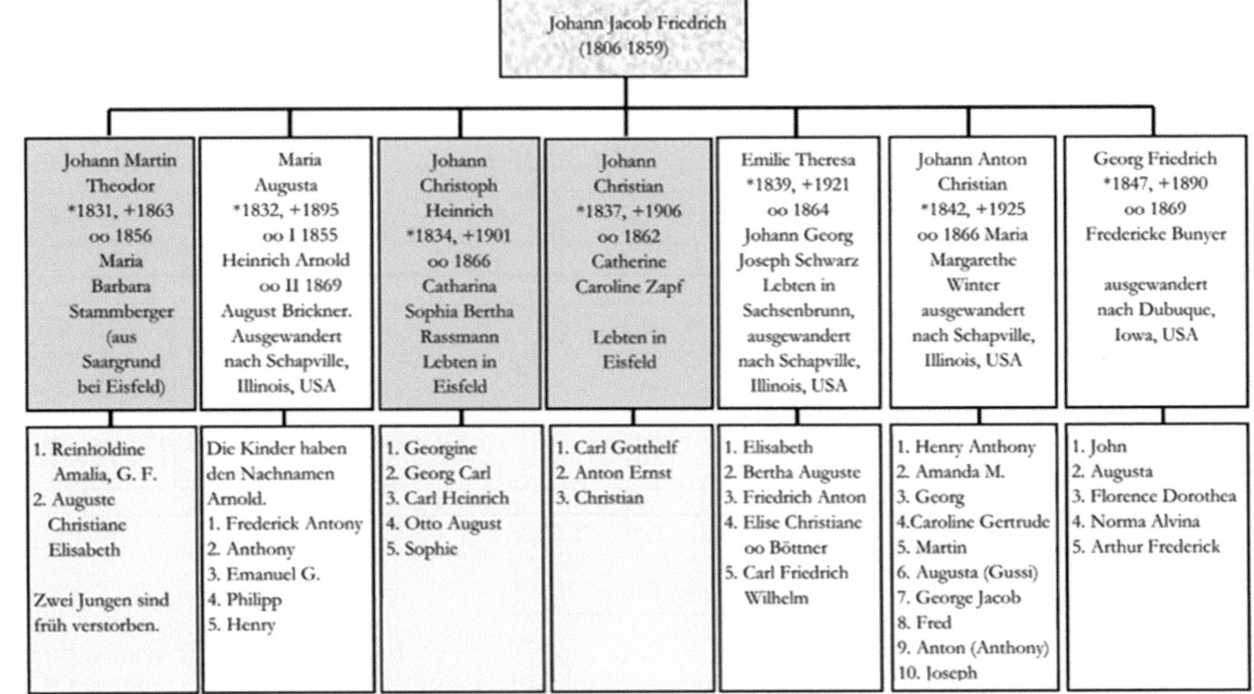

Grau hinterlegt: Familie ließ sich in Umgebung Eisfeld/Thür. nieder.

C1. Ahnenübersicht: Generation 6 bis 10: – Hainaer Familienzweig, Nachfahren von Wolffgang Schab (Kapitel 8)

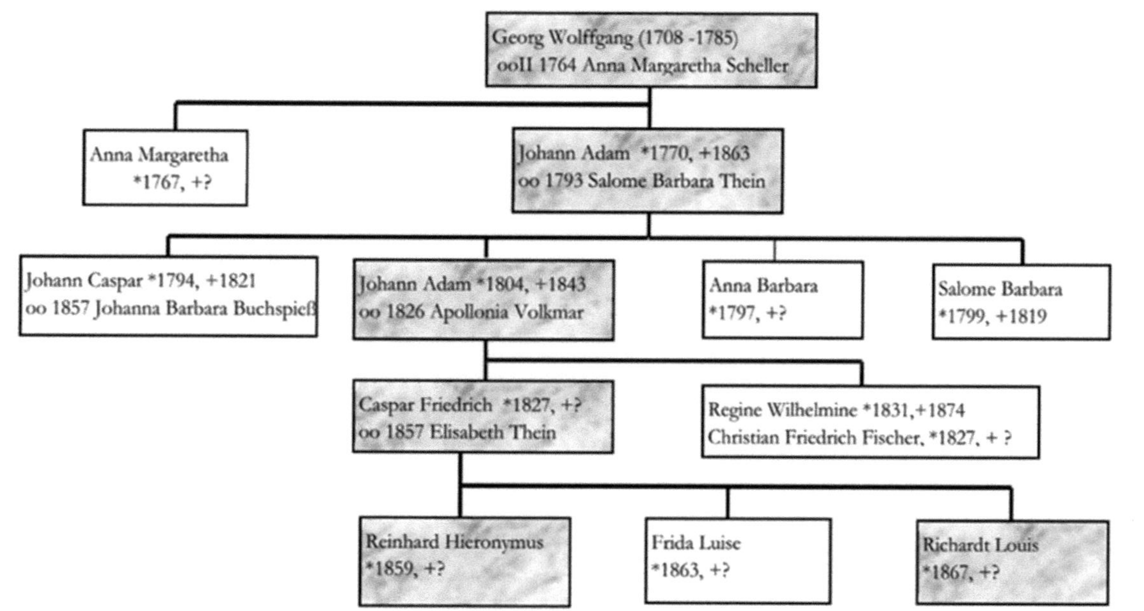

C2. Ahnenübersicht: Generation 6 bis 10: – Hainaer Familienzweig, Nachfahren von Johann Hermann Schab (Kapitel 8)

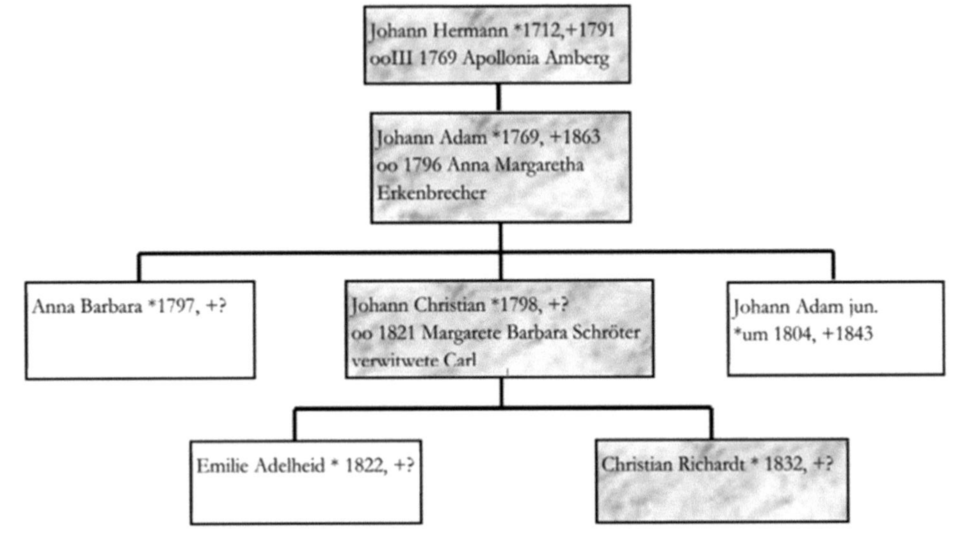

Beispiele von Stammlinien

Von den nachstehenden Beispielen kann man eigentlich für jeden Familienangehörigen die Ahnenlinie ableiten.
Auf Anfrage schicke ich es aber auch per E-Mail zu.
NN = Nachname, VN = Vorname

1. Stammlinie Stefanie und Johannes Schaab, Schleusegrund (15 Generationen)

Ia. Schaab, Stefanie
Ib. Schaab, Johannes

II. Schaab, Titus

III. Schaab, Roland
  oo Hofmann, Heidemarie

IV. Schaab, Bernhard Oskar Albin
  * Gießübel 13.01.1900, + Gießübel 11.09.1965
  oo mit Assmann, Martha

V. Schab (Schaab), August Armin Friedrich Carl
  * Gießübel/ Thür. 31.05.1875, + 22.02.1944
  oo Gießübel/Thür. 25.09.1898 mit Geier, Ida Mathilde Auguste

VI. Schaab, Georg Moritz Friedrich, Mahlmüller
  * Gießübel/Thür. 23.05.1845, + Gießübel/Thür. 06.11.1899
  oo Gießübel/Thür. 30.10.1869 mit Grimm, Louise Caroline

VII. Schaab (Schab), Johann Christian,
  Mahlmüllermeister Gießübel u. Oberneubrunn
  * Oberneubrunn 01.11.1816, + Gießübel 27.06.1858
  oo Neustadt/Rennsteig 27.12.1841 mit Ebert, Augustina Philippina

VIII. Schaab (Schab), Johann Georg,
  Zimmerermeister und Felgenhauer
  * Oberneubrunn ~16.06.1769, + Oberneubrunn 27.11.1846
  oo Unterneubrunn 21.11.1797 mit Engelhardt, Eva Margaretha

IX. Schaab, Johann Michael, Zimmerermeister, Gerichts und
  Schultheiß
  * Unterneubrunn 01.06.1733, + Oberneubrunn 20.05.1809
  oo Oberneubrunn 24.11.1762 mit Müller, Catharina Elisabetha
X. Schaab, Johann Georg, Zimmermann und Gerichtsältester in Unterneubrunn

.....* Haina bei Römhild 27.03.1706, + Oberneubrunn 11.07.1772
oo I. Unterneubrunn 21.03.1729 mit Fiedler, Anna Barbara Elisabetha
oo II. Oberneubrunn 20.05.1749 mit Keßler, Eva Dorothea

XI. Schab, Michael, Zimmermann, Büttner
* Haina 30.07.1679, + Haina 30.04.1743
oo Haina im Grabfeld 07.11.1705 mit Erdenbrecher, Margaretha

XII. Schab, Johannes (auch Hans), Büttnermeister, Zwölfer
* Haina 01.08.1643, + Haina bei Römhild 28.01.1725
oo I. Haina 11.11.1665 mit Thein, Maria
oo II. Haina 11.09.1694 mit Gans, Anna Barbara

XIII. Schab, Peter, Mitnachbar u. Zwölffer
* Haina 22.08.1616,+ Haina 18.01.1699
oo Haina 25.11.1639 mit Weinland, Barbara

XIV. Schab, Steffen (Stephan)
* Haina 22.01.1579,+ Haina ?
oo Römhild 31.01.1614 mit Wirthwein, Anna

XV. Schab, Peter
* ?, + Haina bei Römhild 29.03.1608
oo Haina bei Römhild vor 1579 mit NN, Barbara

Stammlinie Krista und Anton Schap, Schapville, Dubuque, Illinois, USA (14 Generationen)

Ia. Schap, Krista Ann
Ib. Schap, Anton John Norman

II. Schap, David Wayne
    oo mit Ryan, Patrizia Ann

III. Schap, Norman Wayne
    * Schapville, Jo Daviess Co, Illinois 1923
    + Dubuque County, Iowa 2013
    oo mit Heinz, Gloria May

IV. Schap, Anton (Anthony)
    * Shapville, Jo Daviess, Illinois 07.03.1883
    + Schapville, Jo Daviss Co., Illinois, 1956
    oo Jo Daviess, Illinois 18.09.1907 mit Hamann, Emma

V. Schab (Schap), Johann Anton Christian
    * Oberneubrunn 12.12.1842
    + Schapville, Illinios USA 26.05.1925
    oo Galena, Jo Daviss Co., Illinois, 11.02.1866 mit Winter, Maria

VI. Schab, Joh. Jacob Friedrich, Zimmerermeister, Dielenhändler
    * Oberneubrunn 14.01.1804
    + Oberneubrunn 17.04.1859
    oo Oberneubrunn 03.10.1830 mit Witter, Catherina Maria

VII. Schaab (Schab), Johann Georg, Zimmerermeister und Felgenhauer
    * Oberneubrunn ~16.06.1769
    + Oberneubrunn 27.11.1846
    oo Unterneubrunn 21.11.1797 mit Engelhardt, Eva Margaretha

VIII. Schaab, Johann Michael, Zimmermann-Meister, Gerichts- und
    Schultheiß
    * Unterneubrunn/Thür. 01.06.1733
    + Oberneubrunn 20.05.1809
    oo Oberneubrunn 24.11.1762 mit Müller, Catharina Elisabetha

IX. Schaab, Johann Georg, Zimmermann und Gerichtsältester in
    Unterneubrunn
    * Haina 27.03.1706
    + Oberneubrunn 11.07.1772
    oo I. Unterneubrunn 21.03.1729 mit Fiedler, Anna Barbara Elisabetha
    oo II. Oberneubrunn 20.05.1749 mit Keßler, Eva Dorothea

X. Schab, Michael, Zimmermann, Büttner
   * Haina bei Römhild 30.07.1679
   + Haina bei Römhild 30.04.1743
   oo Haina 07.11.1705 (Tag unklar) mit Erdenbrecher, Margaretha

XI. Schab, Johannes (auch Hans), Büttnermeister, Zwölfer
   * Haina 01.08.1643
   + Haina 28.01.1725
   oo I. Haina 11.11.1665 mit Thein, Maria
   oo II. Haina 11.09.1694 mit Gans(in), Anna Barbara

XII. Schab, Peter, Mitnachbar u. Zwölffer
   * Haina 22.08.1616
   + Haina 18.01.1699
   oo Haina 25.11.1639 mit Weinland, Barbara

XIII. Schab, Steffen (Stephan)
   * Haina 22.01.1579
   + Haina ?
   oo Römhild 31.01.1614 mit Wirthwein, Anna

XIV. Schab, Peter
   + Haina 29.03.1608
   oo Haina vor 1579 mit NN, Barbara

Stammlinie Haina von Reinhardt, Ehrhardt, Frida Luise und Richardt Schab, Haina (10 Generationen)

Ia. Schab, Reinhardt Hieronymus
    * Haina 10.01.1859
Ib. Schab, Ehrhardt
    * Haina 01.01.1862, + Haina 15.01.1862
Ic. Schab, Frida Luise
    * Haina 17.12.1863
Id. Schab, Richardt Louis
    * Haina 01.10.1867

II. Schab, Caspar Friedrich, Nachbar und Bauer
    * Haina 19.03.1827
    oo Haina 26.04.1857 mit Thein, Elisabeth

III. Schab, Johann Adam, Nachbar u. Ackermann
    * Haina 20.04.1804, + Haina 26.12.1843
    oo Haina 10.04.1826 mit Volkmar, Apollonia

IV. Schab (Schaab) , Johann Adam, Nachbar, Bauer, Zwölfer
    * Haina 16.11.1770, + Haina 10.02.1863
    oo Haina 17.11.1793 mit Thein, Salome Barbara

V. Schaab (Schab), Georg Wolffgang, Pfarrbauer
    * Haina 21.01.1708, + Haina 18.06.1785
    oo I. Haina 26.11.1737 mit Müller, Anna Rosina
    oo II. Haina 27.11.1764 mit Scheller, Anna Margaretha

VI. Schab, Michael, Zimmermann, Büttner
    * Haina 30.07.1679, + Haina 30.04.1743
    oo Haina 07.11.1705 (Tag unklar) mit Erdenbrecher, Margaretha

VII. Schab, Johannes (auch Hans), Büttnermeister, Zwölfer
    * Haina 01.08.1643, + Haina 28.01.1725
    oo I. Haina 11.11.1665 mit Thein, Maria
    oo II. Haina 11.09.1694 mit Gans, Anna Barbara

VIII. Schab, Peter, Mitnachbar u. Zwölffer
    * Haina 22.08.1616, + Haina 18.01.1699
    oo Haina 25.11.1639 mit Weinland, Barbara

IX. Schab, Steffen (Stephan)
    * Haina bei Römhild 22.01.1579, + Haina ?
    oo Römhild 31.01.1614 mit Wirthwein, Anna

X. Schab, Peter
    + Haina 29.03.1608
    oo Haina vor 1579 mit NN, Barbara

Hinweis: Leider fehlen mir Daten zum letzten Jahrhundert. Die Nachfahren der o. g. Personen können die Aufstellung für sich ergänzen und somit für ihre Familie eine aktuelle Ahnenline aufstellen. Ich gehe davon aus, dass dann mindestens 4 Generationen zu ergänzen sind und die Familie auch in ca. 14 Generationen nachgewiesen ist. Die Nummerierung wird von vorn begonnen.

Stammlinie Ines und Torsten Hofmeister
(Nr. V, Martin ist Bruder des Georg Heinrich aus Kapitel 16.8)

Ia. Hofmeister, Ines
Ib. Hofmeister, Torsten

II. Hofmeister, Manfred Heinrich
   * Gießübel 15.08.1938
   oo mit Ilona Krannich

III. Hofmeister, Friedrich August Albin
   * Oberneubrunn 30.04.1914
   oo Gießübel 07.11.1936 mit Scheller, Meta Clara

IV. Hofmeister, Heinrich Hermann Gottlob
   * Gießübel/Thür. 27.02.1865, + Gießübel/Tür. 04.01.1918
   oo Gießübel 09.01.1887 mit Brückner, Emma Marie Natalie

V. Hofmeister, Martin (siehe Hinweis unten)
   * Gießübel/Thür. 23.07.1832, + Gießübel/Thür. 25.09.1906
   oo I. Gießübel 26.07.1863 mit Vogt, Rosalie Christliebe Philippine
   oo II. Gießübel 09.02.1875 mit Witter, Christiane Clara Linette

VI. Hofmeister, Johann Nicol Heinrich, Müllermeister in Gieß-übel
   * Gießübel/Thür. 28.04.1807, + Gießübel/Thür. 14.11.1841
   oo Oberneubrunn 27.09.1831 mit Witter, Sophia Dorothea Christiane

VII. Hofmeister, Nicol, Mahlmüller in der Untermühle
   * Gießübel/Thür 06.12.1778, + Gießübel/Thür. 17.08.1838
   oo Gießübel 17.05.1802 mit Grimm, Johanna Dorothea

VIII. Hofmeister, Johann Nicolaus, Mahl- und Schneidemüller in der
   Unteren Mühle
   * Gießübel/Thür. 01.04.1741, + Gießübel/Thür. 24.07.1808
   oo Gießübel 15.11.1768 mit Amm, Catharina Rosina

IX. Hofmeister, Johann Heinrich, Mahl- u. Schneidmüller, Schulze
   * Gießübel/Thür. 16.12.1713, + Gießübel/Thür. 29.10.1785
   oo I. Gießübel/Thür. 10.05.1740 mit Voigt, Anna Margaretha
   oo II. Gießübel/Thür. 10.05.1768 mit Sternkopf, Catharina Margaretha

X. Hofmeister, Johann Heinrich
   * Gießübel/Thür. 30.06.1687, + Gießübel/Thür. 14.05.1757
   oo Gießübel/Thür. 22.11.1712 mit Voigt, Anna Margaretha

XI. Hoffmeister, Melchior, Müller
    * Gießübel/Thür. 02.02.1654, + Gießübel/Thür. 10.11.1692
    oo Gießübel/Thür. 26.06.1683 mit Geyer, Anna Elisabeth
XII. Hoffmeister, Hans
    oo I. Gießübel/Thür. 14.11.1625 mit Metzler, Dorothea
    oo II. mit NN, Anna

XIII. Hofmeister, Hans
    * um 1565, + Gießübel/Thür. 20.02.1642

Hinweis zu Nr. V.: Brüder des Martin waren:
  - Georg Heinrich (1836-1894),
    Auswanderer nach Pennsylvania, USA, (Kapitel 16.8).

  - Gottlieb Christoph (1839-1900).
    Er heiratete zwei Töchter des Johann Christian Schaab (Kapitel 13).

Literatur- und Quellennachweise

01. Horst Thein, Ortschronist von Haina im Grabfeld. „Geschichtliche Entwicklung der Gemeinde Haina im Grabfeld".
02. http://grabfeld-geschichte.de und Zeitschrift „Das Grabfeld".
03. https://grabfeld-grenzenlos.de/
04. Dipl.-Ing (FH) Rolf Hörnlein, „Die Geschichte der Düppeles-Mühle", (in Gießübel/Thür.).
05. Dipl.-Ing. (FH)Rolf Hörnlein, „Die Geschichte der oberen Mühle in Gießübel".
06. Privatarchiv Familienforschung von Birgit Reder.
07. https://forebears.io/
08. „Die Urkunden des Deutsch-Ordens-Centralarchives zu Wien", Teutonic Knights. Zentralarchiv, Eduard Gaston Graf von Pettenegg 1887.
09. Wien, Deutschordenszentralarchiv (DOZA) Urkunden 1436, in: Monasterium.net, https://www.monasterium.net/mom/AT-DOZA/Urkunden/1436/charter
10. „Neues deutsches Märchenbuch"; Märchen „Schab' den Rüssel", Ludwig Bechstein 1874.
11. https://de.wikipedia.org/wiki/Natz-Schabs
12. Archiv des Historischen Vereins von Unterfranken, S. 194, 1882.
13. Deutsche Digitale Bibliothek, Hessisches Staatsarchiv Marburg, HStAM, Bestand Urk. 37, Nr. 1984.
14. Deutsche Sippenforschung in Polen, Heft 4, Dr. E. von Behrens, Posen 1938.
15. Deutsches Wörterbuch von Jacob Grimm und Wilhelm Grimm.
16. Pott, August Friedrich, „Die Personennamen, insbesondere die Familiennamen und ihre Entstehungsarten", 1859 Brockhaus Leipzig.
17. Recherchen in Wikipedia zu diversen Themen.
18. „J. A. von Schultes historisch-statistische Beschreibung der Grafschaft Henneberg", Kapitel: Herzoglich Sächsischen Amtes Römhild, 1799.
19. „Kurtzgefaßte Kirch- und Schul- wie auch Brand-Historie der Stadt Römhild...", J. C. Wetzel, 1735.
20. Klippers Römhildische Reimchronik (1634-50) – Seite VII, Johann Klipper, 1893.
21. J. W. Krauss, Von der Stadt und Dioceses Königsberg, Sonnenfeld, Behringen und Schalckau.
22. J. W. Krauss, „Antiquitates et Memorabilia Historiae Franconiae", Hildburghausen, 1755.
23. https://germania-sacra-datenbank.uni-goettingen.de „Geschichte Römhild".
24. Zeitschrift „Das Grabfeld", Nr. 13, Nov. 2005, S. 23-25.
25. Deutsche Postgeschichte, Herausgegeben im Auftrag des Reichspost-

ministeriums 1942/1.

26. Schriften des Vereins für Meiningische Geschichte und Landeskunde, Band 21, S.15, 1896, Commissionsverlag von Brüdner & Renner, auch Band 12, S. 190 von 1892 und andere.
27. grabfeld-geschichte.de/wp-content/uploads/2021/11/29.pdf
28. Auszüge aus dem „Kleinen Gemeindebüchlein" zu Haina, bereitgestellt von H. Thein, Ortschronist.
29. J. G. Kemlein, "Beschreibung aller in Hayna zu Dorf und Feldzehntbaren Sölden, Huben, Güter, Lehne ...", 1836.
30. „Die Genealogie von Heinrich Arnold und Augusta Schap, 1824-1982", von Dorothy E. Arnold, 1982, 604 S. (in Englisch).
31. „Portrait and Biographical Album of Jo Daviess County, Illinois" Seiten 386-388 und 769-770, (Lebensläufe in Englisch).
32. Georg Brückner: „Landeskunde des Herzogthums Meiningen", Band 2. Brückner und Renner, Meiningen 1853.
33. „Regierungs- und Intelligenzblatt für das Herzogtum Sachsen-Coburg", 1854, S. 496, Anzeige Foto.
34. Dr. H. P. Hönn, „Sachsen-Coburgische Chronik in welcher eine genaue Beschreibung aller in den Fürstenthümern S-Coburg und S-Hildburghausen gelegenen Ortschaften und Klöstern...", Coburg, R. A. W. Ahl, 1792, S. 66.
35. Gunter Heß, „Heimatgeschichte von Giehsübel von Ernst Dahinten 1906, ein Nachdruck mit Vorwort und Kommentaren", Herausgegeben 2016.
36. Kirchenbuchportal Stuttgart, „Archion".
37. Ludwig Bechstein, „Thüringer Sagenbuch", B. 2, Coburg 1858.
38. Bayrisches Wörterbuch, J. A. Schmeller, G. A. Fromann, München 1877.
39. Privatarchive von Nachfahren des Anton Schap und seiner Geschwister aus Illinois, USA, u.a. J. Hieronymus, L. Bingham mit den Fotos, die in Genealogien als Erinnerungen eingestellt wurden.
40. Privatarchiv der Nachfahren des Anton Schaab, Kassel.
41. Privatarchiv Familie Geier, Suhl.
42. Privatarchiv Erika Beez, Jena.
43. Privatarchiv Marie-Luise Haug, Gießübel.
44. Privatarchiv Heidi Schaab, Gießübel.
45. Privatarchiv Birgit Reder, Suhl.
46. Privatarchiv von Gunter Hess, Gießübel.
47. Privatarchiv Ilona u. Gerd Pechstein, Butzbach.
48. „Festschrift zur 650-Jahr-Feier der Gemeinde Gießübel in Thüringen", 8. bis 16. Juli 1967.
49. Privatarchiv Manfred Hofmeister, Gießübel.
50. Privatarchiv Manfred Warlich, Gießübel.
51. Privatarchiv Familie Assmann, Gießübel.
52. Privatarchiv Familie Hedi und Rüdiger Voigt, Gießübel.
53. Privatarchiv Sylvia Jahr, Gießübel.

54. Hermann Eichhorn, Bericht „Giessübel im Thüringer Wald"
55. Privatarchiv Familie Rose, Gießübel.
56. Rechercheergebnisse aus FamilySearch, Ancestry, My Heritage, Rootsweb, Findagrave, u. a.. wie z. B. https://familysearch.org/ark:/61903/1:1:KF2V-J27 u. https://genealogytrails.com/ill/
57. Zu Auswandererfamilie Müller: https://www.familysearch.org/tree/pedigree/landscape/GSSH-4HJ
58. Portrait and Biographical Album of Jo Daviess County, Illinois. Chapman Brothers 1889.
59. Regierungs- und Intelligenzblatt für das Herzogtum Coburg, 1854, Sachsen-Coburg 1854.
60. https://lakeparkia.com/our-town/history-of-lake-Park und Online-Sammlungen der digitalen Zeitungen von Illinois.
61. Internationales maritimes Museum Hamburg. https://twitter.com/maritimesmuseum/status/
62. https://www.stocktonheritagemuseum.org/
63. Meyers Universum, 20. Band Bibliographisches Institut, Hildburghausen.
64. Allgemeine Auswanderungszeitung, u. a. veröffentlicht von der Universität Jena (Beilage Pilot 1858).
65. Thüringer Auswanderer-Datenbank, https://auswanderer-thüringen.de
66. Galena Daily Gazette, Illinois Digitale Zeitungen, Website.
67. Infos aus der Recherche im Internet wie newspaper.com und andere Websites.
68. Infos aus „Immigrant Ships Transcribers Guild".
69. Recherchierte Ergebnisse im Internet von Ellen DeCarlo und Ilse Bell, u. a. aus Ancestry, Dundee Commun. High School.
70. Privatarchiv von Patricia Ann Ryan zu den Familien Schap und Winter, Illinois, USA."
71. Privatarchiv Wolfgang Lösch, Schleusegrund.
72. Privatarchiv der Familie Reissenweber, Riverside, Illinois.
73. Website der Meininger Museen, Blick fürs Detail u. a..
74. Privatarchiv Ria Eichhorn, Gießübel.
75. Rand McNally, Road Atlas, Chicago.
Des Weiteren wurden Quellen im Text direkt benannt.

Weitere Bücher von Gerd Pechstein:

Ein PECHSTEIN auf dem PECHSTEIN saß und dachte über „PECHSTEIN" nach. Gedankenspiele – Entdeckungen –familiäre Spurensuche
Erschienen: 10/2017,
ISBN 978-3-7460-1296-4
Taschenbuch 6,25 Euro,
E-Book 3,99 Euro
116 Seiten, mit vielen historischen Fotos und
6 Farbseiten

Fast alles zum Namen Pechstein oder Bechstein finden Sie in diesem Buch – Herkunft, Bedeutung, Landschaften, Ahnenlisten, usw.

Was ist Pechstein?
Oft wird man danach gefragt. Kommen Sie mit auf die Spurensuche zur Herkunft des Namens und dieser Bezeichnung, auf den Weg die Geschichte der Familie zu recherchieren.

==================

Sonne im Glas
Ein Sommer mit Maria am Balaton
Erschienen: 11/2020
ISBN 978-3-7526-6079-1
Taschenbuch: 8,75 Euro
E-Book: 2,99 Euro
236 Seiten

Rezension einer Leserin:
"Ein wirklich traumhaftes Buch, in das ich mich buchstäblich verloren habe. ... Sehr realistisch werden die ungarischen Menschen beschrieben, man lernt Land und Leute kennen."

»Sonne im Glas« ist keine Liebesgeschichte, doch erzählt der Autor einfühlsam über den Beginn der lebenslang währenden Freundschaft von Maria und Peter.
Im Traum unternimmt Peter eine Zeitreise, beamt sich in das Jahr 1962. Peter, damals 19 Jahre alt, der »Eiserne Vorhang« trennt Ost und West und in der DDR ist Reisefreiheit ein unbekanntes Wort.

FUERTEVENTURA Insel unserer Träume - Erkundung einer rauen Schönheit. Ein unterhaltsames Reisebuch kreuz und quer zu faszinierenden Orten und Landschaften

Erschienen 11/2018
ISBN 978-3-7481-1021-7
Taschenbuch: 8,45 €
E-Book: 3,49 €
Format A5, 160 S.

Eine Lesermeinung:
   »Das Buch zu lesen ist ein wahres Vergnügen. Es versetzt einen geradezu auf die Insel. Es ist als wäre man gerade dort! Tolles Buch.« Annett W.
   Das beliebte Reisebuch für alle, die eine unterhaltsame Lektüre suchen, aber nicht auf Tipps für Ausflüge und Entdeckungen auf dieser faszinierenden kanarischen Insel verzichten.
   Nach wie vor aktuell mit Ausflugsbeschreibungen für den Urlaub auf der Insel.

==================

Hurra, ich fliege nach Fuerteventura – Filippo und seine kleinen Reiseabenteuer

Erschienen: 01/ 2019
ISBN 978-3-7481-1104-7
Taschenbuch: 6,99 €
E-Book: 2,99 €
Format A5, 130 S.

Eine unterhaltsame Geschichte – perfekt für die Reise, die Ferien und den Urlaub.
   Die Leserin Susanne L. meint: »Es ist, wie auch das andere Fuerteventura-Buch, schön humorig und sehr liebevoll geschrieben.
   Für Eltern mit Kindern bietet es eine Menge Anregungen, was man im Urlaub so machen kann.«
   Der Autor beschreibt, wie Filippo einen abenteuerlichen Urlaub auf der Vulkaninsel Fuerteventura erlebt.
   Natürlich findet man auch tolle Ausflugsziele in der Erzählung.

283

Die Kraniche fliegen nicht

Erschienen: 11/2022
Herausgeber: Tolino Media
ISBN: 978-3-7546-948-17
Taschenbuch: 9,99 €
E-Book: 3,49 €
196 Seiten

Die Überwinterung begann im Glück. Perfektes Urlaubsfeeling mit Sonne, Meer und Palmen begleitet zunächst Maria und Alex während ihres Aufenthalts auf den Kanaren.

Plötzlich änderte sich alles. Viele Urlauber erfasste eine Unruhe, ja Angst, nicht in die Heimat zurückkehren zu können. Die Unterhaltungen werden zunehmend von gesellschaftlichen und politischen Problemen bestimmt.

Die psychische Belastung bei Maria nahm täglich zu, Angst und Panikattacken erfassten sie, depressive Phasen häufen sich.

Alex sucht nach Wegen, Maria zu helfen, ihre Ängste zu überwinden. Wird es ihm gelingen? Bringt sie doch noch ein „Kranich", wie sonst der Ferienflieger liebevoll genannt wird, zurück in die Heimat?

==================

Geschichten vom Klingerplatz
Ein Beitrag zur Leipziger Regionalgeschichte

Erschienen: 11/2022
Engelsdorfer Verlag
ISBN 978-3-96940-416-4
Taschenbuch: 10,- €
Format A5, S. 89

Nach 1910 entstand in Engelsdorf eine neue Wohnsiedlung: Der Klingerplatz, damals modern – heute auf der Denkmalschutzliste.

Die Bewohner kamen aus der weiteren Umgebung Leipzigs. Eines einte sie: Sie folgten dem Ruf den Lebensunterhalt der Familie sichernder Arbeitsplätze bei der Eisenbahn - im RAW Engelsdorf, Haupt- und Rangierbahnhof Leipzig.

Der Autor berichtet unterhaltsam über eine aus Geithain kommende Familie, die auf dem Klingerplatz eine neue Heimat fand. Auch über einen Besuch in Gerichshain, nach fünf Jahrzehnten Abwesenheit. Mit 88 historischen Fotos aus der Zeit zwischen 1890 und 1953. Schwerpunkt sind Aufnahmen der 30-iger Jahre von Engelsdorf, Gerichshain, Leipzig und seiner Umgebung.

Diese Fotos lassen Vergleiche zu heute zu, geben einen authentischen Einblick in das Leben des jungen Herbert Pechstein, der die erste Generation seiner Familie, die auf dem Klingerplatz aufgewachsen ist, verkörpert.